中部の都市を探る

その軌跡と明日へのまなざし

中部都市学会 編

◀▲ 名古屋・納屋橋界隈

▲ 名古屋港・飛島ふ頭南側コンテナターミナル（提供：名古屋港管理組合）

▲ 2027年の開業を目指すリニア中央新幹線　©Central Japan Railway Company. All rights reserved.

▲常滑市・やきもの散歩道

▲岐阜県・美濃焼祭

▲瀬戸市・窯垣の小径

犬山市・博物館明治村の街並み▶

はじめに

　日本列島の中央に位置する中部の諸都市は、東西の両大都市圏に挟まれながら、独自な性格をもって今日まで発展してきた。全国的には「ものづくり地域」として知られるが、そのような特徴が生まれた背景には、海と平野と丘陵、山岳がワンセット揃った自然的条件に恵まれ、ひとつの文化圏、経済圏を形成するのに適した広がりをもっている点が指摘できる。そのような前提条件をふまえながら、われわれの祖先は創意工夫を凝らし数々のユニークな工業製品を生み出してきた。連綿と続く「ものづくり魂」の中に、中部の都市の特性の一端を垣間見ることができる。

　こうした中部にあって、都市を主な舞台として繰り広げられる人々の営みを様々な視点から研究する活動がいまから60年前に始められた。それが中部都市学会に集まったメンバーによる都市研究である。対象は中部に限らず日本全国や世界を含め、都市に関する様々な事象が専門的立場から研究され、その成果は徐々に積み重ねられていった。

　この間、中部を含む日本の都市は大きく変貌した。高度経済成長期に大都市に集中した人口は、やがて郊外化の過程を経て大都市圏の形成を導いた。その後に生じた二度の石油ショックは高度経済成長の終焉を決定づけ、大都市圏形成の動きをも抑えた。しかし、低成長が招いた「地方の時代」も定着しないうちに「東京一極集中」が始まり、バブルをともないながら新たな経済成長が都市を活気づけることになる。ところが、この膨張的な熱気もバブル経済の崩壊とともに消え失せ、やがて吹き荒れるリストラの嵐の中で都市は構造再編を迫られることになった。

　「拡大」から「縮小」「回帰」へ、都市の進む方向は大きく変化した。石油ショック後の国際的不況は冷戦体制を崩壊させる遠因となり、新たに始まった国境なき経済グローバル化の波に巻き込まれながら、日本の都市はつぎなるステージへと押し出されていった。出口が見いだせないデフレ経済から脱却するために新自由主義政策が打ち出され、競争力強化があらゆる分野で叫ばれるようになった。し

かし競争激化は格差や分裂をともないやすい。事実、雇用分野では非正規雇用が常態化し、安定的であったかつての日本的雇用慣行は遠い過去のものとなった。

　21世紀初頭から始まった国内総人口の絶対的減少は、少子高齢化の進行を決定づけた。国内における市場の縮小・衰退や福祉・介護・社会保障に対する関心の高まりは、いまや都市問題の主要テーマである。しかし福祉や社会保障は持続的な経済力がなければ支えきれない。海外に市場を求めざるをえない日本経済にとって、大胆な変革をともなう産業構造や雇用の再編は、避けて通れない道である。「ものづくり地域」を自任してきた中部にとって、製造業主体の産業構造からの脱却はきわめて重い意味をもつ。アジア地域の急激な経済発展やアメリカ経済の相対的停滞などの環境変化をまえにして、中部の都市と産業には自己変革が求められている。

　さて、中部を本拠に都市研究を行ってきた中部都市学会は、日々、変わりゆく都市の姿を追い続けている。学問的に積み上げられてきた研究成果を広く公開することは、学会に課せられた社会的責任でもある。日頃は部会での研究報告やシンポジウムのほかに、日本都市学会での研究発表や年報への論文投稿などによってこうした責任を果たしている。今回、このようなかたちで都市に関する研究成果を公にするのは、できるだけ多くの方々にこの地方の都市の実態や実相を知っていただくためである。僭越ながら、地元の都市のことは日々の生活体験を通してもっともよく知っている地元の研究者が論ずるのがふさわしいという思いから、このような書籍テーマと執筆陣容で出版することを計画した。

　本書は、Ⅰまちのなりたち・まちをまもる（都市の基盤・建築・防災）、Ⅱまちのちから・まちのかお（都市の産業・経済・関門）、Ⅲまちづくり・まちのすまい（都市の生活・文化・社会）、Ⅳまちのたのしみ・まちをあるく（都市の魅力・再発見）の4部構成で成り立っている。中部の都市は近代以降、工業化を梃子に計画的な基盤整備に導かれながら空間的に拡大していった。近世までに蓄えられた農業と地場産業の高い生産力に近代的な工業生産力が加わり、国内で3番目に大きな経済圏が形成された。都市階層的には東西の大都市圏と札幌・福岡などの広域中心都市群との間に位置し、なおかつ両大都市圏の地理的中間にも位置するという「二重の中間性」が、名古屋大都市圏・中部の大きな特徴である。

三大都市圏の一角を占めるが、同時に地方の中で最大の都市圏でもあるという性格は、産業や経済ばかりでなく、交通、文化、居住などの面でもみとめられる。空港、港湾、鉄道などの規模や役割、文化的、社会的発信力、居住環境の良さなど、多くの面で大都市圏的特徴と地方都市圏的特徴が併存している。大都市圏でのみ実現可能な機能的恩恵に浴しながら、同時に自然環境など地方都市圏特有の魅力にも恵まれている。こうした中間性・微温性はともすれば地域的閉鎖性につながりかねないとして、否定的にとらえる見方もある。しかし、これが良くも悪くも中部の都市の特徴なのである。

　脱工業化の道を歩み続ける日本経済の中で、ある意味例外的に、中部では製造業主体の産業構造が維持されている。それができるのは、生産基盤を維持するための継続的投資、企業家精神に満ちた先駆者たちのリーダーシップ、それらのもとで一致団結する地域的、社会的な生産組織体制が、この地方にあるからにほかならない。こうした生産基盤と生活環境が織りなす風土的土壌が歴史的に培われ維持されてきた点が、中部が対外的に誇ることのできる地域的総合力にほかならない。もちろん、こうした地域的競争力がいつまでも続くという保証はない。世界全体のGDPのおよそ1％に相当するこの地方の生産力を今後も維持し続けるには、相当な努力が必要である。

　今回このようにして上梓した本書は、中部都市学会が総力を挙げて取り組んだ都市研究に関する現時点での成果である。学会創立以来、60年に及ぶ歴史をふまえながら、会員メンバーは専門の立場から中部の都市の軌跡を訪ね、また明日の姿を求めて論じた。多様性こそが都市の本質である。各章の論考をお読みいただき、多様性の一端一端を結び合わせながら中部の都市を探り、その全体像を思い描いていただければ幸いである。もとより中部は空間的にも広く、本書がすべての都市をカバーしているわけではない。そのような留意はあるが、本書を通じて、日本の地理的中央に位置する中部の都市をご理解いただくことができれば、これに勝る喜びはない。

2015年1月
中部都市学会創立60周年記念出版編集委員会

■中部の都市を探る >> 目次

はじめに　3

Ⅰ　まちのなりたち・まちをまもる　9
　　〈都市の基盤・建築・防災〉

1【都心づくりの方向】
　魅力ある名古屋の都心づくりへの複眼的指向　●竹内伝史　11
2【近代都市景観】
　20世紀の名古屋の都市景観　●瀬口哲夫　28
3【情報基盤整備】
　情報化社会の進展と基盤整備施策
　　　　　　　―三重県を例に―　●石田修二　43
4【市町村合併】
　平成の市町村合併とその後の自治体行政の展開
　　　　　　　―浜松市を事例に―　●西原　純　54
5【津波防災】
　沿岸都市における津波対策からみた
　　都市防災整備の動向　―静岡県浜松市を事例に―　●佐野浩彬　68

コラム　歴史的町並み保存運動発祥の地・妻籠と有松　82

コラム　土地区画整理 ―中部の都市で積極的に活用されている都市基盤整備手法―　84

Ⅱ　まちのちから・まちのかお　87
　　〈都市の産業・経済・関門〉

1【名古屋都市論】
　世界都市・NAGOYAのポジション　●久保隆行・山﨑　朗　89
2【交通結節点】
　ゲートウェイの形成過程と都市構造　●林　上　103

3 【産業クラスター】
　中部地域の産業クラスター
　　　　　―自動車産業と航空宇宙産業― ●岡田英幸　118

4 【工業都市】
　企業立地と工業都市の変容
　　　　　―三重県亀山市の事例― ●鹿嶋　洋　132

5 【企業本社立地】
　中部地方の主要都市
　　　　　―経済的中枢管理機能を指標として ●阿部和俊　146

コラム　大垣：水都の紡績工業都市から情報インキュベーション都市へ　158
コラム　地域を元気にするコミュニティビジネス　160

Ⅲ　まちづくり・まちのすまい　163
　〈都市の生活・文化・社会〉

1 【まちづくり住民】
　住民参加型予算とまちづくり事業への活用 ●三井　栄　165

2 【バリアフリー】
　地域特性を十分に取り入れた
　　　　　「まちのバリアフリー化」をめざして ●磯部友彦　178

3 【郊外駅前再開発】
　新しいライフスタイルを実現する郊外駅前居住 ●大塚俊幸　193

4 【伝統産業文化】
　焼き物の歴史と文化が生きる都市空間 ●林　上　207

5 【多文化共生】
　多文化共生の制度化と都市のロカリティ ●阿部亮吾　222

コラム　東西の大都市圏に比べ余裕のある住宅・居住空間　238
コラム　博物館明治村、日本大正村、日本昭和村の「村」おこしの背景　240

Ⅳ　まちのたのしみ・まちをあるく　243
〈都市の魅力・再発見〉

1【名古屋観光都市論】
　産業文化都市NAGOYAからの"観光のまなざし"●森田優己　245

2【地域振興ゲーム】
　地域振興策としての地域探検ゲーム
　　　　―ゲーミフィケーションの活用―●東　善朗　259

3【旧市街地探索】
　なんだろう？なるほど！が
　　　　楽しいまちあるき・納屋橋編●井村美里　273

4【都心空間変容】
　名古屋の都心空間の変容と地域まちづくり●井澤知旦　287

5【中心商業地選好】
　消費者マインドからみた
　　　　中核都市の中心商業の価値と課題●児玉浩嗣　304

コラム　市民参加型の祭りと大衆文化　319
コラム　昇龍道プロジェクト
　　　　―能登半島を龍の頭に見立てた中部北陸の観光エリア―　321

　おわりに　323

　キーワード索引　327

　執筆者紹介　332

I まちのなりたち・まちをまもる
都市の基盤・建築・防災

　資本主義経済の初期段階にあっては、都市のインフラストラクチャーはいまだ未熟な段階にあり、今日のような都市計画も存在しなかった。その後、都市を計画的に整備すべきという考え方が広まり、今日、見るような都市が形成されていった。ヨーロッパを起源とする先進的な都市計画思想の影響を受けながら、日本でも、近世までにかたちづくられた都市形態を近代的に変えていく動きが始まった。これまで土地利用を規制してきた身分的制度から解き放たれた都市は、新たに始まった工業化によって変貌への道を歩み始める。名古屋を中心とする工業化とその周りの地場産業地域での近代化が、この地方における現代的都市形成のスタートラインである。

　中部地方の主要都市の多くが城下町起源である点は、日本全体の状況と変わらない。コンパクトであった旧城下町も、工業化でその相貌を変えていく。工業生産で蓄積された経済的富は、名古屋をはじめとする都市内の各所に建設された近代的建築物を通して可視化されていった。特色ある建築物は、工業化や都市化で空間拡充を力強く推し進めた都市に多い。歴史的に形成されてきた都市を近代思想のもとで計画的につくりかえるには、想像を絶するほどのエネルギーを必要とする。他の地方ではあまり進まなかった土地区画整理事業などの空間整備が、この地方では熱心に進められた。事業計画に対する深い理解と組織的な協力体制、それに財政的な実行力が官と民になければ、こうした大規模な都市基盤改変事業は実現しなかったであろう。

　東西の大都市圏の中間にあり双方から経済的、文化的影響を受けるこの地方の位置的条件を抜きにしては、中部の都市を正しく理解することはできない。とりわけ交通条件は重要な意味をもっており、東西の経済圏とどのように結びついたかで影響も異なる。距離的には関西圏の方が近く、戦前は繊維産業などとの関係もあり関西圏からの影響が大きかった。しかし太平洋側の工業化が本格化した戦後は関東との関係が強まり、新幹線や高速道路の開通がこうした関係をいっそう強固なものにした。名古屋駅に本社を置くJR東海が独自に建設するリニア中央新幹線が計画通りに実現すれば、時間空間的には東京大都市圏の一部になりかねな

い。影響が名古屋の都心部をはじめ大都市圏全域に及ぶことは間違いないであろう。

リニア中央新幹線の建設目的は、開業以来半世紀もの間、日本の交通動脈として重要な役割を果たしてきた東海道新幹線の代替機能を果たすことにある。新幹線建設時にはあまり考慮されなかった太平洋沖での地震発生と津波の危険性は疑いようのないものとなった。とりわけ静岡県内の臨海低地には多数の生産施設が立地しており、人口も集中している。「3.11」以降、主要工場を内陸部の高台に移転する動きが始まっており、浜松市などの自治体は以前にも増して防災対策に力を入れるようになった。地震・津波による大きな被害は静岡県にとどまらず、愛知県の伊勢湾、三河湾周辺、三重県の太平洋側でも予測されている。

東海道新幹線や東名高速道路が東西に走る静岡県は、天竜川、大井川、富士川など南北に流れる河川に沿って形成された流域圏がその多くを占める。縦方向の流域が横方向の交通路によって串刺し状になっている。これまで流域は個別自治体の集まりであったが、平成の大合併を機に流域圏をまとまりとする大きな自治体へと統合されていった。静岡、浜松という県内で一二を争う有力都市が周辺の自治体と合併することで、さらに大きくなった。東京に近い静岡、名古屋に近い浜松というように、静岡県はその位置づけが曖昧なところがある。いまはやや下火の道州制論議が復活すれば、こうした曖昧性、中間性が問題になるであろう。

中間性という意味では三重県も同じような特徴をもつ。県内北部（北勢）は名古屋からの影響が強く、影響は中部（中南勢）にまで及ぶ。しかし、南部（東紀州）は距離的に離れており、名古屋よりむしろ関西からの影響をより強く受ける。さらに県内北西部の伊賀地方、名張地方は大阪・奈良に近いため、これらの通勤圏になっている。こうした中間的性格のもとで、県内諸地域を互いに結びつける情報ネットワーク化推進政策が進められた。県レベルの政策としては先進的取り組みとして評価されている。三重県には半導体メーカーの大規模な工場や、北米へ向かう海底ケーブルの送り出し施設もある。いろいろな意味で情報と縁の深い県といえる。

魅力ある名古屋の都心づくりへの複眼的指向

はじめに

　リニア中央新幹線の東京・名古屋間先行開業が、「魅力ある名古屋の都心づくり」に大きく寄与することは間違いないであろう。しかし、一名古屋市としてではなく地方（首都ではないという意味で）の大都市として、この時期、考えておかねばならないことがある。それは、市場原理主義とも言われる新自由主義政策の下での東京一極集中の問題である。東日本大震災を受けての首都直下型大地震対策と東京オリンピックの準備が進められる中で、この東京一極集中は決定的に強化されるおそれがある。昨今は首都圏の人々のみならず中央政府においてすら、地方の地域づくりなど考えている余裕もないといった気配である。今や、地方地域の国土づくり、都市づくりは地方自らが考え、論じていくことが不可欠である。とくに地方を代表する大都市圏・名古屋においては、このような首都圏の動向に対するアンチテーゼとしての都市づくり・地域づくりを進めることが期待される。それ故に、この地域自らが『名古屋』を論じることの意義は大きい。

　一方では、リニア新幹線の開業が名古屋の首都圏との一体化を促進することは疑いを入れない。その機能昂進は、わが国の経済振興の上からも大切なことである。つまり、名古屋のまちづくりは、「中部圏の主都」と「首都圏の西の玄関副都心」の二つを睨みつつ、複眼的に推進する必要がある。

1 ▶ リニアで複眼的指向を強いられる名古屋

[1] 東京一極集中に抗して

　グローバル競争都市・東京の強化論が専ら議論される中で、忘れ去られて

しまったかの感のある国土計画論であるが、首都圏のみが栄えて他の地方地域は廃れてしまった、では済まされるはずがない。内田樹はその著「街場の憂国論」（引用文献1））のなかで、おおむね次のように言っている。"今や世情は飽くなき収益性の向上を追求するグローバル企業の経営的視点（5～7年程度の視距しか持たない）と、民の安寧を究極の価値とする国民国家的視点（「国家100年の計」を理解する）との戦いの最中にある"と。とすれば、東京一極集中強化論は、グローバル企業の視点に立った、「国家百年の計」を欠く極めて危険な戦略である。地方地域はこれに抗い、「民の安寧」を追求した地域づくりを推進しなければならない。

このような視点に立てば、国土形成計画で重視される「広域地方（圏）地域」の役割が、改めて思い起こされる。とくに名古屋大都市圏は、ひとり「中部圏」の主都としての位置付けだけではなく、最も活力ある、したがって自立してグローバルな交流に撃ってでる力を持っている「広域地方地域」の構造モデルとなる役割を担っているといえよう。そして名古屋は「中部圏の主都」として、地域経済の全機能を包括し、世界的に見れば優に一国に相当する経済規模を持つ。名古屋は、あらゆる地域生活のあり様を包含して域内交流の促進とくらしの充実を牽引すると共に、国内外を問わぬ域外との交流のゲートウェイを確保できる都市であることを求められている。

[2] 中部圏の主都、名古屋

かつて、第4次全国総合開発計画（四全総）の見直しが行われた国土審議会の専門部会で、「多極分散型国土の形成」論が批判された時、「中枢機能を持った大都市を中心に体系的・構造的な連携システムを構築した大都市圏（その周縁の中山間・海岸部も含めて）」の重要性が議論された。下河辺委員長が「たしかに『多極分散型』は失敗だったかもしれない、『多極集中』にしとけば好かった」と、言っていたことを記憶している。

いまや東京一極集中はさらに進展している。この潮流に抗って「個性ある自立した、グローバルな交流にも対応できる広域地方圏」を形成するためには、中心となる大都市の都市機能と中枢機能の強化がいよいよ大切になって

いる。もっとも今日では、中枢都市がツリー型の支配構造の頂点に立つのではなく、自立した個性ある各都市が構成する水平的ネットワークの中枢的機能を果たすことが求められる。その意味で「首都」と呼ぶより「主都」と称した方が適切かもしれない。名古屋大都市圏の場合、圏域内のあらゆる地域の人々が、自分達の地域主都として「名古屋」を認めることが肝要である。地域統合の象徴として「名古屋」を意識するようになって欲しい。その地域が「中部圏」と呼ばれるか、北陸も含めて「大中部圏」と呼ばれるかは、名古屋側と広域地域側の今後の地域政策の展開のあり様次第であるが、「名古屋の街づくり」の観点からは、名古屋の「街の魅力」を、どれだけの範囲の人々に及ぼすことが出来るかに懸かっているといえよう。「魅力ある都心づくり」を論ずる意義もそこにある。

　「街の魅力」と「まちのアイデンティティ」は不即不離の関係にある。もちろん、綺麗に整っている美しい街を新たに整備することはできる。そこでは一定の「街の魅力」が評価されるかもしれない。しかし、「どこにでも造れる街」の魅力は限定的であろう。むしろ、歴史の残る町は薄汚れていても、雑然としていても「街の魅力」が感じられることがある。地域に住む人々が、自分達がそこに暮らすことの意義を、あるいは地域社会統合の「象徴性」をそこに感じるとき、「街の魅力」はより強く認識される。そしてそのとき、地域の外の人々からも、そこに暮らす人々の社会と一体となった「魅力」が認識される。

　その点、名古屋は一見象徴性の弱い都市に見えるが、歴史をさかのぼれば必ずしもそうではない。今日の経済的発展がむしろ地域・都市の個性を覆い隠しているのかもしれない。やはり江戸時代の尾張徳川家の存在は大きい。御三家筆頭の尾張は、他の紀伊、水戸のように将軍を輩出することはなかった。しかし終始一貫自立的な副将軍的権威を維持しており、江戸将軍家の存続を全うするための機構というよりも、その行動をチェックする機構内的拮抗勢力であったことが判る。実際、名古屋と江戸の緊張関係の事例は枚挙に暇がない。とくに、七代尾張藩主徳川宗春の治世は、文化政策的にも経済政策的にも、尾張名古屋が江戸から独立して、ときには対立的な政策の形成と

I まちのなりたち・まちをまもる

実行が可能であったことの証しといえる。このことは、今日、中部圏の主都としての名古屋のあり様を考える時、重視しすぎることはない。名古屋は江戸の西への「固め」であると同時に、江戸の潜在的対抗勢力の位置にもあったのである。

[3] 首都圏と一体化する名古屋駅地区

　しかし一方で、リニア新幹線の開通、とくに東京・名古屋先行開業は、東京と名古屋の一体化をより促進する。上の江戸の事例でいえば、「西への固め」の位置付けが断然強くなるということである。ここで、「西」とは今や世界を意味する。すなわち、東京の市場原理主義的なグローバル競争に加担し、その一翼を担うことである。リニア新幹線によるストロー効果がまたしても持ち出され、人々の懸念を誘っているが、それは無意味であろう。名古屋の支店経済機能はすでにさしたる意味を持っていない。名古屋（とくに名古屋駅地区）は首都圏と一体化して、本社機能の一翼を担うのである。とくに東京・名古屋先行開業は名古屋駅地区の首都の玄関化を招き、副都心の一つとなると見てよい。この傾向は、東日本大震災以降、首都圏を中心に再燃しつつある首都機能バックアップ論によって、さらに助長される。

　当然の事ながら、この自立した広域地方圏「中部圏」の主都としての機能と、グローバル競争都市・東京の一翼を担う機能の両立は容易ではない。しかし、その両者を追求せざるをえないのが、現実に今日、名古屋が直面している課題であり、国土計画的にも、その達成が求められていると言ってよい。複眼的指向の都市づくりが名古屋に求められていると言うゆえんである。

2 ▶ 首都の西の玄関副都心としての名古屋駅地区

[1] 首都圏の西の玄関副都心

　近代日本の首都として東京がスタートした時、その都心部は極めて限られた、概ね都心3区とその東、荒川までの範囲と考えてよいであろう。帝都東京の発展にしたがって、いわゆる副都心（渋谷、新宿、池袋など）が都心に加わった。それらは、かつて江戸の町の西や北に向けての玄関口であった。

そして、首都機能が「東京」に納まらなくなったとき、「首都圏」が議論され、新都心なるものが企図され始める。いわゆる「臨海副都心」や、「大宮新都心」である。大宮（現、さいたま市）は東京都にも属さないが、他の都心地区と1時間足らずでアクセスでき、幾つかの国家機関のブロック官庁が立地したこともあって、コンベンション・会議場など、いわゆる「お座敷」機能が集積し、また多くのICT関連企業のバックアップ機能を担うなど、おしもおされもせぬ首都圏の都心機能を担う地区となった。

　リニア新幹線の東京・名古屋先行開業は、名古屋にこの「大宮」の条件を整えるものということが出来る。品川から名古屋まで1時間弱、おそらく10分以内の間隔で1列車千人規模の乗客を運ぶことになる。しかも名古屋以西からの新幹線・在来線そして中部国際空港に降り立った乗客が、すべてこのリニア名古屋駅に集結する（図1；引用文献2）より）。この駅は単なるターミナルではない。首都圏の西日本へのゲートウェイとなる。本社に出張で上京するビジネス客は、必ずしもそのまま都心まで出向くこともない。相対的に人数の少ない本社要員が名古屋まで出向く方が合理的と判断するケースも多いはずだ。要はコンパクトに配置された各級会議・交流施設、いわゆる「お座敷」が用意できるか、である。もちろん、それは都心型ビジネス支援産業によってバックアップされねばならない。この条件が整えば、端的な交流を求めて、東京の本社機能も出張ってくることもあろう。こうして西の首都圏玄関副都心が名古屋駅地区に形成される。

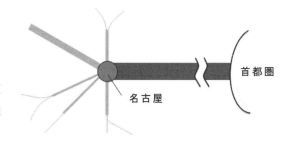

図1　首都圏の西の玄関・名古屋

　しかし、リニアが名古屋駅地区にもたらす開発効果は単なる副都心効果に留まらない。副都心は往々にして「日帰り」集客効果が中心である。しかし、

I まちのなりたち・まちをまもる

　西日本全国から名古屋に集まるビジネス客は、首都圏に帰る本社要員と違って、会議終了後は帰宅・帰社が叶わない。また、中部国際空港と緊密に連絡が取れれば、この広域交流拠点に集まる客は全国はおろか世界（とくに東・東南アジア）に開かれている。グローバルな水平分業の一般化した今日、会議やコンベンションは国内外を問わないであろう。当然、各級宿泊施設の整備が進められねばならない。それとともに、アフターファイブ、アフターコンベンションのサービスの充実が求められる。ナイトライフを充実させる夜の街の活性化、高質化も大切であるが、名古屋駅地区に留まらない名古屋大都市圏を包摂した観光リクリエーション・ネットワークの形成を考えるべきであろう。日帰りまたは半日帰りを中心に、岐阜、知多（中部空港との連携が大切）、三河、長島などとの連携を視野に入れて考える必要がある。

　具体的な名古屋駅地区の空間的な広がりについては、今日、駅東の開発が南北に伸びる傾向にあるが、リニアの線路が東西に建設されるのを機に、東西に広げることが望ましい。東に隣接する堀川・納屋橋地区は、兼ねてより宿泊・歓楽施設の多い地区であるが、伝統的には流通産業の集積地であり、老舗の記憶も多いところである。これらを包摂してさらに東に隣接するビジネス街、伏見・丸の内地区まで連担させることを考えるべきであろう。また、これを機会に念願の駅西の再開発促進を期待したいところである（図2参照）。これに関連して目下、都市高速道路と名古屋駅とのアクセス改善が検討されているように聞くが、名古屋の都市高速道路網は元来、自動車交通を過剰に都心に持ち込まないように計画されているのであり、不用意な改良

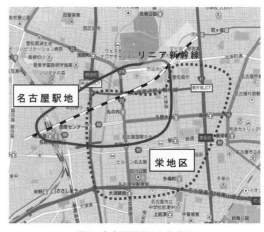

図2．名古屋駅地区と栄地区

計画が自動車交通の大混乱をもたらさないよう、慎重な計画が求められる。とはいうものの、名古屋大都市圏の交通計画において最大の課題は、名古屋駅と豊田市ないしはトヨタ産業地帯との到達迅速性の確保であって、高速バス路線等、限定された形での都市高速道路の活用法が研究されるべきかもしれない。

[2] 首都機能バックアップ都市としての名古屋

　東日本大震災とそれにつづく原発災害の対策に当たって、被災地以外の国民を不安に陥れたのは、緊急施策の命令系統の混乱であった。国民の眼からは、緊急災害対策本部が本当に十全に機能しているかどうかの確認すら覚束ない状況であったといえる。首都直下型大地震などによって政府官邸が崩壊するようなことがあれば、その時はどのような対策が用意されており、また適切な対策が円滑に発動されるのであろうか。原発事故の発生は、絶対にないといわれてきた事故・災害も起こりうることを事実で示したし、事故・災害対策の不首尾は政府の緊急対策即応体制に対する信頼を喪失させている。閣議開催時に官邸機能が崩壊したら、一体何処で、どの時点で首相代行が指揮を受け継ぐのか。首都機能バックアップ体制とは、物理的・空間的な面のみではなく、こういう法制度的体制をも構築することである。

　バックアップのシステムには、緊急性、即応性によって、表1に示す三つの段階があるといわれる。首都機能の、とくに政府機能のバックアップは、このホット・スタンバイ態勢に支えられねばならない。また、政府機能を含む首都機能は、極めて複合的かつ体系的なものであるから、大都市でなければ、この機能を担うことは出来ない。しかも、非常時に首相の権能を代行できる権限を法的に付与された者（受権者）が、常駐しなければならない。このためには、中央政府の一つの省庁を、当該都市に配置しておくことが適当である。このためには、この首都機能バックアップ都市は、平時は、東京と短時間で行き来できる高速交通機関で結ばれた都市であることが必須条件となる。また、自立して全国、そしてグローバルに情報を発信できる国際都市でもなければならない。十全な機能を備えた国際空港、国際港湾を持ってい

Ⅰ まちのなりたち・まちをまもる

表1．バックアップ機能の三段階

①	コールド・スタンバイ	当該機能を受け入れることのできる空間・施設を用意しておき、発災後、直ちに設備等の立ち上げ、整備を行い、要員を確保し、あるいは本来要員が出向して、機能を再開するもの。数日から数週間の機能中断が避けられない。
②	ウォーム・スタンバイ	当該機能を受け入れることのできる施設設備を用意し、平時から本機能に並行してバックアップ演習を実施しておき、発災後、本来要員の出向到着を待って、機能を継続するもの。発災後、数時間ないし一日程度の機能中断が避けられない。
③	ホット・スタンバイ	当該機能を担える施設設備と要員（代行受権者）を常駐しておき、直ちに機能発揮できるよう常に体勢を整えておくもので、機能切り替え（バックアップ発動）の決断が適切に行われれば、発災後直ちに、中断無く、機能を続行できる。

ることも大切である。

　以上の条件を考えると、首都機能バックアップ都市の候補は、関西、名古屋、仙台、広島などが考えられるが、リニア新幹線の東京・名古屋間先行開業が見込まれる名古屋に一日の長があることは衆目の一致するところではないか。

　おまけに福和伸夫名古屋大学減災センター長によれば、那古野台地の上に載った名古屋の街は、早くも17世紀に実現された高台移転といえるのである（引用文献3））。名古屋駅地区のうち駅直近の地区は、残念ながらこの那古野台地に乗っていない。しかしその拡張域たる堀川以東の地区は高台の地区であり、現在市役所・県庁・国のブロック官庁が軒を並べる三の丸地区とは連担している。そこには上に述べた緊急時の中央政府機能をバックアップできるホット・スタンバイ施設を用意することも容易といえる。さらに、リニア新幹線の線路は、この三の丸地区の地下を通ることになっており（図2参照）、まさかのリニア名古屋駅水没にも備えて非常時の臨時駅構造物を用意しておくことも考えられる。

3 ▶ 中部圏の市民が望む「主都」としての役割

[1]「中部圏」と名古屋の「都心」の範囲

　首都圏の西の玄関の役割を果たし、首都機能バックアップ都市としても期待される名古屋であるが、一方では中部圏の「主都」としての役割も重要である。名古屋の都心の「魅力」を考える場合には、むしろ、後者の方が大切ではないか。ここで「主都」とは、当該地域の人々が経済活動や生活をしていくにあたって、日本の首都・東京を意識せずに世界に開かれた交流を進めることが出来る都市を言うこととしたい。そういった大都市に名古屋がなることを期待している。なお、中部圏とは、愛知・岐阜・三重の3県に西静岡、南信州を加えた、いわゆる「中部圏」のみならず、北陸3県を包含した「大中部圏」まで、視野に入れておくことも大切であろう。しかし、日常的に都会を楽しむ範囲としては、まずは日常的都市圏としての愛知県全域、岐阜県美濃地域、三重県中北勢地域を固めることが肝要である。これらの地域からの来街者に、東京に匹敵する、充分な魅力をもたらすことが、名古屋の都心の魅力づくりの目標となる。

　もちろん、こういった来街者の受け皿としての地域は、単に名古屋の都心だけではない。名古屋市内の東山公園地区や白壁・文化の道、熱田・有松などの歴史的遺産地区、さらには近代産業遺産を含む産業観光サイトなどをネットワークすることも大切であるし、それを岐阜、知多、三河、長島などへ拡げていく努力も必要である。しかし、ここでは、日常的に大都会を楽しむこと、とくに「楽しく安気に歩き廻れる街」をつくることを中心に、都心の魅力を考えていきたい。

[2] 都心の魅力と「賑わい」、そして「栄地区」

　究極の都市の魅力は「賑わい」である。より多くの多様な人々が、より広い範囲から集まって、「袖振り合うも他生の縁」と、スキンシップのふれあいと交流を重ねる「賑わい」である。見方を変えれば「賑わい」は、より多くの人々が一廉の地区空間に集まり交流を深める、その量と深度のバロメー

タと言える。集まる人々の居住地域の拡がり（勢力圏）が広いほど集まる人々（交流人口）は多い。集まる空間の質が高いほど、安気に歩き廻れるほど、交流は深まり、そのあり様は多様になる。「交流の質」が高いといえよう。
　一定の居住地域の人々が集まる地区を地域拠点という。全市民が集まってくる地区を都心という。そして、大都市圏全域から都心地区に人々を集めることの出来る都市地域を「都会」というのではないか。名古屋の都心はこのような都会の都心であって欲しい。では、名古屋の都心地区とは何処か。一般に、大都市の都心は江戸時代以来の歴史的都心地区から、国土幹線鉄道の発展に従って駅（都市側から見れば中央駅）の周辺に徐々に移行する傾向がある。名古屋もその例外ではない。伝馬町筋から広小路本町、栄町へ、近世・近代初期の都市発展に併せて若干の移動はあったが、名古屋の伝統的都心地区はいわゆる「栄地区」と呼ぶことのできる地区であった。図2に示すように、本論で私は、ここに納屋橋・四間道などの堀川沿いから南大津通り、東新町、場合によっては白壁・主税町までをも含むものと考えたい。それに対し、この半世紀ほど、名古屋駅地区の都心性が強まってきている。とくにこの10年は急激とも言えるほどであり、上述のリニア開業の影響はこの傾向をいよいよ強化することになろう。
　しかし、名古屋の都心を駅地区の膨張に任せ、上に述べたような首都圏の副都心的性格にすべて委ねてしまうのは、望ましくないであろう。第一、面白くない。名古屋大都市圏の、ひいては中部圏の「主都」としての都心は、首都圏の一部ないしは首都機能バックアップ都市として発展する「名古屋駅地区」とは別に、伝統的な「栄地区」の充実・発展で対応したいものである。

[3]「都市圏ターミナル」と「栄地区連結公共交通」
　名古屋大都市圏の人々が「栄地区」に集まりやすくするインフラ整備について一つの提案がある。1960年代には、わが国では名古屋だけが「車で街づくりができる都市」ではないかともてはやされたが、さすがに今日では、都市圏の全ての人々を車で都心に集めることの無理が広く認識されるところとなった。この都市圏で、近郊鉄道として全域から人々を集めることの出来

る輸送網を担っているのは名鉄とJR東海、近鉄の各社である。とくに名鉄の輸送網は重要である。ところが、これらは名鉄・瀬戸線を除いて全て名古屋駅にターミナルを持っている。したがって、名古屋駅に集まった大都市圏の人々の中で、都心に行きたい人達を迅速・快適に「栄地区」に移動させる装置が必要になる。

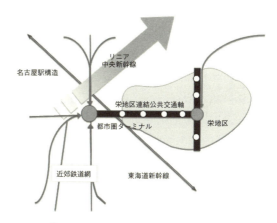

図3.「都市圏ターミナル」と「栄地区連結公共交通軸」

それには、図3に示したように大都市圏から便利に人々を集めうる「都市圏ターミナル」の形成と、名古屋駅と「栄地区」を結ぶ短距離大（中）量の「栄地区連結公共交通軸」の整備が欠かせない。「栄地区」は、ほとんど「名古屋駅地区」と重なるほどの拡がりを持っているから、このエリアに頻繁・気楽にアクセスするためには、そして快適・景観の観点からも、この公共交通システムは路面に整備されることが望ましい。地下鉄東山線は既に飽和状態である。気軽に乗り降りできる、いわゆるLRT（後述）が走る光景を想像するだ

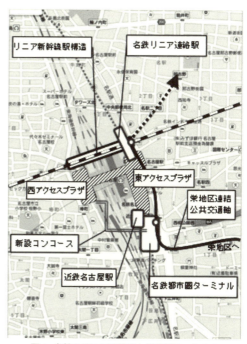

図4. 名鉄のリニア連絡駅と都市圏ターミナル

けで楽しいではないか。また、「都市圏ターミナル」は、近郊鉄道路線網の沿線地域から人々を集めるばかりではなく、沿線地域の個性ある産業と歴史・文化を他の地域の人々に紹介・案内できるような交流窓口を備えることも重要である。沿線ウォーキングの案内センターを設置するのもよい。この地域は戦国時代から江戸時代を通して、また近代産業の足跡など紹介の内容には事欠かない。中部国際空港のアクセスプラザのようなものを用意したいものである。

なお、リニア新幹線の受け入れ態勢づくりとして、名古屋駅ターミナル施設のリニア駅への一体化が検討されているようであるが、上記の観点から、「都市圏ターミナル」は「栄地区」への連結性向上を中心に、リニア問題とは別に考えられるべきであろう。名鉄本線は図4に示すようにリニア・JR連絡駅と都市圏ターミナルを南北に離して二つの駅を設置してもよいではないか。

4 ▶ 成熟社会の魅力ある都心として

[1] 街の賑わいとインフラ整備

街の「賑わい」は市民の交流の量と質のバロメータである、と先に述べた。往々にして「賑わい」が商店の売り上げを増進させることが期待されるが、それ自体が目的ではない。街の賑わいを売り上げに結びつけるのは商店街の責任である。したがって、街づくりは人々をいかに呼び集めるか、そして、楽しい賑わいを満喫できる受け皿を造ることが仕事である。「賑わい」自体が都市の魅力であるが、それをもたらすために、人々を惹きつける魅力ある装置を街に用意しなければならない。

魅力ある装置とは何か。多種多様で豊富な商品やサービスを揃えた商店・飲食店が並んでいることであり、緑と水の情景のゆたかさであり、文化の薫り高い美術館・博物館・劇場・コンサートホールの存在である。しかし、これらは人々がより多く集まれば、自ずと出来てくる側面もある。もちろん、これらの施設を積極的に整備し、また整備されやすいような施策を講じることも重要であるが、何よりも大事なのは、この「賑わい」創出のインフラと

しての次の二つである。
　①人々を集める交通施設とサービスの整備
　②集まった人々が「賑わい」を楽しめる空間の整備
　ここで、交通サービスとしては、都市規模が大きくなればなるほど道路混雑と駐車場供給困難の両面から、マイカーでの対処が難しくなることが知られている。また、自動車を自ら自由に運転できない人は無くならない。すなわち、電車、バス、自動車等の使用交通手段は問わず、都市圏全域から人々を集めることの出来るような公共交通サービスを整備・発展させることが必要である。この観点から、名古屋駅の近郊鉄道ターミナルと「栄地区」を繋ぐ短距離公共交通システムが重要であることは先に述べた。
　また、人々の交流空間としては、施設の中や地下空間にこれを整備することも考えられないではないが、まずは屋外交流空間としてバリアフリー対策の十分施された道路と広場（公園）のネットワークが考えられねばならない。これには、しばしば都心モールと呼ばれる歩行者専用道路ないしは地区が構想されるが、幹線道路の広幅員歩道を活用することも大切である。また、先に述べた短距離公共交通システムはこの都心モールの中に埋め込まれ公共交通機関から歩行者専用空間に気軽にアクセスできることが望ましい。都心モールが大規模になれば、モールを歩く人々に歩行援助システムも必要となろう。このような短距離公共交通と都心モールの両者を結びつけたシステムを「トランジットモール」と呼んでいる（図5：引用文献4）より）。今日、人間味あふれる殷賑な都会的都心のシンボル的空間として、世界中の都市で実現構想が追求されている。

公共交通機関としては高性能で新しく美しい装いの路面電車（LRT；軽快電車）が構想されることが多い。図6は、クロアチアのザグレブで私が最近（2012）撮

図5　公共交通システムも走る都心モール

図5　公共交通システムも走る都心モール

ったとトランジットモールの例である。最近はコストの低い専用走行路を持った新しい装いのバス・システム（BRT）を使うことも考えられている。

是非、名古屋の都心に実現したいものである。

[2]「物語」のある街の魅力

以上、都心の魅力づくり、「賑わい」の創出のために、インフラ整備でやれることはあまり多くはない。やはり、都心の魅力の源泉はその都市の歴史であり、地勢・風土である。また、そこに育った芸能、芸術、文芸、民芸といった文化であり、お菓子や料理等の食文化もある。「なごや飯」などという言葉が話題となることも悪くない。しかし、何処でも同様なことを追求する御時世にあって、「差別化」のために大切なのは、それらの地域特性・素材を繋ぐ「物語」ではないか。「物語」のある街は魅力的である。

私は、名古屋の都心の魅力づくりを「宗春」で紡ぐのが好いと思う。1節ですでに述べたように、八代将軍吉宗の質素倹約政策に弓ひいて需要創出政策に打って出た藩主、江戸の芸能人を引き取って名古屋を一躍芸能・文化の中心地に仕立てた藩主である。その治世は、単に江戸の施政にアンチテーゼを突きつけただけではない、国を挙げてデフレ脱却に必死になっている現今のわが国の情勢にもマッチした理論をすら感じさせてくれる。

[3] 脱デフレ政策と都心の魅力づくり

現今のデフレ現象は長期的なものであるし、わが国現代の経済社会の構造と化していると見る必要がある。アベノミクスの3本の矢政策が完遂されたとしても、容易に克服できるものとも思えない。したがって、街づくりを考えるにあたっても、このデフレを構造的に改変・脱却するための施策との協

調・連携を考えることが必要である。その意味で「デフレの正体」(角川書店、one テーマ 21、2010)に展開される藻谷浩介氏の所説は大変参考になる。また、それを理論的に補完してくれるのは、小野善康氏(「成熟社会の経済学」、岩波新書、2012)である。

　両氏とも、アベノミクス政策は彌縫策であって構造的デフレの本質的解決にはならないと指摘している。提案する具体的施策は異なっているところもあるが、彼らがデフレの原因として一致して指摘するのは、人口減少・高齢化時代の社会に蔓延している本源的な消費欲求の減退である。とくに、一番資産を持ち、財布に余力のある、しかも人口も増えつつある高齢者が、老後の生活への不安もあって、積極的に消費しようとしない。何も欲しい物・サービスに思い至らないことである。そして、抱えている蓄えは、なんら本源的消費に結びつかない金融商品に向かう。ここで本源的消費とは、消費される物やサービスを通して雇用創出と給与生活者の所得の増加に繋がるものをいう。とくにこの所得増加の対象となるのが、失業者や、消費意欲旺盛な子育て世代であれば、社会全体の需要は大きく刺激されることになる。すなわち、両氏の所説から導き出されるデフレ克服施策としては、

　①比較的財力のある高齢者が心おきなく消費に向かえるような安定した老後生活の社会保障の確立、

であり、

　②蓄えの豊かな高齢者から消費力の高い若い子育て世代への所得移転の促進策、

そしてこの①②を結びつけて実現することの出来る

　③高齢者介護や医療産業における雇用創出と技術革新によるサービスの高質化、

ということが考えられる。

　これらの経済的社会的施策を取り込んだ都心づくりとして、高質な医療・介護などの社会福祉サービスを享受できる高齢者都心居住と、自然豊かで文化の薫り高く、すべての市民が集い交流する都心機能を結びつけた都心地区の形成をイメージしたい。なにより、老いも若きも、誰でも「歩いて暮らせる」

街をつくることが重要である。そのためには、名古屋の自慢の広幅員街路のゆとりある歩道と公園・広場を拡充して、緑豊かな安心して歩き回れる空間の整備がまず基本となる（図7：引用文献4）より）。より上質な都心空間としては、緑陰の豊かな、できればせせらぎにも恵まれた、それでいて「ふれあい」のある散策空間のネットワークが形成されることを期待したい。自動車交通が高度に抑制された幹線街路には、高齢者でも望

図7 老いも若きも「ふれあう」都心

みに応じてかなり長く移動できるように、歩行援助装置としての公共交通システムの整備が望まれるし、若い人たちが伸びやかに活動できるように自転車通行路のネットワークも明確に整備すべきであろう。

　都心らしい、商業施設（大規模店舗のみならずスーパーやコンビニ店も）や娯楽施設（テレビ塔や観覧車なども含んでよいであろう）、文化施設（コンサートホール、美術館等）などの充実がいよいよ望まれることは当然であるが、それに混じって医療施設（各種クリニックや高齢者専門病院）や高齢者介護施設（デイケアセンターなど）、そして高齢者対応住宅を整備することによって、ともすれば減少しがちな都心居住人口を高齢者で増強するのである。同時に、高齢者の地域介護が達成できる。それは、"文化の薫り高い非物的消費と世代間交流を促す街だ。「金を貯める」欲求から解放された、文化と高水準介護サービスを指向する高齢者の消費生活"（引用文献1）参照）を都心に取り込むのである。

[4] 老いも若きも、袖振り合う都心…結びにかえて
　さらにそこに、高齢者から子育て世代への所得移転を誘う物的、制度的環

境を重ねることが出来れば、まさに成熟社会を迎えた21世紀に相応しい都心となるであろう。老いも若きも楽しめる都心空間の整備につられて、子供連れの家族達が、週末の都心散策や買物を楽しむついでに、都心に住む親や祖父母を見舞うことが常態となって欲しい。介護サービス付き都心住居に住む年寄りは、緑陰の散歩道と芸術および消費文化を楽しめるだけでなく、可愛い孫達がしばしば尋ねてくれれば、いきおい財布の紐も緩もうというものである。子供・孫達にしてみれば、ついでに都心を楽しみ、懸案の買物をして帰る資金の足しが出来ることになる。子供・孫達の両親・祖父母扶養義務を金で解決するなど、不道徳の誹りを免れない、とする見解もあろうが、そこは成熟社会の経済・財政政策と社会福祉政策の新しいポリシーミックスと割り切ることでよいのではないか。

　結果として、高齢者の塩漬け資産が芸術・文化産業界や介護業界に所得移転するのみでなく、若い世代の旺盛な消費力に転化されることになる。そして、すべての世代に楽しい、文化の薫り高い、賑やかな都心が息づくことになる。さらに、そこに中部圏全域の人々を集めることが出来れば、交流のレベルアップが実現すると共に、都心地域の経済振興にも大きく寄与できることになろう。また、そのためのインフラづくりが、そのまま「魅力ある都市」を創ることになる。そしてそれこそ、21世紀型の「宗春」の都市文化を追求することにほかならないのではないか。

（竹内 伝史）

【引用文献】

1) 内田　樹『街場の憂国論』晶文社、2013
2) 竹内伝史「交流に根ざした街づくりと都市のルネッサンス」『中部圏研究』、VOL.180、(公財) 中部圏社会経済研究所、pp.44、2012
3) 福和伸夫「震災後の国土形成と文化再生」第7回ＰＩセミナー、社会基盤技術評価機構、2012.09.21
4) 名古屋市「なごや交通まちづくりプラン（案）」、名古屋市住宅都市局交通企画課、2014.06

20世紀の名古屋の都市景観

1 ▶ 20世紀初頭の名古屋の都市景観

[1] ルネサンス様式の建築の登場

　20世紀に入った時点での名古屋の繁華街である栄町（当時）には、赤煉瓦造の日本銀行名古屋支店（塔屋・屋根窓付鉄骨煉瓦造2階、1906年）、日本生命名古屋支店（ドーム付鉄骨煉瓦造2階、1908年）、いとう呉服店（ドーム付木造3階、1910年）などのルネサンス風の建築が並んでいた。日銀は辰野金吾と長野宇平治の設計、日本生命は辰野金吾と片岡安の設計で、いずれも白い御影石の筋の入った赤煉瓦の建築。白いルネサンス風のいとう呉服店は、鈴木禎次の設計である。その後、鈴木禎次の設計により、名古屋の中心市街地に様式建築が続々と造られることになる。いとう呉服店と同じような白いルネサンス風の建築として、桔梗屋呉服店（木造2階、1910年改修）、愛知県商品陳列館（ドーム付木造2階、1910年）、名古屋電燈㈱本社（ドーム付木造3階、1912年）などがある。白い御影石の筋の入った赤煉瓦造建築としては、名古屋銀行堀川支店（ドーム付2階、1914年）や名古屋銀行南支店（ドーム付2階、1916年）などがあり、こうした建築が20世紀初

写真1　20世紀初頭の名古屋栄の景観
（名古屋市所蔵）

期の名古屋の都市景観をリードした。

以上のように、明治末期から大正初期にかけての名古屋の中心市街地では、明治の雰囲気を漂わせた赤煉瓦造の建物や白いドーム付のルネサンス風の様式建築が都市景観を特徴づけるようになっていた。

[2] RC造建築の登場と様式建築の否定／大正期

名古屋では、鈴木禎次の設計で、1912年、納屋橋近くの広小路に面した場所で、共同火災保険（後の同和火災保険）名古屋支店が起工された。この建物は、鉄骨鉄筋コンクリート造、ドーム付3階建て事務所ビルで、名古屋で最初の鉄筋コンクリート造（以後、RC造）の建物とされる。さらに、1916（大正5）年、本町に近い広小路に面して、北浜銀行名古屋支店が竣工した。この建物は、地階1階、地上7階建て、エレベータ付で、八層閣といわれた。名古屋で最初の高層建築といわれる。2階建てが多い煉瓦造と比較して、鉄筋コンクリート造となると、もっと高い建築が可能となるので、当然のことながら、より高い建物が数多く登場することになる。

写真2　名古屋で最初のRC造建築：共同火災生命保険㈱名古屋支店（筆者撮影）

1867年、フランスの造園家モニエが針金で補強したコンクリート製の植木鉢をつくり、特許を得た。1880年代のアメリカでは、シカゴ派の建築家達が高層ビルを発表。その後、シカゴやニューヨークで、高層ビルが陸続として造られることになったし、ドイツではRC造標準仕様書が制定された。

I まちのなりたち・まちをまもる

日本での初期の例としては、東京・日本橋の丸善書店（1909年）や三井物産横浜支店（1911年）などがある。RC造建築の登場は、その後の都市景観に大きな変化を与えることになる。

世紀末の欧米では、モダニズム建築が登場するという意匠上大きな変化があった。この動きは、日本にも影響を与え、1920年に、分離派建築会が結成され、過去の建築様式を否定する宣言が発せられた。こうした建築の構造上と意匠上の変化が、その後の都市の景観に影響を与えることになる。

2 ► 近代都市計画制度の適用と都市景観

[1] 地域地区制と高さ規制による都市景観

1888（明治21）年8月、東京市区改正条例が公布されたが、この時を持って、日本における近代都市計画制度が始まったとされる。名古屋市にこの東京市区改正条例が準用されるようになったのは、1918年9月。しかし、その翌年の1919年、都市計画法と市街地建築物法が公布され、翌20年から両法が施行されることになり、名古屋市は、両法の適用都市となった。

名古屋市での都市計画区域の範囲は、「約1時間以内に商業的中心地に集散し得べき範囲」とし、城下町を中心とする名古屋に熱田町（ママ）が合併し、南側に発展しているので、その中心地を熱田踏切付近とし、「そこより半径2里の円圏内に包含せらるる区域」としている。その結果、名古屋市の市域（当時）に加え、西枇杷島町、下之一色町、天白村八事を含む約5千万坪の範囲としている。計算上、許容人口は約128万人になるとしている。この名古屋都市計画区域は、1922年7月に指定された。

名古屋都市計画区域の範囲内で、地域地

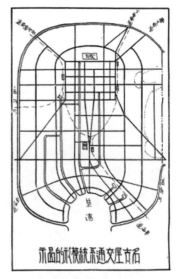

図1　名古屋の交通系統模形的図示（『都市創作』所収）

区を決めることになるが、1924年10月にそれが決定された。内訳を見ると、住宅地域が54.9%（約8,082.3ha）と一番広く、次いで、工業地域が32.5%（約4,788.4ha）、商業地域が10.0%（約1,471.4ha）となっている。工業地域の割合は、比較的多く、3割を超えている。いずれにしろ、このゾーニング指定の意味は、商業地域は店舗が立ち並ぶ賑わいの場、工業地域は工場や倉庫が林立するダイナミックな場所、住宅地域は閑静な住宅地になることが想定され、土地利用の純化が目指されている。このことは、いわば、近代の都市の景観の姿でもある。

　それぞれの地域が商業地域や住宅地域などの違いにより、可能となる建物の高さ規制に違いが生じる。住居地域内では65尺（約20m）、住居地域外では100尺（約30.3m）の高さ制限が行われることになった。この高さ制限は、1929（昭和4）年の改正で、住居地域内では20m、住居地域外では31mとメートル法に変更される。

[2] 複心型放射循環式の都市構造

　1919年公布の都市計画法施行を受けて、構想された、名古屋市の都市構造は、「複心型放射循環式」とされる。この都市構造は、道路網計画を基本としている。名古屋市には、名古屋駅のある旧市街の中枢部と名古屋港という二つの核があり、ここから放射状に道路を出す。都心の中枢部と名古屋港は2重の循環線で結ばれる。さらに、名古屋市域は、庄内川と高針川（天白川）で取り囲まれ、市街地の境界を示す。こうした二つの核と放射循環型の道路網で構成される都市構造の骨格は、その後の名古屋の基本的な発展の方向を示すもので、名古屋の都市景観を把握するための基本的手がかりとなるものである。

[3]「山林都市」に代表される郊外住宅地

　都心の景観形成と共に、名古屋市の郊外住宅地での景観にも大きな変化があった。郊外での土地区画整理は、1899年制定の耕地整理法に始まる。当初、土地区画整理のために耕地整理法が準用されたからである。1945年の終戦

写真3 丘陵式住宅地の八事界隈
(『名古屋都市計画概要』所収)

までに、耕地整理組合 33 地区、施行面積約 3,850ha、土地区画整理組合 98 地区、施行面積約 5,080ha の設立が認可。合計 131 組合、約 8,930ha となる。1945 年の市域面積が約 162 km²なので、市域の半分以上の約 55％が区画整理による計画的市街地ということになる。

都市計画家の石川栄耀は、土地区画整理による新市街地を、丘陵住宅式、平地住宅式、路線式、運河土地式、普通工場式の5つに分類している。この内、住宅地に関係するのは、前3者である。平地式は、名古屋市西部・北部・南部などで、整然とした格子状市街地を生みだした。これに対して、丘陵式は、名古屋市東部の瑞穂区や八事方面の丘陵地などで、地形を生かした区画整理で、緑の多い住宅地を生み出した。こうした丘陵地での土地区画整理について、黒谷杜鵑は、田園都市ならぬ、「山林都市」と呼んでいる。地価が高く、山勝ちな日本では、山林を利用した「山林都市」の方が「田園都市」より相応しいと主張する。

1939 年、名古屋市東部地区を中心に、緑豊かな住宅地を維持すべく、広範囲に風致地区が指定された。具体的には、城山風致地区（約 677ha）、東山風致地区（約 744ha）、萩山風致地区（約 487ha）などである。まさに、「山林都市」を実現するための都市計画であった。こうした郊外住宅地には、洋館や洋風応接間を持った近代的な住宅が造られ、戦前の名古屋の郊外住宅地の景観を特徴づけることになった。

3 ▶ 20 世紀中期の近代名古屋の都心景観

[1] 多様な近代建築による町並み形成

名古屋市では、1923（大正 12）年、中心市街地の幹線道路沿線を中心に、

20世紀の名古屋の都市景観

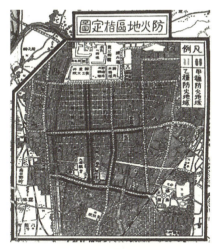

図2　大正13年の防火地区指定図
（『名古屋都市計画史』所収）

防火地区（甲種と乙種）が指定された。道路が既に広くなっている広小路通（東柳町81番地から納屋橋を経て新栄町3丁目まで）と大津通（栄町5丁目から上前津町15番地まで）は甲種防火地区、本町（本町1丁目から門前町6丁目まで）と大須通（鶴舞公園前から日置町山王江川線まで）は、乙種防火地域に指定。その後、1924年に甲種防火地区に変更された。門前町6丁目から橘町6丁目までは乙種防火地区。

名古屋の中心市街地を、防火地区の指定により10数か所のブロックに分割し、延焼防火に備えようとするもので、このため、建物を新築する場合、甲種防火地区では耐火構造を、乙種防火地区では準耐火構造でなければならなくなった。その結果、甲種防火地区に指定された広小路通では、その後、鉄筋コンクリート造の耐火建築が続々と造られるようになる。広小路通には、銀行が数多く立地していたため、当時流行の古典様式の柱がある銀行建築が多く造られた。例えば、名古屋銀行本店（1926年、SRC造、5階、コリント式の列柱を持つ。）、三菱銀行名古屋支店（1929年、RC造、4階）、三井銀行名古屋支店（1935年、RC造2階、イオニア式の列柱を持つ。）また、事務所ビルとして、高層のRC造のモダンな建築が多く造られた。例えば、広小路では、三井物産名古屋支

写真4　昭和前期の広小路
（『名古屋市史』所収）

店（1935年、RC造5階）、名古屋観光ホテル（1936年、RC造5階）、名古屋日本徴兵館（1939年、SRC造7階）、住友銀行名古屋支店（1939年、RC造8階）などである。

大津通では、伊藤銀行中支店（1921年、RC造3階）、松坂屋本店（1925年、SRC造6階、増築で7階建てとなる。）、伊勢久商店（1930年、RC造3階）などである。本町通では、伊藤銀行本店（1931年、RC造4階）、岡谷商店（1931年、RC造3階）などである。

様式的には、古典様式からアールデコ様式、表現主義建築、モダニズム建築など多様になったのもこの時期の特徴である。こうして、防火地区を中心に、RC造の高層建築が、名古屋の中心市街地の都市景観を特徴づけた。

[2] 電線の地中化と街路樹のある町並み

名古屋市内で、電線の地下埋設が行われた最初期の例として、本町通がある。1924年、都市計画により、道路中心線より4間後退して建築線が指定され、道幅は8間が確保されることになった。これと併せて、前述のような防火地域が指定された。

名古屋開府以来の5間の道幅では、近代名古屋の中心市街地の道路としては狭すぎるということで、道路拡幅工事が行われた。その結果、歩車道を分離し、街路樹を植え、電線を地下化し、町並み景観が整えられた。時あたかも、昭和天皇の御大典（1928年）に遭遇し、それを祝すという意味で、道路の名称が御幸本町通と改められた。

写真5　御幸本町通（『大名古屋小史』所収）

[3] 塗籠めの町並み／橘町界隈

門前町から橘町にかけての通りは、広小路の南側であったので、乙種防火

地区に指定された。この通りでも、道路拡幅が行われたが、準耐火建築でいいということで、町家の前面を切断した上で塗籠にしたり、家全体を後ろに曳家した上で、塗籠にするなど、独特の町並みが造られた。幸い、戦災に遭遇しなかったことから、戦後も、塗籠の町家が並ぶ、町並みが残されていた。このように、防火地区指定や道路拡幅工事が、ユニークな町並みを形成させたことがわかる。

[4] 日本趣味建築の町並み／三の丸官庁街

名古屋の中心市街地である栄町（当時）にあった名古屋市役所と愛知県庁舎が、名古屋城内三の丸に移転することになった。名古屋市庁舎の場合は、1928年に移転新築することが決定され、設計図案を公募した。その結果、平林金吾案が入選し、1933年に竣工した。愛知県庁舎の方は、やや遅れ、1938年に竣工。両庁舎は、名古屋城の風致を考え、「日本趣味を基調とした近世式」であった。俗に、「帝冠様式」ともいわれる。日本趣味の建築が2棟並ぶ景観は、全国的にも珍しいもので、その姿は、現在も見ることができる。この時代、全国的に日本趣味の近世式建築が造られたが、名古屋のように町並み

写真6　愛知県庁舎と名古屋市庁舎が並ぶ都市景観
（名古屋都市センター所蔵）

写真7　1937年頃の名古屋駅舎と駅前の桜通り
（『名古屋都市計画及都市計画事業』所収）

を形成する都市はなかった。両庁舎を国の重要文化財指定する答申がなされた。

　名古屋城内三の丸地区（名城郭内団地）は、1959年10月、一団地の公官庁施設区域として都市計画決定された。これにより、建築規制として、建ぺい率35%以下、容積率100%以上、最低の建築高さ（幅員50m以上に面する建物は12m以上、他は9m以上）、壁面線は道路境界線から15m後退させ、前庭とするなどが定められた。これにより、緑が豊かで、景観が整った、国内有数の官庁街が形成されている。

[5] 美観的道路とモダンな駅舎／名古屋駅前の都市景観

　大正から昭和前期にかけて、多様なスタイルの建築が造られたが、その中の一つに、できるだけ装飾を排除し、機能中心の機能主義建築がある。1937年に移転新築された国鉄名古屋駅舎は、地下1階地上6階建ての機能主義的な建築であった。ホームを2階レベルに挙げ、1階を通り抜けのコンコースとしたもので、その規模は、駅舎の軒高さ27.8m、全長254.4m、延べ床面積3万9千㎡もあり、当時、「東洋一の駅舎」といわれた。

　名古屋駅の正面道路となる桜通は、当時名古屋市内で最大の幅員24間（約43.2m）に拡幅され、1937年に完成した。伏見町（当時）から東の桜通は、幅員18間（約32.4m）であったが、その道路構造は、歩道、低速車帯、植樹帯、車道というように、4列の並木を持つ名古屋を代表する美観的な道路として完成した。

[6] 名古屋都市美運動と街園・街路照明

　1919年に都市計画法が公布され、都市美についての関心が高まり、1926年、全国組織の都市美協会が設立された。こうした中、名古屋でも名古屋都市美協会が、1935年4月に設立された。この組織の目的は、都市美について、市民を啓蒙することにあった。事務局は名古屋商工会議所内に置かれた。

　名古屋市内の街路整備で、都市美観のために、交差点などの空地を活用して、高木や芝生、夜間用の照明灯などを配置した街園が造られたのもこの時

期である。街園は、今でいうポケットパークで、1937年までに、8か所の街園が造られ、市民に美観と共に憩いの空間を与えた。武平町街園や鶴舞公園前街園の面積は、1,500㎡から2,400㎡もあったというから街園といってもかなり広いが、大半は、100㎡から300㎡ほどであったという。

　1937年の汎太平洋博覧会（港区港明2丁目及び港楽1丁目一帯）の開催に合わせ、名古屋市内を明るくする計画が造られた。桜通などの幹線道路を4つに分類し、街路灯と光源の明るさを変え、メリハリを持って、名古屋の夜景を美しくする計画で、それが実行された。

4 ▶ 戦災復興計画による中心市街地景観の大変化

　1945（昭和20）年8月15日に、日本は終戦を迎えた。太平洋戦争中、アメリカ軍の空襲で、名古屋の市街地（当時）は、約3分の1が焼失してしまうという甚大な被害を受けた。同年12月6日、名古屋市は、「大中京再建の構想」を発表した。この構想は、広幅員道路の配置計画を中心とするもので、広幅員の100m道路2本、50m道路9本などを提案するものであった。

　「名古屋市復興計画の基本」（1946年3月発表）では、市域の外周部に幅員5kmほどの緑地帯を設ける（未達成）。人口規模を200万人とする。市内に高速度鉄道を敷設する（1957年開通）。小学校敷地は3,000坪見当とし、道路を隔てて小公園を配置する（実現）などが構想された。

　この基本方針を受けて、戦災復興土地区画整理事業が実施された。当初の施行区域は4,407haで、久屋大通と若宮大通という2本の100m道路（1963年概成）、平和公園（1957年に墓地移転完了、115.7ha）、名古屋駅や千種駅前などでの駅前広場の整備、小学校区に1公園の設置、学校隣接公園の整備などが実現した。100m道路は、両側に街路樹のある歩道（6.7m）と車道（10m）、中央に66.6mの植樹帯という構成の公園道路（パークウエイ）であった。名古屋市の中心部にあたる中第1工区と中第2工区の道路率は、事業前に20%未満であったものが、2倍以上の40%を超えるまでになっている。かくて、名古屋市の中心市街地には、狭い道路が無くなり、幅員100mや50mなどの公園道路が交差する近代的な都市構造が実現し、江戸時代以

来の旧城下町地区の様相を一変させた。20世紀に経験した、景観上最大の変化であった。

5 ▶ 20世紀後期の都市景観

[1] 機能主義建築による現代的な都市景観

1950年代になると、名古屋市内では、モダンな機能主義的な建物が次々に造られ、新たな町並みを形成し始める。こうした機能主義的な建築の流行は、戦災復興の中での経済性の重視や建築から装飾を取り去るという建築の設計方法の変化がある。

写真8 高さが統一された駅前のビル群
(「名古屋都市センター所蔵」)

栄地区では、100m幅員の久屋大通に面して、愛知県文化会館(1953年から1956年)とNHK名古屋放送会館(1950年)が完成する。いずれも建築設計競技で入選した白いモダニズム建築である。これらの建物と前後して、1954年6月、高さ180mの名古屋テレビ塔が完成。この時点で、日本一の高さを誇った。以来、名古屋テレビ塔は、市民にとっての目印であり、シンボルとなっている。1959年には、名古屋の歴史的な建造物であった名古屋天守閣(外観のみ)が再建され、屋根の上で金鯱が燦然と輝いた。

広小路通では、1956年、丸栄百貨店が増築されて新しい姿を現す。CBC会館(1956年)、オリエンタルビル(1956年)、東海銀行本店(1961年)なども、この時期に完成し、栄地区の新しい都市景観を形成するようになる。

名古屋駅前地区でも、豊田ビル(1955年)、毎日名古屋会館(1956年)、名古屋中央郵便局(1956年)、新名古屋ビル(1957年)、名鉄百貨店(1957年)などが完成する。31mの高さ規制がかかっていたため、これらの建物は、ほぼ揃ったスカイラインを形成することになった。こうして、陰影の少ない白っぽい機能主義建築が、名古屋の中心市街地に溢れるようになり、名古屋

の都市景観を一変させるに至った。

[2] 無機質な大規模団地やニュータウンの登場

機能主義的建築の影響は郊外住宅地にも波及する。戦後の住宅不足解消のため、予算の制約の中で出来るだけ大量の住宅建設することが要請された。このため、日本住宅公団(1955年)や名古屋市住宅公社(1948年)が設立された。1950年代までは、東志賀(1949年、106戸)、氷室(1949年、143戸)、星崎(1950年、145戸)、中島(1950年、147戸)といったような、木造住宅が並ぶ市営住宅が大量に建設された。100戸以上の均質な木造戸建て住宅が同じ方向に平行して並ぶ光景は、均質時代の到来を印象付けるものであった。

1960年代になると、RC造のカマボコ状の集合住宅が立ち並ぶ、大規模な住宅団地が建築されるようになる。例えば、千種台団地は、1949年から1979年にかけて、起伏のある約57haの敷地のうち、約13haを使って、宅地が造成され、約3,500戸の住宅が造られた。戸建て住宅、テラスハウス、スターハウス、中層集合住宅など、住宅タイプの数が多くなったが、基本的に、どの住宅タイプも平行に並べられた。

写真9　カマボコ型の集合住宅群
(『建築局25年のあゆみ』所収)

鳴子団地は、1957年から1964年にかけて、約67.4haの敷地に造られた。計画人口1.1万人、計画戸数2,890戸で、小学校と近隣公園などが設けられた。丘陵地ということで、地形に沿った曲線道路で構成され、戸建て住宅と中層住宅が並んだが、都市計画理論の近隣住区論に基づく住宅地であった。
名古屋市郊外の春日井市には、高蔵寺ニュータウン(約702ha、計画人口8.1万人、1968年より入居開始)や桃花台ニュータウン(約322ha、計画人口4万人、1981年より入居開始)が建設された。

Ⅰ まちのなりたち・まちをまもる

　このように、近代都市計画理論の一つである近隣住区論を下敷きに、オープンスペースの豊かな郊外住宅地が数多く造られたが、機能主義的な集合建築が中心で、ここでも均質な都市景観が生み出された。

[3] 高さ規制から容積制へ／経済主義の都市景観
　高度経済成長による高度な土地利用の要請と高層建築を可能とする建築技術の発達により、従来の高さ制限（31m）に対して変更が迫られるようになった。1961年に特定地区での高さ制限が緩和され、次いで、1963年に容積率制が導入され、商業地域などにおいて、高さ制限が撤廃された。このことは、建築形態の自由、建物高さの自由を付与することになり、従来の高さが揃った町並みが壊されるなど、都市景観に大きな影響を与えた。

　1973年、桜通りにタキヒヨー丸の内ビル（25階、86.8m）、新栄に雲竜ビル（24階、90m）、翌年、笹島に住友生命名古屋ビル（26階、高さ102m）といった超高層ビルが完成した。1984年、名古屋国際センター（26階、102m）が完成。1999年になると、JRセントラルタワーズ（51階、245.1m）、2006年、ミッドランドスクエア（47階、247m）、2007年、ルーセントタワー（40階、180.2m）、2008年、モード学園スパイラルタワーズ（36階、170m）といった超高層ビルが造られた。

　名古屋駅前地区は、200mを超える超高層建築時代を迎え、従来の軒の線が揃った町並みから、超高層ビルが林立するニューヨーク型の都市

写真10　名古屋駅前の超高層ビル群
（名古屋都市センター所蔵）

景観へと変貌を遂げることになった。現在、200mを超えるJRゲートタワー（46階、211.1m、2017年予定）やJPタワー名古屋（40階、200m、2016年予定）などの超高層建築が工事中である。これらの建物の完成により、ヒューマンスケールを超えた市街地が出現する。高度に土地を利用しようとする資本主義経済が、建物の姿で実現したと考えることができる。こうした状況のもとでの都市景観は、より身近な小スケールの景観が重視され、これまで以上に人間的なものにすることが求められるようになっている。

[4] 商業主義の郊外のショッピングモールやロードサイド商業地の景観
　高度経済成長を経て、スーパーの登場、モータリゼーションの進展、商品流通の変化、消費行動の変化、郊外居住の進展などにより、郊外に大型のショッピングセンターや郊外型ロードサイド店舗などが立地するようになった。大型ショッピングセンターは、消費者の利便を考えて、大きな駐車場を備えている。一方、人目を引くような巨大な看板を道路沿いにたてるなど、郊外の都市景観を一変させた。郊外の道路沿いに林立する、不必要な野立て看板は、郊外の良好な景観を壊している。こうした景観は、商業主義によって形成される景観といってよいであろう。
　2005年日本国際博覧会（愛・地球博）に先立って、中部国際空港（セントレア）と名古屋市境までの知多半島道路沿線の野立て看板が除去され、看板の無い道路景観が生み出されたが、このことは特筆されてよいであろう。

6 ▶ これからの名古屋市の都市景観の展望

　21世紀の都市景観は、空間性、歴史性、環境問題から考える必要があると思う。これからの都市は、これまでのように急激に膨張するのではなく、一定の規模を保ちつつ、ゆっくり成長することが望ましい。また、造っては壊すというようなストックにならない建築活動を続けるのではなく、古いものを保全し、使い続けて行くことが必要である。その意味で、都市は時間の経過と共に歴史性を深めて行くものである。2003年の名古屋市都市計画審議会の答申にもとづき、名古屋市が高度地区の見直しを行い、8割を超える

市域に8種類の高度地区指定を行い、高さに関して、一定の秩序をもたらす仕組みを持ち込んだこと、また、名古屋の歴史性を重視し、名古屋市歴史的風致維持向上計画（2014年）を作成し、国により「歴史都市」として認定されたこと、さらに、地球温暖化や景観的な豊かさを確保するという意味からも、9割を超える市域を緑化地域とし、一定規模以上の敷地で緑を確保することにしたことは高く評価される。

　都心の建築が巨大化して、ヒューマンスケールを超えてしまうと共に、建築の内部も人工的な環境になってしまい、人々の周りから自然が失われてしまった。未来の都市がより人間らしくなるためには、都市空間が、ヒューマンスケールで、賑わいがあること、都市の固有の歴史性を大切にすること、さらに、緑豊かな都市空間にすることが求められる。

　こうした期待に応える都市景観が21世紀に実現することが期待される。

　一方で情報技術（IT）の進展により、人々の生活は変わり、都市に求めるものも変わることが予想される。こうした時代の都市景観はどのようになるのか予測できない。しかし、いつの時代でも人間性が根底にある都市景観の実現を期待したい。

（瀬口　哲夫）

【引用文献】
1) 観光貿易課編集（執筆：瀬口哲夫）『名古屋の町並と建築』名古屋市経済局観光貿易課、1978年
2) 建築局25年のあゆみ編集委員会『建築局25年の歩み』名古屋市建築局、1984年
3) 瀬口哲夫『名古屋における都市美運動／1920〜1930年代の名古屋』「わが街ビルヂング物語」所収、樹林舎、2004年
4) 戦災復興誌編集委員会『戦災復興誌』名古屋市計画局、1984年
5) 『都市創作』2巻2号、1926年
6) 名古屋市計画局、㈶都市センター編『名古屋都市計画史』、『名古屋都市計画史・図集編』㈶名古屋都市センター、1999年
7) 名古屋市建設局計画課『名古屋都市計画概要』1955年
8) 名古屋市土木部『名古屋都市計画及都市計画事業』1937年
9) 名古屋市役所編『大名古屋小史』名古屋市役所、1933年

情報化社会の進展と基盤整備施策
― 三重県を例に ―

1 ▶ はじめに

　今やわが国におけるインターネットは、利用者1億人、普及率80%を超えるまで普及した。その使い方も、情報収集のみならず、ホームページやソーシャルメディアを使った情報を発信、商品、サービスの購入・取引、動画の視聴等と広がり、私たちの生活、仕事の場において無くてはならないものになっている。

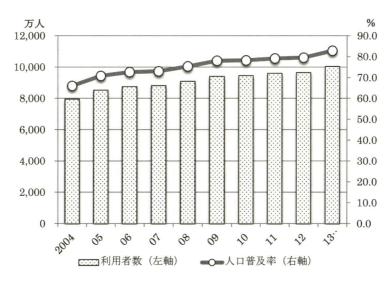

図1　インターネット利用者数及び人口普及率の推移

（出典）総務省『平成25年通信利用動向調査』

また、昨今、よく言われるクラウドコンピューティング、ビッグデータ・オープンデータ活用というキーワードは、大容量通信ができるネットワークでの利用を前提としたものである。

　こういった情報通信活動を支えるのが、高速で大容量のデータのやり取りを可能にするブロードバンド回線である。ブロードバンド回線は社会にとって必要なインフラになりつつある。

　2000年に成立、翌年に施行されたIT基本法（高度情報通信ネットワーク社会形成基本法）にも、世界最高水準の高度情報通信ネットワークの整備が努力目標と挙げられている。

　さらには2006年1月に決定された「IT新改革戦略」においても「2010年度までに光ファイバ等の整備を推進し、ブロードバンド・ゼロ地域を解消する」とされているとおり、政府を挙げて取り組むべき喫緊の課題として位置づけられている。これを受ける形で、各自治体でも情報通信基盤の整備が進められている。

　本稿で述べる三重県は、他の都道府県と比較して特段、人口が多いわけでも、財政が豊かというわけでもない。またIT企業が集中しているというわけでもない。にもかかわらず、ブロードバンド回線の基盤整備は比較的早く進んだ。情報基盤整備の先進県といっても過言ではない。

　そこで、本稿では、三重県の情報通信基盤整備の歴史を振り返りながら、今後の基盤整備の姿を考えてみたい。

2 ▶ 地域の現状

　まずは三重県の地理的特徴についておさらいしておこう。三重県は南北の長さ約180km、東西の幅が108kmと非常に細長い形をしている。長い海岸線を持ち、平野部、山脈・山地、盆地、低地など実に様々な地形を有する。

　地域別にその特徴を見れば、県北部は、名古屋のベッドタウンであり、また四日市や鈴鹿を中心に製造業が集積しており、県内の経済を牽引している。鈴鹿サーキット等の大型レジャー施設や鈴鹿山系の自然といった観光資源を有するほか、交通基盤整備も進んでおり、地域の産業を支えている。

一方、南の方に目を向けると、伊勢志摩地区は、伊勢神宮、伊勢志摩国立公園など、歴史文化と自然環境の両面で観光資源に恵まれた観光地を有し、全国から多くの来訪者を迎えている。しかし、伊勢市のような交通アクセスに恵まれた場所を除けば、地域内の多くは立地に不利な中山間地域であり、離島振興法上の離島地域をいくつか有している。加えて過疎・高齢化の傾向が顕著である。

さらに南の尾鷲、熊野地域も過疎化・高齢化が顕著である。一方で、世界遺産に登録された熊野古道や豊かな自然などの地域資源を生かした地域づくりが進められている。

3 ▶ ブロードバンド基盤整備の歴史

このような地理的条件の三重県では、民間企業主導ではなく、県行政がリードする形でブロードバンド回線の整備が行われてきた。

この基盤整備を考える際、1995年に就任した北川正恭知事（1995年4月から2003年4月）の存在を欠かすことはできない。

確かに、北川知事就任以前から、情報通信基盤の整備施策は行われていた。国の情報通信政策に沿う形で、地域情報化基本計画の策定、あるいは提言、テレトピアのモデル地域に指定等の基盤整備施策である。しかし、その頃の基盤はインターネットに接続されているわけでもなく、回線容量、速度ともに今と比べて極めて貧弱なものであり、県民の多くにとって、情報化のメリットを実感できるものではなかった。

また、1990年前半に、県内各地にケーブルテレビ会社が設立されたものの、テレビ放送がメインで、インターネット接続サービスは提供されていなかった。

こういった基盤状況を決定的に変えたのが、先に触れた北川知事（当時）就任期間の高速インターネット整備施策である。北川氏は知事選立候補時の公約として三重県を情報先進県にすることを掲げ、演説等で情報革命の意義や、デジタルコミュニティの創造を唱えた。北川氏当選後の1997年4月には豊かで潤いのあるネットワーク社会の実現を目標とした「21世紀三

重情報化社会推進プラン」(デジタルコミュニティズへの旅立ち) が策定され、1998年には「三重行政情報化推進計画」および「MIE マルチネットワーク基本計画」と矢継ぎ早に情報化計画が発表された。同時に県内のケーブルテレビ会社の所有するケーブル網を活用したブロードバンド回線整備が進められた。各社を結ぶ県域ネットワークとして、三重 M-IX が構築され、1997年4月の四日市市のケーブルテレビ会社、シー・ティー・ワイを皮切りに、各社から従来と比較して高速で安価なインターネット接続サービスが提供されるようになった (表1参照)。これにより多くの県民がブロードバンド回線を利用できるようになった。当時のインターネット接続環境といえば、電話回線を使った、いわゆるダイヤルアップ接続がメインであり、回線速度も非常に遅いものだったゆえに、ケーブルテレビ回線網による高速インターネット整備は、インターネットを魅力あるものと感じさせるのに十分だった。整備は平野部のみならず、中山間地域、離島地域を含めて行われ、2002年度末にはほぼ完了した。2003年度の「情報化月間」で三重県が総務大臣表彰を受賞したが、受賞理由として「全国で初めて県内すべての市町村で CATV を利用できる環境を整備し、高速インターネットサービスの利用環境を実現した」ことが挙げられている。

もっとも、三重県の情報基盤整備も成功ばかりではない。志摩市阿児町に、

表1　三重県内主要 CATV 各社インターネット接続開始時期

1997年4月	シー・ティー・ワイ (四日市市)
1998年4月 10月	津ケーブルテレビ [現ZTV] (津市) 名張21世紀ケーブルテレビ [現アドバンスコープ] (名張市)
1999年1月 10月 11月	松阪ケーブルテレビ (松阪市) ケーブルネット鈴鹿 (鈴鹿市) 伊賀上野ケーブルテレビ (伊賀市)
2000年1月	アイティービー (伊勢市)
2001年1月	勢慶映像ネットワーク [現ラッキータウンテレビ] (桑名市)

(出典) 各 CATV 会社の資料より、筆者作成

複数の光海底ケーブルが陸揚げされることを受けて、同地に2001年3月、「志摩サイバーベースセンター」を設立され、志摩地方の地域情報化やネットワーク事業を展開する法人として株式会社サイバーウェーブジャパン（CWJ）も立ち上がった。しかし、志摩サイバーベースセンターは十分な成果を上げることができず開始して4年後の2005年3月に閉鎖。閉鎖の理由として、当初見込んでいた光海底ケーブルの陸揚げのメリットが見いだせず、入居者が伸び悩んだことが原因と言われている（表2参照）。

成功したと言えない事業はあるものの、ブロードバンドによるインターネットを魅力的なものにしてくれたという点で、一連の基盤整備事業は意味のあるものだと私は評価している。行政主導の基盤整備がここまでできたのも、知事が選挙時から、情報先進県を目指すという、わかりやすく、かつ強い意志があったからだろう。

表2　志摩サイバーベースセンター入居企業数の推移

年度	入居企業数（総部屋数18）
2001	12
2002	8
2003	5
2004	7

（出典）三重県が公表している資料を元に筆者作成

4 ► これからのインフラ整備

あれから10年以上経ち、情報通信を取り巻く環境は大きく変化した。インターネットへの接続端末もパソコンだけにとどまらず、携帯電話、スマートフォン、タブレットテレビゲーム機と次々と広がっている（図2）。その広がりに対応するかのように、光ファイバや無線による回線サービスが、多くの業者から提供されるようになった。

2003年度以降、県の施策において、情報通信基盤整備が華々しく取り上げられることは少なくなった。もちろん、これは何もしていないわけではない。情報機器は陳腐化が速いため、何もしないではせっかく構築したインフラも使いにくいものになってしまう。使いやすいインフラであり続けるには、何かしらの整備は続けていかなければならない。

現在、国から地域ICT利活用推進交付金（総務省）、まちづくり交付金（国

I まちのなりたち・まちをまもる

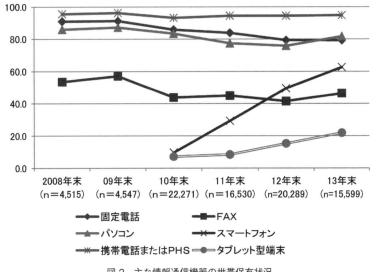

図2　主な情報通信機器の世帯保有状況
(出典) 総務省「平成25年通信利用動向調査」

土交通省)、農山漁村活性化プロジェクト支援交付金 (農林水産省) といった支援メニューが用意されており、自治体によってはこういった支援策を使った基盤整備が行われている。例えば、志摩市では2006年度には地域イントラネット基盤施設整備事業 (総務省) の補助金を受け、小中学校、図書館など、これまでイントラで結ばれていなかった施設も光ファイバで結んでいる。

このような自治体、そして民間企業によるブロードバンド回線の整備の取り組みにより、三重県では2008年には超高速ブロードバンド回線の世帯カバー率も99.9%を達成し、今日に至っている。

また、住民の生活の質の向上、地域の問題解決に情報通信技術を活用することへの関心も高い。最近、よく言われるキーワードに「スマートシティ」という言葉があるが、これはITや環境技術を活用することで、市民の生活の質の向上、環境負荷を抑えながら成長を続けられる都市のことをいう。都市の持つ様々な機能のうち、環境、エネルギー分野、交通渋滞、医療の分野

で活用に向けた取り組みが進められている。当然、こういった取り組みを進めるにあたっては、安定かつ強固な情報通信基盤が必要となる。

したがって、情報インフラ整備整備としては、まだまだ取り組まなければならないことがある。では具体的にはどのような施策が求められるのだろうか。私は公衆無線 LAN の整備ならびに、震災に強い基盤作りを挙げたい。

[1] 公衆無線 LAN の整備

昨今は自宅や事務所といった固定された場所からアクセスするよりも、スマートフォンといった移動端末を使って、出先からアクセスする機会が増えている。その際、公衆無線 LAN があると、安定した回線でインターネットを使うことができる。三重県においても各通信会社が公衆無線 LAN を使える場所を提供しているのだが、人口の多いエリアに集中し、人口が少ない伊賀、南部地域には公衆無線 LAN が使える場所が少ない（表3）。これらの地域は人口こそ少ないものの、観光資源が豊富である。民間事業者は採算性の

表3 地域別に見た携帯電話会社の提供する公衆無線 LAN 提供場所の数

地域名	DoCoMo	SoftBank	2社合計
桑名・員弁地区	15.29%	11.82%	12.50%
四日市地区	27.02%	27.42%	27.34%
鈴鹿・亀山地区	16.25%	14.85%	15.12%
津・久居地区	17.50%	16.81%	16.95%
松阪・紀勢地区	9.81%	12.91%	12.29%
伊勢志摩地区	7.40%	8.45%	8.25%
伊賀地区	5.87%	6.13%	6.08%
尾鷲地区	0.58%	0.81%	0.76%
熊野地区	0.29%	0.81%	0.70%
総計	100.00%	100.00%	100.00%

（出典）NTT DoCoMo ならびに SoftBank モバイル社の Wi-Fi スポット情報をもとに筆者作成

問題等から、回線整備が都市部より後回しにならざるをえない。しかし、(1) 情報ネットワークがもはや道路や公園同様、社会の重要なインフラなっていること、(2) そして行政の公共サービスにおける公平性の原則、(3) 観光客への魅力あるサービス提供等の理由から、そういった地域においても充実した公衆無線LANサービスが提供できるよう、何かしら行政が支援しても問題はないと思われる。先にスマートシティという言葉が紹介したが、この基盤整備においても、有線ケーブルの補完ということで、無線網が大きな役割を果たしている。

この他、観光政策の面において、公衆無線LAN整備は大きな鍵を握っている。というのも、政府が「観光ICT化促進プログラム」(2010年12月) において、日本を訪れる外国人への環境整備の1つとして、無料Wi-Fiを含むインターネット接続の整備を促すとしているからである。

ここで、観光政策としてのWi-Fi整備の事例として、山梨県の「やまなしFree Wi-Fiプロジェクト」を紹介しておこう。これは山梨県とやまなし観光推進機構、NTT東日本など民間企業が協働で無料Wi-Fiを整備するプロジェクトである。県側の担当部局は観光部観光推進課。2012年1月から始まった。無料Wi-Fiを整備することで、外国人観光客の増加を促し、県内の観光につなげることを目的としている。当初2013年12月までに無料Wi-Fiを使用できる場所（Wi-Fiスポット）1000箇所達成を目標としていたが、7月にはその目標を達成することができた。Wi-Fiスポットを事前に決めて整備していく方式ではなく、賛同施設ならびに賛同企業を募集しながら、設置場所を増やしている。2015年末までに2000箇所達成することを目標としている。

山梨県はこれに続いて2013年12月からは静岡県と組み、「Fujisan Free Wi-Fiプロジェクト」を進めている。名前が示す通り、富士山周辺で無料のWi-Fiを整備するプロジェクトである。

この他にも、京都市や福岡市でも自治体と民間企業が協働する形で、公衆無線LANサービスの構築が進められており、観光地を多く抱える自治体にとっては参考になると思われる。

民間に協力をお願いする形での整備で一番難しいのは、設置費用を誰が負担するかだろう。山梨のケースでは設置場所のオーナーが通信費を支払う形になっている。

[2] 災害に強い基盤作り

東日本大震災を経験したわが国においては東南海地震、首都圏直下型地震など、マグニチュード8以上の地震が起きる可能性が高いと言われている。三重県は山脈・山地、そして長い海岸線を抱えるという地理的事情から自然災害時には通信インフラが損傷し、通信が不通になってしまうリスクが高い。東日本震災時にTwitterやFacebookが活躍した一方で、当初の役割を果たすことができなかった箇所も多数あったことは記憶に新しい。ちなみに、1995年の阪神・淡路大震災でもインターネットや携帯電話が災害情報提供に大きな役割を果たしたと言われている。

したがって、災害に強いインフラ基盤は今後の整備において、最重要ポイントになると思われる。

平成24年度の『情報通信白書』においても「東日本大震災においては、通信インフラが津波による多大な被害を受け、また、停電により機能しない状況となったが、通信インフラに関する具体的な要望や ニーズをみると、ライフラインとしての電源確保と同程度かそれ以上に、通信インフラの可用性、信頼性、冗長性等の確保」が指摘されている。可用性は、いつでもシステムが使用できる状態であること、冗長性は障害に備えて機材や回線を複数用意し、並列に使用するまたは一部をすぐに使える状態で待機させることを意味する。

先の段落で紹介した可用性、信頼性、冗長性どれも重要ではあるが、この中で、重要なキーワードが「可用性」である。というのも災害時にインフラが使えなくなる要因の1つが、接続集中、混雑であり、インフラ整備を考える際には、これをどう緩和するかが肝心になる。設備を増強することが根本的な解決法であるが、行政の財政事情や経済性を考えると過大な設備投資は現実的でない。そのため、低いコストで輻輳を緩和するかが重要になってく

る。現在、多くの研究がされており、将来的には何かしらの解決策は出てくるものと思われる。

　ここまで、災害を前提として基盤整備を述べたが、これはDoS攻撃等で、システムが止まってしまう問題への対応としても重要である。

　通信インフラを整備することで、被害を完全に防ぐこと（防災）は不可能である。しかし、すぐれた通信インフラがあれば、リアルタイムに情報を提供することで、被害を減らすこと（減災）は可能なはずである。

5 ▶ おわりに

　以上のように、三重県での情報通信基盤の流れを見ながら、今度の基盤整備施策の方向性について検討してみた。

　まとめれば、以下の通りになる。
- 知事が明確な主張を持ったことで、県が強い姿勢で基盤整備に取り組んだことが三重県における基盤整備初期の成功につながった。
- 基盤整備について、今後は観光施策や有線網の補完として無線ネットワークの整備、そして災害時にも動き続ける基盤作りといった課題が残っている。
- そして、それら全ては採算性の観点から民間企業で取り組むことは難しいので、そういった事業については引き続き行政が中心になって取り組まざるをえない。

　情報通信基盤は、これからも、魅力ある地域づくりにおいて重要なファクターになることは多くの文献が示唆している。本稿が、こうした動向を理解する一助となれば幸いである。

　都市計画に比べれば、情報基盤整備の歴史は浅く、参加や誘導の方法も確立されていない未熟な分野でもある。新しい時代の情報基盤の整備がどのような形になるのか、見逃せない。

（石田 修二）

【引用文献】

1) 岡村久和『最先端ビジネスがひと目でわかる スマートシティ』、アスキー・メディアワークス、2011年
2) 櫻井美穂子・國領二郎『自治体ICTネットワーキング』、慶應大学出版会、2012年
3) 佐藤仁『東京都知事会見より「無料Wi-Fiはお店の負担で」～外国人にやさしいWi-Fi環境を』、情報通信総合研究所、2014年6月2日、
http://www.icr.co.jp/newsletter/global_perspective/2014/Gpre2014047.html
4) 総務省『平成26年版 情報通信白書』
http://www.soumu.go.jp/johotsusintokei/whitepaper/h26.html
5) 総務省『平成24年度 情報通信白書』
http://www.soumu.go.jp/johotsusintokei/whitepaper/h24.html
6) 田畑暁生『東日本の地域情報化政策』、北樹出版、2008年
7) 田畑暁夫『離島の地域情報化政策』、北樹出版、2011年
8) 地方自治研究機構『地方自治体の情報化戦略に関する調査研究』、2013年6月
9) 長崎経済研究所「外国人観光客受入れ環境としてのWi-Fi整備」、『ながさき経済』、2012年11月
10) 中根雅夫『地域を活性化するマネジメント 「地域力」を強くする3つの視点』、同友館、2010年
11) 日本情報経済社会推進協議会『情報化白書2012』、翔泳社、2011年
12) 三重県地域連携部『三重の情報化』http://www.pref.mie.lg.jp/IT/hp/
13) 丸田一『ウェブが創る新しい郷土』講談社、2007年
14) 林信行、山路達也『Googleの72時間 東日本大震災と情報、インターネット』、角川書店、2013年
15) 平田正行『無料Wi-Fiは誰がコストを負担するのか―エリアオーナー間の協調が求められる―』、情報通信総合研究所、2014年7月4日、
http://www.icr.co.jp/newsletter/kazamidori/2014/kaza201407.html

Ⅰ まちのなりたち・まちをまもる

平成の市町村合併とその後の自治体行政の展開 ― 浜松市を事例に ―

1 ► はじめに

[1] 東海4県の合併状況

　1995年の合併特例法改正を直接的な契機として、1999年4月、兵庫県篠山市の誕生に始まったわが国政府の「平成の大合併」政策は、2010年3月で終了した。この間、3,232あった自治体は1,727に減少した。平成の大合併は、西高東低といわれているが、東京大都市圏・大阪大都市圏ではほとんど合併が進まず地方圏で合併が進んだ。そして人々の日常的な生活圏を越えるような広域な面積をもつ自治体の誕生や、合併特例法などによる合併自治体への地域内分権制度の導入も平成の大合併の特徴の一つである。

　東海4県（岐阜、静岡、愛知、三重）の一部地域は、名古屋大都市圏をなすものの、東京・大阪の二大都市圏と大きく異なり、全国の合併進行の平均的な姿である。1999年3月末と合併政策終了の2010年3月末時点での市町村数を比較すると（表1）、愛知県では88から57へ減少し減少率は35％に止まったが、他の3県では県ごとの減少率は約60％とかなり大きく似通っ

表1　東海4県における平成の大合併前後の市町村数

県名	1999年3月末市町村数	市	町	村	2010年3月末市町村数	市	町	村	自治体減少率（％）
岐阜県	99	14	55	30	42	21	19	2	58
静岡県	74	21	49	4	35	23	12	0	53
愛知県	88	31	47	10	57	37	18	2	35
三重県	69	13	47	9	29	14	15	0	58

資料：総務省ウェブページ「市町村合併資料集」

ている。

　東海4県での名古屋市（非合併）を除く合併自治体66・非合併自治体96の人口平均値（2010年10月現在）をみると、合併自治体：121,559人・非合併自治体：50,254人で、人口では約2倍の違いがある。全国的にみると、合併自治体の約53％が5万人未満であるといわれているが（町田　2006）、東海地方では合併自治体に占める人口5万人未満自治体のシェアは40％に止まっている。人口1万人未満・1～3万人・3～5万人の自治体の合計は90であるが、そのうち合併自治体は26しかなく、全国の動向と比較すると東海地方の合併はやや人口規模の大きい合併が多かったといえよう。

　特に人口1万人未満のいわゆる小規模自治体は、今後、さまざまな行政上の支障が予想されている（森川　2013）。今回の合併にも係わらず、静岡県本川根町・西伊豆町、愛知県設楽町・豊根村、三重県大紀町は小規模自治体のままとなっている。非合併自治体でも小規模自治体は16存在している。今後は、合併自治体を含めて小規模自治体の動向が注目されるところである。

　東海4県の合併・非合併自治体の面積の平均値には、343.85 km^2、65.90 km^2 と大きな違いがある。特に1,000 km^2 を超える面積をもつ自治体が4（高山市、浜松市、静岡市、郡上市）、700～1,000 km^2 を持つ自治体が5（豊田市、下呂市、揖斐川町、飛騨市、津市）も存在している。合併政策の目的の一つは規模拡大による効率的な自治体経営であったが、広域な自治体も多く誕生したので、経営の効率化は必ずしも計算通りに行かないであろう。

［2］合併特例法下での合併プランとまちづくりタイプ

　ところで、1999年の地方分権一括法の成立を機に、政府は都道府県に「合併推進要綱」を策定するように指示した。各県の要綱の中の推奨される合併パターンには、合併範囲と新自治体づくりコンセプトを示す名前付けがされている。その名前付け（資料は市町村合併問題研究会編 2001による）は次の①～⑤に整理できる（太字は東海4県にあるもの）。

　①合併パターンづくりの手法：「**社会生活的一体性**」「**産業経済的一体性**」「**広域的行政サービス体系**」「**政策的一体性**」「通勤圏」「通院圏」「商圏」など、

Ⅰ まちのなりたち・まちをまもる

②合併パターンの地域特性（東海4県はなし）：「流域一体型」「県際交流促進型」、③合併自治体の行政の方向性：「**生活機能充実型**」「**行財政強化型**」など、④政令指定都市などの設立：「**政令都市型**」「**中核市形成型**」「**特例市形成型**」「**10万都市形成型**」「**市政移行型**」など、⑤合併自治体の地域イメージ：「**広域都市形成型**」「**地域連携型**」「**連担市街地拠点形成型**」などである。

　このうち、④の政令市・中核市・特例市・市制施行をめざした合併プランも東海地方4県でも多く検討された。合併を糧にして政令市・中核市・特例市になった事例は、静岡市と浜松市の政令市の例があるのみである。

　政令市の人口要件は、時代とともに引き下げられ、平成の大合併期には70万人が基準とされた。東海4県で本格的に政令市を目指したプランに、静岡県の3市を中心とする3つの構想があった。そのうち静岡市は清水市と2003年4月に合併して（人口706,513人,2005年国調）、2005年4月に、浜松市も2005年7月に周辺の11市町村と合併し（人口786,306人,2005年国調）、2007年4月に政令市となった。

　合併自治体のうち、中核市の人口要件を満たす30～50万人には岐阜市、豊田市、一宮市、岡崎市、四日市が該当するが、合併を機に中核市に移行した自治体はない。さらに特例市の人口要件を満たす20万以上の自治体でも合併を機に特例市になった例はない。

[3] 合併自治体での新しい行政の形

　自治体の政治・行政は、行政がその責任と権限に基づいて行うガバメントと住民・各種団体が合意形成しながら自らの地域を運営するガバナンスに大別されよう。平成の大合併は市町村レベルのガバメントの合体であるとともに、住民によるガバナンスの合体や新しい動きでもある。平成の大合併では広域な合併が予想されたため、地域内の自治機能の低下が懸念された。政府は地方自治法や合併関連の法律を改正して、いくつかの地域内分権制度を整えた。これら地域内分権制度はガバメントとガバナンスの協働でもある。

　地域内分権を支える組織は、地域自治組織（行政上制度化された組織）と住民自治組織（地域社会から発生した組織）に大別できる。地域自治組織は、

地方自治法による地域自治区（一般）、合併特例法による地域自治区（特例）、合併新法による合併特例区の3種類と、性格を異にする合併特例法による地域審議会の合わせて4種類が存在する（表2）。これらは、対象とする自治体、区を設定できる範囲、設置期間、役割（所管事務）などが異なっている（宮入 2005）。

「地域自治区（一般）」「地域自治区（特例）」は、市町村の事務を分掌する事務所と、地域の意見を市町村長に諮問できる地域協議会を設置することができる。地域協議会は住民協働の活動拠点および、市長の諮問事項について意見を述べるという役割をもつ。委員の選任は一部の委員は公募で選ぶこともあるが、委員自体は市長の選任制となっている場合がほとんどである。

表2 地域内分権の制度

	地域自治区		合併特例区	地域審議会
	一般制度	特例制度		
根拠法	地方自治法	合併特例法・合併新法	合併特例法・合併新法	合併特例法
設置方法	条例	合併協議（規約）	合併協議（規約）※県知事の許可必要	合併協議
設置できる市町村	全ての市町村	合併市町村のみ	合併市町村のみ	合併市町村のみ
設置できる区域	全区域に設置必要	旧市町村単位（一部地域のみでも可）	旧市町村単位（一部地域のみでも可）	旧市町村単位
設置期限	制限なし	合併後一定期間（上限なし）	合併後5年以内	合併後一定期間（上限なし）
協議機関等	地域協議会	地域協議会	合併特例区協議会	地域審議会
役割	重要事項について協議会の意見聴取必要 市町村長等からの諮問事項又は必要な事項を審議し、市町村長に意見を述べる		左記のほか、予算の作成、規約の変更には合併特例区協議会の同意が必要	区域に係る事務について長の諮問に応じた審議を行うとともに、必要に応じ長へ意見を述べる

出典：宮入（2005）による

2007年10月1日現在・全国規模での地域自治組織の設置状況（総務省『市町村合併の状況／都道府県別合併実績』）によると、地域自治区（一般）では17団体（123自治区）、地域自治区（特例）では38団体（104自治区）、

Ⅰ まちのなりたち・まちをまもる

合併特例区では6団体（16特例区）、地域審議会217団体（775審議会）しかなく、地域自治組織は合併へのソフトランディングの制度として導入されたと理解できよう（宮入 2005）。東海地方4県でも2014年6月現在で存続しているものは、地域自治区（一般）3団体（35自治区）、地域自治区（特例）2団体（3自治区）、地域審議会15団体（53審議会）しかない。

　住民自治組織には、自治会・町内会、自治公民館、まちづくり協議会、コミュニティ協議会などの地縁的住民自治組織と、PTA、女性団体、農業団体、商工団体、ボランティア組織、NPO法人などの特定目的の課題別住民自治組織の二つがある（宮入 2005）。近年は行政サービスの低下や地域社会の多様化などもあり、住民自治組織の活動が重要となっている。

　ここまで東海4県の平成の大合併および合併自治体の行政について述べてきた。次節から平成の大合併の特徴（広大な面積、政令市へ移行、地域内分権の推進、住民自治組織の活動）に当てはまる浜松市を事例にして、合併後の行政の展開をガバメントとガバナンスという視点で述べる。

2 ▶ 浜松市の合併と合併後のガバメント

[1] 合併の経緯

　浜松市は、政令市をめざして2002年10月に当時の北脇保之浜松市長のリーダーシップにより「環浜名湖政令指定都市構想研究会」（浜松市、浜北市、湖西市、天竜市、舞阪町、新居町、雄踏町、細江町、引佐町、三ヶ日町、春野町、佐久間町、水窪町、龍山村）を発足させた。その後、湖西市・新居町が離脱するものの、2003年9月天竜川・浜名湖地域合併協議会へ移行し、ついに2005年7月1日に浜松市は11市町村と編入合併を行った。

　高度な産業地域から過疎に悩む中山間地域までの広域な合併を目指したため、合併協議では「クラスター型政令市」（各地域の均衡ある発展をめざす）を元にして「地域自治組織」（地域自治区、政令市移行後は区協議会も設置する）「組織内分権」（区役所・地域自治センターにできるだけ多くの権限を配置する）「一市多制度」（特定の地域に固有な制度や行政サービスの差異を残す）という非常に革新的なビジョンが打ち立てられた。

[2] 浜松市の行政組織とその再編

　浜松市は、合併と同時に 12 の旧市町村に地域自治区を設置し、政令市施行時には区制をしき、旧市町村単位に行政拠点が設置された（表 3）。それに対応して合併後の浜松市の市政は、第 1 期：合併から政令市への移行までの北脇市長による時代、第 2 期は政令市移行後から現在までの鈴木康友市長による時代に区分できる。しかし 2012 年 4 月より浜松市は地域自治区を廃止し、地域内分権制度は大きく変わりつつある。本稿では、地域自治区が設置されていた 2012 年 3 月までを第 2 期として述べる。

　第 1 期の北脇市政は、前述のとおり「一市多制度」「クラスター型都市制度」を導入し、旧市町村（地域自治区）単位に事務所（総合事務所）と地域協議会を設置した。新浜松市の行政のガバメントをになう本庁組織（市長部局および上下水道部、行政委員会、議会、消防を含む）は、総職員数 5,360 人、市長部局 15 部 63 課に達する巨大組織（2006 年）で、合併前の旧浜松

表3　行政サービスの拠点の変化

		区		合併後の役所・役場の変化	身近な行政サービスを受ける拠点
旧浜松市	中区		浜松市役所	市役所→市役所および中区役所	市民サービスセンター（9）
	東・南区			東・南区役所は新設	市民サービスセンター（東5、南6）
	西・北区			西・北区役所は旧浜松市外に設置	市民サービスセンター（西6、北3）
編入市町村	細江町	北区	細江町役場	旧役場→北区役所 ・細江地域自治センター	市民サービスセンター（6）
	浜北市	浜北区	浜北市役所	旧市役所→浜北区役所	
	天竜市	天竜区	天竜市役所	旧市役所→天竜区役所 ・地域自治センター	市民サービスセンター（5）
	雄踏町	西区	雄踏町役場	旧役場→西区役所新地点に設置 ・地域自治センター	
	舞阪町		舞阪町役場		
	引佐町	北区	引佐町役場		
	三ケ日町		三ケ日町役場		
	佐久間町	天竜区	佐久間町役場	旧役場→地域自治センター	市民サービスセンター（3）
	龍山村		龍山村役場		市民サービスセンター（1）
	水窪町		水窪町役場		
	春野町		春野町役場		

資料：第 18 回天竜川・浜名湖地域合併協議会資料, 浜松市ウェブページ各区域・施設マップより作成、2008 年 12 月現在

市本庁職員数 4,350 人（2005 年）か
ら大きく増加した。しかし 11 の地域
総合事務所職員数の合計も 1,150 人
に達し、合併前の 11 市町村の職員数
の 55% に相当する。総合事務所の平
均の課数・職員数は 5.8 課、105 人で、
比較的大規模な事務所が配置されて、
大きなサービスの低下は避けられた。

第 2 期は鈴木康友新市長による政
令市としての市政である。2007 年 4
月に政令市移行直後に市長選挙が行
われ、北脇氏を破って鈴木市長が選
ばれた。この期は、第 2A 期（北脇
市政の影響下での鈴木市政）と第 2B
期（本格的な鈴木新市政）に細分され

図1　浜松市の区制と地域自治区（2008 年当時）
　　　出典：浜松市ウェブページより

よう。合併協議・浜松市行政区等審議会の議論を経て、「旧浜松市以外の旧
市町村は複数の
区に分割されな
い」というコンセ
プトの下、11 の
旧市町村に配慮
した 7 つの区が設
置された（図 1）。
人口と面積がア
ンバランスで（図
2）、人口が最大
の中区では人口：
238,477 人、面積：
44km²、最小の天

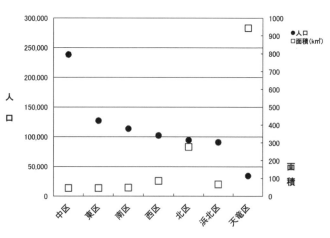

図2　浜松市の区ごとの人口（2010 年）・面積

竜区では人口：33,957人、面積：944km^{2}であり（2010年国調）、区役所行政は非常に難しいものになったことは容易に想像できる（図1・2）。

行政組織は、4,580人の総職員数をもつ本庁（他部局含む。市長部局14部68課）と、1,350名の総職員数をもつ7つの区役所、260人の総職員数をもつ12の地域自治センターで構成された（2007年）。「小さい本庁、大きな区役所」という北脇市政からのコンセプトの下、区役所は本庁と同じ部、課、係の3階層制が敷かれ、最大規模の天竜区役所には、3部・11課・175人の職員が配置されていた。7区役所の下に、10の旧自治体単位に地域自治センター（単独で区となった浜北市を除く）と旧浜松市の一部を担当する2つの地域自治センターが配置された。当該旧町村に区役所が配置されていない7つの地域自治センターは2～3課からなり、平均の職員数は33名であった。区役所・地域自治センターとも非常に手厚い組織配置であったといえよう（表3・図3）。

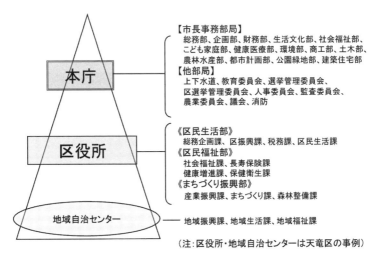

図3　第2A期の浜松市行政組織の構成（2007年現在）

2008年以降の第2B期では、鈴木市政下にあって次第に「一市一制度」へ方針が転換され、本庁の職員数は維持されたものの（2007年：4,580人、

2008年：4,560人、2011年：4,495人)、区役所・地域自治センターは縮小された（2007年：1,350人・260人、2008年：1,305人・200人、2011年：1,065人・165人)。区の組織で部が廃止され「大きな区役所制度」とは決別したといえよう。また旧天竜市を管轄とする天竜地域自治センターを除く他の4つの小規模の地域自治センターが廃止された。さらに区役所および地域自治センターの課の編成も縮小された。この再編の結果、7区役所総課数が63課(2007年）から、60課（2008年)、49課（2011年）まで減少した。地域自治センターでも、26課（2007年）が18課（2008年）となり、15課（2011年）にまで減少したのである。2011年現在の規模の大きい7つの地域自治センターの課はわずかに2課、職員数の平均は23人となった。天竜区・北区住民からみると行政サービス拠点がどんどん遠くなって行った（図4)。

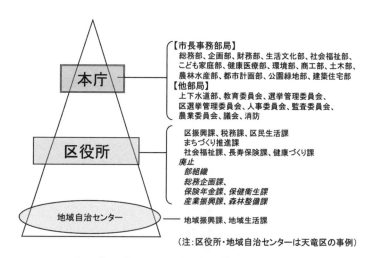

図4　第2B期の浜松市行政組織の構成（2010年現在）

3 ▶ 浜松市の地域内分権とガバナンス

[1] 区協議会と地域協議会

　浜松市の市政のうちガバナンスを担う組織として設置された区協議会・地域協議会の機能は、市民協働の活動の拠点として地域住民からの意見を集約・

調整し意見を地域住民に発信することや、課題解決の方法を検討することを担っている。また浜松市長が諮問する議題に対して、地域住民として答申する役割も担っている。協議会は原則として月に1回、合計して年に10回程度開催される。協議会委員は浜松市長が指名する指名委員（各地域自治区内で教育、福祉、自治会などの分野の活動団体代表者）と公募委員（公募によって一般住民から選ばれる）からなる。委員の定数は区協議会では20人から25人、地域自治区では10人から18人である。

　区・地域自治区として主要な活動の一つがまちづくり事業である。浜松市は合併協定に従って旧11市町村ごとに地域自治区まちづくり事業費を2009年度まで配分した。そのうち2007年度までは、合併前の各旧市町村への地方交付税企画振興費を基準にして自動的に配分額が決定され、地域自治区の裁量でまちづくりに関係するどのような目的にも使用できた。2008年度以降は制度が大きく変化し、地域自治区事業の区事業への統合、予算方式からプロジェクト方式へ、地域に配慮した配分から競争的配分へと変化していった。この結果、まちづくり事業での地域内分権の仕組みの意義が次第に薄れていったといえよう。

　区協議会とともに地域協議会は、決定権はないものの議員を多く送れない周辺地区住民にとっては貴重な組織であった。しかし一方で、その意見もくみ取られていないというもどかしさを多くの住民がもっていたという（静岡新聞2012年3月29日朝刊）。前述のように、地域協議会は2013年3月末で廃止されたが、住民によるまちづくり組織として継承されている。

[2] 浜松市における自治会の再編成と新しい活動制度

　地域社会のガバナンスを担う自治会は、古くからさまざまな形の歴史をもち日本に独特な存在である。日本の自治会が独特な存在であるのは、地方自治法第260条の2の規定に「地縁による団体」と定められている組織だからである。一般にはボランタリーな組織であるが、各自治体の首長の公式な認可を受けて法人組織となっている組織もある。そして自治会は原則としてそのコミュニティの地域的範囲の全世帯が加入している。自治会は平成の大合

併によって、難しい運営の局面に遭遇した。

　浜松市の12の旧自治体間で、自治会の機能・規模、自治会と自治体との関係などは大きく異なっていた。旧浜松市の自治会は、市の公共サービス提供の末端部を担うだけでなく、企画・計画も引き受けて市の業務の一部を肩代わりしていたといっても過言ではない。天竜区・北区の旧町村では、元々、人口の高齢化が進み単位自治会の規模が小さく、活動は活発ではなかった。補助金などの資金的支援に加え、自治体職員が自治会事務も支援するなど、あらゆる面で自治会は自治体に支えられていた。運動会・敬老会などは、自治会ではなく自治体の直轄事業として実施されることが多かった。

　合併の際には自治会組織の統合が大きな課題とされたが、旧12市町村の自治会代表者が合併後に多くの時間と多くの議論を重ねて、新しい市連合会の運営体制を整え、自治会運営組織の実質的な統一を成し遂げた。全国の多くの合併自治体では、自治会が名目上は一つの連合体に組織されていても、実際には旧市町村単位で異なった方式で引き続き運営されているところが多い。

　新浜松市の単位自治会は736あり（2014年6月現在）、世帯の自治会加入率は96％（笹原 2013）、一自治会あたりの平均世帯数は409世帯であるが、規模の違いはあまりに大きい（最大規模の自治体：6,960世帯、最小の自治会：10世帯未満）。旧浜松市の自治会も、古くは市より補助金を得て市の業務の一部を助けるという形をとっていた。しかし、1976年から両者の関係を対等な関係とするべく、市から自治会への業務委託を行い、その対価を支払う方式へと転換を図っていた。合併から2011年度まで、自治会運営は「一市多制度」で行われたが、2012年度より「一市一制度」の業務委託方式へ全て転換した。それでもこの委託料方式において、一世帯あたりの業務委託費は地域ごとに異なった三つのレベルがあるという（笹原　2013）。地域コミュニティの維持や地元住民のサービスへの提供などをめぐって、超広域な浜松市での自治会はこれからも難しい運営が続く。

4 ▶ 公共サービスを担う新たな住民自治組織

　旧佐久間町では合併を検討する中で、当時の佐久間町長を中心に、合併達成後の行政サービスの低下を懸念し住民自治の動きが高まった。そして合併と同時に、旧佐久間町まるごと参加型のNPO法人「がんばらまいか佐久間」（以下、NPO佐久間と記す）が設立された。

　NPO佐久間は、理事長－理事会（事務局）－7つの委員会－会員という組織からなり、会員は活動会員：2,128人、賛助会員：711人からなっている（2011年11月現在）。旧佐久間町の人口：4637人・世帯：2077（2011年4月1日現在）であるので、世帯単位（加入世帯1,456）に換算すると加入率は約70%である。年会費は1世帯あたり1,200円で、NPO佐久間が行うサービス対象は、イベントなどを別にすると原則会員に限られる。

　活動は、①「佐久間歴史と民話の郷会館」の管理（浜松市からの委託）、②NPOタクシーの運営、③自主事業・浜松市からの各種委託事業、④合併前には佐久間町が実施していた公共的イベント(敬老会、成人式、新そばまつりなど)の運営などである。特に③の事業では、まちづくり講演会の開催、健康ミニ講座の開催、旧耕田活用・そばの種まき活動、さくまフェスタへの参加、佐久間地区クリーン作戦、女性の集いの開催など、さまざまな活動を実施している。

　NPO佐久間は、設立時に旧佐久間町から1億円基金を得ているため、他の様々なタイプのNPO法人に比較すると、確かな財政基盤があるといえよう。2010年度収支状況をみると、収入の約75%は各種事業からの事業収入が占め、約15%は浜松市・静岡県など行政機関からの補助・助成金が占める。しかし事業収入の項目でも、浜松市から委託を受けた事業によるものが多いという。

　NPO佐久間は合併後の新しい公共サービスの担い手として、内外から高い評価を得ている。そのNPO佐久間の求心力の要は、敬老会の開催・NPOタクシーの運営による住民の高評価、NPO活動拠点である佐久間歴史と民話の郷会館を中核とする交流の活発さである。一方、今後のNPO佐久間に

とってこれからの行政との協働のあり方が課題である。前述のとおり NPO 佐久間の収入に浜松市からの各種委託金などが大きな割合を占めていることを考えに入れると、今後の浜松市のまちづくり事業の政策がどのようになされるかが、NPO 佐久間の運営に非常に大きな影響を与えると思われる。さらに佐久間地区でますます人口の高齢化が進行する中で、活動の中心となる地元人材を確保することも非常に重要である。

5 ▶ 終わりに──今後の浜松市政の展望

　東海4県における平成の大合併は、名古屋大都市圏を除いて日本の平均的な進み方であった。そして広域な合併、地域内分権制度の導入では典型的な事例を多く含んでいた。合併特例法による合併終了から約10年、合併の真価が問われるのは、まさにこれからの自治体行政においてである。

　これらの特徴を備えた浜松市の合併をみると、合併後の市政は当初の一市多制度から一市一制度へと転換して行った。この市政の転換について、大きな役割を果たしたのは北脇市政から鈴木市政への交代とともに、浜松市行財政改革推進審議会（第1～4次）の存在である。浜松市行財政審議会は合併協定で定められた組織で、地元の経済界を中心に地元有力者が委員を務めた。2008年12月開催の審議会は、浜松市の区制について議論し、「大きな区役所、小さな市役所」像からの転換とその転換を2010年度の組織改正時に反映するようにと提言した。その後の市政は、その提言に沿って再編が進んだといえよう。本稿では述べなかったが、2012年度から地域自治センターを廃止して地域協働センターとするさらなる再編が進められた。周辺地区の様々な公共サービスレベルは低下していることが容易に想像できる。今後ますます住民のガバナンスが重要になる。

（西原　純）

【引用文献】

1) 笹原　恵「浜松市の自治会についての調査報告」『2010-2012年度静岡大学情報学部Xプロジェクト「浜松地域におけるグローバリゼーションの影響とイノベーションの可能性に関する実証的研究」報告書』静岡大学情報学部、pp.94-122、2013年
2) 総務省ウェブページ「市町村合併資料集」
   (http://www.soumu.go.jp/gapei/gapei.html, 2014年6月13日閲覧)
3) 市町村合併問題研究会編『全国市町村合併地図』ぎょうせい、2001年
4) 町田俊彦『「平成の大合併」の財政学』公人社、2006年
5) 宮入興一「「平成の大合併」と地域内分権・自治への模索—上越市における「準公選制」の地域協議会と地域自治組織の再構築の試み—」年報・中部の経済と社会 2005年版（愛知大学中部地方産業研究所）、pp.71-94、2005年
6) 森川　洋「平成の大合併の実態と問題点」自治総研No.421、pp.68-83、2013年

沿岸都市における津波対策からみた都市防災整備の動向 ―静岡県浜松市を事例に―

1 ▶ 都市を守る防災対策のイメージと理想

　2011（平成23）年3月11日、東北地方太平洋沖を震源として発生した地震（以下、東日本大震災）は、東北地方を中心に大きな被害をもたらした。1995（平成7）年兵庫県南部地震（阪神・淡路大震災）、2004（平成16）年新潟県中越地震についで、未曾有の災害を経験したわれわれは、この災害を教訓に、身の回りで起こりうる災害とそれを未然に防ぐための対策について、思いを巡らす必要がある。

　そもそも災害とは、災害対策基本法第2条1号により「暴風、竜巻、豪雨、豪雪、洪水、崖崩れ、土石流、高潮、地震、津波、噴火、地滑りその他の異常な自然現象又は大規模な火事若しくは爆発その他その及ぼす被害…（後略）」と定義されている。これらの災害は場所を選ばず、もしも社会、経済、文化など多様な活動が行われている都市で災害が発生した場合、その被害はことのほか大きいであろう。一旦、都市が大災害に見舞われれば、その復興が容易でないことは、過去に生じた多くの都市災害からも明らかである。

　都市の防災対策の主役は行政、というイメージが一般には浸透している。実際、国、県、市町村には防災担当の責任部署が置かれており、とくに市町村は、『地域防災計画』の作成が災害対策基本法という法律によって定められている。市町村が日頃、管理している学校や公園は、災害発生のおそれがあるとき、地域住民の避難所となり、行政はそのための施設の管理や維持を行っている。

　都市の防災に備える第1の主役は行政であるとしても、都市に住む市民も防災対策の一部を自主的に担うのが望ましい。地元の事情を熟知した地域住

沿岸都市における津波対策からみた都市防災整備の動向
―静岡県浜松市を事例に―

民は、いざというとき、行政が及ばないような力を発揮する。地域や都市を知っていることは、防災対策の中でも非常に重要なことであり、その根幹にかかわるといっても過言ではない。今後のわれわれには、都市における防災対策の動向を考慮したうえで、一人ひとりによる行動（自助）や対策（共助）が問われている。

そこで、本章では、都市の防災対策、とくに沿岸都市の津波対策における行政の取り組み、つまり「公助」を事例に取り上げたい。東日本大震災によって、われわれが津波被害の恐ろしさを経験したことにより、東日本大震災以後の津波対策の動向には大きな動きがみられる。そうした津波対策の動向を踏まえたうえで、都市における防災対策や「自助」「共助」についても考えてみたい。

2 ▶ 中部を襲った過去の自然災害と南海トラフ巨大地震

[1] 中部（地方）における災害の歴史

「中部」は地理的に日本の中央に位置する地域であるが、ここでは愛知県・三重県・岐阜県・静岡県の地域を中心に考えてみたい。この地域は、かつて多くの地震災害を経験した。記録をさかのぼれば、明応地震（1498）、慶長地震（1605）、宝永地震（1707）、安政東海地震（1854）などがある。いずれもプレート境界型地震で、地震による被害ばかりでなく津波の誘発がみられるものであり、その被害が今日に伝えられている。

明治（1868）以降では、濃尾地震（1891）、東南海地震（1944）、三河地震（1945）などが挙げられる。濃尾地震は、岐阜県本巣郡西根尾村（現・本巣市）を震源とする日本最大の内陸型地震である（村松、2006）。現在では、この地震を引き起こした根尾谷断層が、地表面に断層崖として表出した様子をみることができる。また、東南海地震と三河地震は、戦時中という時代背景により被害状況が詳細に確認されず、事実が大きく報道されなかったため、「隠された大震災」とも呼ばれている（山下、2009）。しかしながら、地震学者の飯田汲事氏による調査・研究（飯田、1985）や、当時の様子を書き記した手記が刊行されるなど、今日ではその記録が残されるようになっている。

また、地震災害のほかにも台風による災害事例もある。1959（昭和34）年、中部に大きな被害をもたらした台風15号、通称伊勢湾台風である。この台風による高潮は伊勢湾沿岸に広がる海抜0m地域に被害をもたらしたほか、名古屋港にあった貯木場の木材が流出させ、住宅地にもたらす被害を拡大した（伊藤、2009）。この台風災害によって体系的な防災体制の構築が必要とされ、1961（昭和36）年には災害対策基本法が制定し、日本の災害体制が改めて整備された。

[2] 想定される南海トラフ巨大地震の概要

　被害を小さく想定すれば、伴う対策は不十分なものとなり、実際の被害は大きくなる可能性がある。一方で、あらかじめ可能な限り大きな被害想定を検討し公表することは、国民に対して大きな不安感を与える可能性がある。ただし、被害想定の公表はわれわれに対して被害の全体像を明示し、それに伴う防災対策の必要性を伝え、防災対策推進への理解を深める意義があるだろう。国民も災害による被害の大きさがわからなければ、自らがどのように対応すべきかわからない。被害想定は必ずしも完全なものでないが、防災対策の方向性を示す指針となっていることは確かであり、人々のなかに大きな災害から身を守る危機意識が芽生えることも期待される。

　東日本大震災以降、国および地方自治体では南海トラフ地震における被害想定を見直す動きが進められた。第1に、2012（平成24）年8月29日、中央防災会議・防災対策推進検討会議のもとに設置された南海トラフ巨大地震対策検討ワーキンググループは、南海トラフ地震の新たな被害想定（第一次報告）を公表した。第一次報告では、建物被害、屋外転倒・落下物の発生、人的被害の様相を公表している。ここで注目される点は人的被害の想定であり、津波による死者数が全体の多数を占めている（表1）。とくに早期避難率が低い場合は、季節、時間に関係なく20万人前後の死者数が出ることが想定されている。これは東日本大震災による津波被害の経験が、大きく反映したものであると考えられる。

　第2に、翌2013（平成25）年3月18日には第二次報告が公表され、ライ

沿岸都市における津波対策からみた都市防災整備の動向
―静岡県浜松市を事例に―

表1　南海トラフ地震による人的被害想定（東海地方が大きく被災するケース）

項　　目		冬・深夜	夏・昼	冬・夕
建物倒壊による死者 （うち屋内収容物移動・転倒、屋内落下物）		38,000人 (3,000人)	17,000人 (1,400人)	27,000人 (1,900人)
津波による死者	早期避難率高 +呼びかけ	109,000人	61,000人	63,000人
	早期避難率低	224,000人	189,000人	190,000人
死者数合計	平均風速	151,000人～ 265,000人	80,000人～ 207,000人	98,000人～ 225,000人
	風速8m/s	151,000人～ 266,000人	80,000人～ 208,000人	99,000人～ 226,000人
負傷者数		318,000人～ 334,000人	257,000人～ 274,000人	262,000人～ 279,000人
揺れによる建物被害に伴う要救助者 （自力脱出困難者）		141,000人	84,000人	109,000人
津波被害に伴う要救助者		29,000人	32,000人	32,000人

備考：(1) 地震は基本ケース、津波は東海地方で大きな被害が想定されるケースの場合を想定。
　　　(2) 津波による人的被害は、地震動に対して堤防・水門が正常に機能した場合であり、また津波避難ビル等の効果を考慮していない場合。
出典：中央防災会議・防災対策推進検討会議・南海トラフ巨大地震対策検討ワーキンググループ「南海トラフ巨大地震の被害想定について」(http://www.bousai.go.jp/jishin/chubou/taisaku_nankaitrough/pdf/20120829_higai.pdf) より一部抜粋。

フラインや交通施設への被害、生活への影響、被害額などが示された。被害額をみると、基本ケース（中央防災会議による東海地震、東南海・南海地震の検討結果を参考に設定したもの）では約97.6兆円、陸側ケース（基本ケースの強震動生成域を、可能性がある範囲で最も陸域側（プレート境界面の深い側）の場所に設定したもの）では約169.5兆円の被害が算出されている。東日本大震災による被害額が約16.9兆円であったこと（平成25年度防災白書）からも、この想定が非常に大きいものであることがわかる。

[3] 津波防災地域づくりに関する法律
　東日本大震災以降、従来から機能していた災害対策基本法や建築基準法などの法律が改正された。従来の基準では対処できなかった点を克服するため

の自然の流れといえる。これに加えて、災害対策や東北地方の復興に関わる新たな法律も制定されているが、ここでは「津波防災地域づくりに関する法律（以下、津波防災地域づくり法）」に注目したい。

まずは法律が施行されるまでの経緯をみておこう。東日本大震災から3か月後の2011（平成23）年6月24日、「津波対策の推進に関する法律」が公布・施行された。その後、審議会や東日本大震災復興対策本部、中央防災会議などによる提言をもとに、10月28日に閣議決定され、「津波防災地域づくり法」は12月7日に成立、12月27日に施行された（津波災害特別警戒区域関連の規定は、この時点では除かれており、翌年6月13日をもって法律全部が施行された）。

「津波防災地域づくり法」の背景には、東日本大震災により甚大な被害を受けたという結果がある。災害による被害をできる限り抑制することは、防災対策において重要であり、常に求められることである。本法律の目的は、「防災対策におけるハードとソフトを組み合わせて、重層的な防御体制を構築することにより、津波による災害の防止などの効果が高い、将来にわたって安心して暮らすことの可能な地域の整備を推進すること」とされている。国土交通大臣は津波防災地域づくりの基本的な指針を定め、各地道府県の知事は津波がある場合の想定浸水区域・浸水深を設定し、市は津波防災地域づくりを総合的に推進するための計画（以下、「推進計画」）を作成できる。推進計画については、2014（平成26）年3月に全国で初めて、静岡県焼津市が策定した。今後は、太平洋沿岸の都市や地域を中心に推進計画の策定が進むと推測される。

3 ▶ 浜松市における被害想定と「推進計画」の展開

[1] 浜松市の概要と被害想定

浜松市は静岡県西部に位置する人口811,730人（2014年3月1日時点）の政令指定都市である。かつては城下町・宿場町として栄え、近代以降は楽器や自動車などの工業が盛んな地域である。2005（平成17）年7月1日には、旧浜松市を中心に3市8町1村が合併し、現在では岐阜県高山市に次ぐ国内

沿岸都市における津波対策からみた都市防災整備の動向
―静岡県浜松市を事例に―

第2位の面積（1558.04km²）を有している。市南部は太平洋（遠州灘）に面し、中田島砂丘と呼ばれる砂丘が広がっている。

次に、この地域における被害想定をみていこう。浜松市における南海トラフ巨大地震の被害想定は、静岡県第4次地震被害想定（以下、第4次想定）のレベル2の地震・津波にもとづいている。ここの第4次想定とは、静岡県が2013（平成25）年6月27日に公表した新たな被害想定を示している。従来の静岡県第3次地震被害想定（以下、第3次想定）は2001（平成12）年に公表されたが、その後内閣府による南海トラフ巨大地震のモデル提示（2011（平成23）年12月）の結果、新しい被害想定の検討が進められた。想定の対象とする地震にはレベル1とレベル2があり、レベル1は東海、東海・東南海、東海・東南海・南海地震（マグニチュード8.0〜8.7程度）による想定、レベル2は南海トラフ巨大地震（マグニチュード9.0程度）による想定である。第4次想定の地震における津波高は西区で最大14m、南区で最大15mであり、

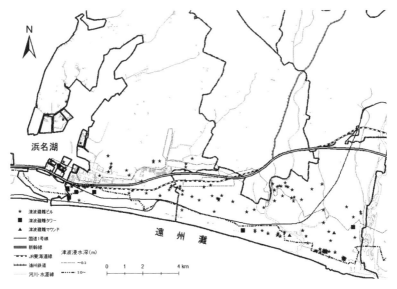

図1　浜松市沿岸部における津波浸水深と津波避難施設の分布

出典：数値地図25000「静岡」（空間データ基盤）、静岡県統合基盤地理情報システム（静岡県第4次地震被害想定津波浸水（レベル2重合せ図））、浜松市役所危機管理監危機管理課編、2014をもとに筆者作成。

第3次想定の西区4.0m、南区5.6mの津波高を大きく上回っている。さらに、50cmの津波であれば沿岸部に4～5分で到達すると考えられている。ただし、浜松市の沿岸域には標高6～10mの砂丘があり、内陸へ流入するには約20分とされている。浸水面積は約42km²で、浸水深2m以上は海岸線から1kmの国道1号線より南側に集中している（図1）。

このような予測の下、浜松市では人的被害の算出に、レベル2の地震で冬の深夜に陸側で発生したケース①（「駿河湾～紀伊半島沖」に「大すべり域（断層面上が20m以上すべる）＋超大すべり域（断層面上が40m以上すべる）」場合を設定）で早期避難率が低く、地震予知のない場合を想定している。それによると、全体の死者数は約23,140人となり、このうち津波による死者数は約16,610人と全体の7割を占める計算となる。これだけの被害が出ると予想されれば、そのための対策は喫緊の課題といえよう。

そのほかにも、この地域は東海道新幹線やJR東海道線、東名高速道路、国道1号線などの東西を結ぶ交通の要衝であり、自動車・音楽産業などの事業所も多く立地している。そのため、この地域が被害を受けることは甚大な経済的損害につながると考えられる。

[2] 浜松市津波防災地域づくり推進計画の展開

浜松市では2013（平成25）年度、津波防災地域づくり法を背景に「津波防災地域づくり推進協議会」が設置され、推進計画の策定が進められた。推進協議会は2013（平成25）年度に全4回実施され、市民への公聴会も行われた。推進計画の目的は、前述の津波防災地域づくり法の目的に準拠しているが、要するにハードとソフトの両面から津波に強い地域づくりを進めることにある。

こうした津波に強い地域づくりを進めるにあたり、浜松市における津波防災上の課題には、大きく以下の7つが挙げられる。それは、①円滑な津波避難のための大きな揺れへの備え、②津波に対する継続的な警戒避難体制の整備、③災害時要援護者を守る避難手段等の確保、④応急活動拠点の強化と代替機能の確保、⑤津波浸水に対応した建物の更新、⑥被災後の早期復旧に向

けた産業の維持・継続支援、⑦津波堆積物を考慮した災害廃棄物等の処理である。住民にとっては、①②③⑤に注目が集まるところであろう。

浜松市の推進計画では、7つの津波防災上の課題を考慮しながら、防潮堤が建設されるまでの5年間を短期、防潮堤建設以降の5年間を含む10年間を中期、市の総合計画にあたる30年を長期とする、計画推進の時間軸を定めている。短期（5年）の間では、津波から避難する円滑化を図るなどのソフト面の充実化を推進する。中期（10年）になると、防潮堤建設整備の効果が発揮されたことを前提として、さらなるソフト面の推進を図る。長期（30年）にはこれらの対策の維持・継続を行う。

従来、推進計画以外にも多くの防災に関わる計画が策定されている。とくに、『地域防災計画』は市町村の防災対策の根幹をなす計画であり、すみわけも必要とされる。ほかにも、『総合計画』や『都市計画マスタープラン』などの計画とも整合しなければならない。すみわけを図っていくなかで、この計画がどのような方向性を有するものか、今後の津波防災地域づくりのあ

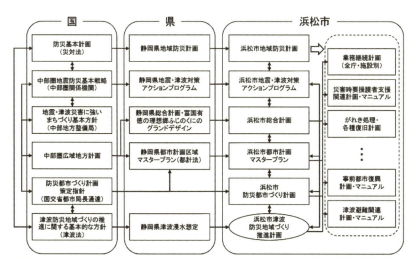

図2　浜松市津波防災地域づくり推進計画の位置づけ
出典：浜松市「浜松市津波防災地域づくり推進計画」、p.6をもとに筆者作成。

り方をみていく必要がある（図2）。
　こうした計画を実行するさいに求められることは、津波対策においてどの程度の目標を設定し、それが達成可能かどうかという点である。浜松市では、当面の中期における減災目標として「第4次地震被害想定において津波が要因となる犠牲者を、今後10年間で約9割減少を目指す」としている。津波による想定死者数は約16,610人であるため、防潮堤建設とソフト面の充実によって約14,000人の命を救うことが目標といえる。
　しかし、推進計画はあくまで全体的な津波対策の指針であり、今後はそれぞれの地域に沿った対応が求められる。前年度にあたる2013（平成25）年4月には、「区版避難行動計画」と呼ばれる冊子やマップが全世帯に配布された。この区版避難行動計画は住民の居住区別に災害特性を示したものとなっており、災害図上訓練（DIG）を家庭内で行ってもらうために配布したものである。また、2014（平成26）年度は、浸水の恐れのある地域がそれぞれに抱える課題に対処すべく、各地区別の「津波防災地域づくり地区カルテ」の作成が進められている。こうした資料の公表・配布は、津波対策における地域住民のソフト面の充実化を図るために効果的であろう。だが、避難計画を検討するには、現状を踏まえての対応となるため、速やかな整備の充実化、つまりは防潮堤の建設、津波避難施設の整備の促進が求められている。

4 ▶ 浜松市における津波防災地域づくりの取り組み

[1] 沿岸部における津波防潮堤の建設

　津波対策を考えるさいには、そもそも津波自体を海岸線で食い止める方法がある。東日本大震災では、本来津波を超えないようにするための防潮堤が、実際の津波高よりも低かったために内陸へと浸水した。しかし、今回の事例で防潮堤を津波が超えたからと言って、今後の防潮堤建設がすべて否定されたわけではない。防潮堤が本来の機能を果たして、津波を食い止めるのであれば、それが最も効果的である。
　前述のように、浜松市では津波による浸水想定を見直した結果、従来の想定浸水域よりもその範囲が拡大した。津波浸水の恐れのある範囲が少なくな

れば、それに伴う被害は縮小する。押し寄せる津波を防ぐ効果や、浸水する面積を縮小する効果がある防潮堤の建設は被害を抑制する効果が大きい。しかし、その建設には、建設費用の問題や地域住民の同意、海岸景観の確保や生態系環境の破壊といった問題などの多くの障害があり、建設が容易に進むわけではない。防災対策として人命の安全を確保することは重要であるが、そのほかの分野に弊害が出るならば、防潮堤建設には再考の余地がある。

そんな折、とある企業より遠州灘沿岸の保安林をかさ上げした防潮堤整備のために300億円の寄付申し出があった。建設費用の問題が解消され、公用地の優先的な利用、東日本大震災による地域住民の同意も得やすい背景もあり、2013（平成25）年度より5年程度の期間で現在、整備が進められている。防潮堤整備事業自体は静岡県が行っており、浜松市は防潮堤建設のための土砂確保や交通路の安全確保、住民・各種団体などへの説明を担っている。

防潮堤整備の内容は、浜名湖入口東側から天竜川西岸までの約17.5 kmにわたって整備し、第4次想定の前提津波高を上回る高さ（一律13m）を確保することが挙げられている。これにより、宅地への浸水面積が約7割低減し、建物の倒壊・流失の危険が高い浸水深2m以上の宅地を97％低減する効果が見込まれている。建設予定地には、沿岸部の保安林区域（伐採や開発に制限を加える森林区域）が指定されている。

防潮堤の建設において、従来はコンクリートで盛土を覆い、津波による

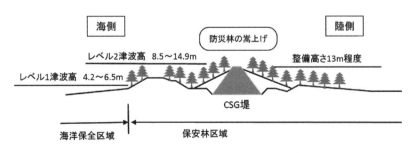

図3　CSG堤の模式図

出典：第3回浜松市沿岸域防潮堤整備推進協議会【説明資料】（http://www.pref.shizuoka.jp/kensetsu/ke-890/documents/130314_dai3kaisuisinnkyougikaisetumeisiryou.pdf、2014年5月28日閲覧）をもとに筆者作成。

盛土の決壊を防ぐ工法が用いられていたのに対し、この防潮堤では CSG (Cemented Sand and Grave、砂礫にセメントと水を混ぜた材料)を利用している(図3)。CSG を利用することは、コンクリート工法では保安林の再生が不可能な場所でも、保安林を再生し防災林として防風や飛砂対策に効果をもたらす。

確かにこの防潮堤が完成すれば、津波対策における効果は大きい。しかし、防潮堤の完成以前に地震や津波が発生した場合は、その効果を享受することができない。そのため、完成予定までの5年間には別のかたちでの対策が求められている。その対策として、津波避難施設の存在が挙げられる。

[2] 拡大する津波避難施設の指定と新設

防潮堤の建設は津波による被害軽減の効果が見込めるものの、実際にその力が発揮されるのは完成以降である。もし仮に、完成以前に津波が発生した場合は、防潮堤の効果が十分に見込めない。その場合、効果が見込めない期間は別の対策が必要である。そこで対策としては、津波避難施設と避難路の整備などが挙げられる。津波が発生したさい、内陸へと浸水する前に逃げる場所と道路が整備されていれば、命が守られる可能性は大きく拡大する。

しかし、津波避難施設の重要性がわかったとしても、実際にどのような建物が津波避難施設となりえるのか、津波避難施設はどのような基準で定められているのか。とりあえず高いところへ、という考えも重要であるがこうした基準を知ることも、一つの防災対策であろう。そもそも津波避難施設には、津波避難ビル、津波避難タワー、津波避難マウンドといったさまざまな種類がある。

第1に津波避難ビルは、一般的に①鉄筋(または鉄骨鉄筋)コンクリート構造で、②高さが3階建て以上、③1981(昭和56)年6月以降の新耐震基準を満たすものが基準とされている。津波浸水域の想定範囲にあり、基準に該当する施設は、市と所有者(管理者)が協定を結ぶことによって津波避難ビルとして指定される。第3次想定の時点では津波避難施設(ビル)が16か所のみの指定であったのに対し、東日本大震災と第4次想定にもとづいて、

沿岸都市における津波対策からみた都市防災整備の動向
―静岡県浜松市を事例に―

2013（平成25）年10月1日現在、264施設が指定または整備予定の津波避難ビルとなっている（図1）。推進計画では、津波浸水想定域において津波到達時間内に避難困難のおそれのある地域を把握し、津波避難ビルの指定をさらに拡大することが検討されている。

次に、津波避難タワーは津波避難ビルと同様の基準を満たす建物であるが、津波避難ビルとの違いとして、タワーは津波から避難するためだけに利用される施設である（写真1）。現在、津波避難タワーは市内に7か所設置されており（図1）、今後も追加される方針である。この施設の特徴は、屋根やイスなどの設備はもちろんのこと、建築基準法の規制から倉庫や棚が設備されていない。そのため、避難者のための食糧・水などの備蓄品や救命用具が備えられておらず、避難者が持参したモノだけで救助が来るまで備えなければならない。

津波避難マウンドは、盛土を行い津波高より高い丘を作って、周辺の人々が避難できるようにした施設のことである（写真2）。旧五島小学校グランドと遠州灘海浜公園の2カ所で整備が行われ（図1）、2014（平成26）年3月に完成した。津波避難マウンドの特徴は、階段のほかにスロープが設置されており、比較的傾斜も緩やかで子どもや高齢者でも登りやすい点である。

このように、東日本大震災を経て津波避難に向けてのさまざまな対策が行われているが、避難者は必ずしも自分の足で避難することのできる健常者ば

写真1　津波避難タワー
出所：2014年5月11日筆者撮影。

写真2　津波避難マウンド
出所：2014年5月11日筆者撮影。

かりではない。災害時要援護者と呼ばれる人々は、特別養護老人ホームなどの施設にそのまま待機することも、選択肢として検討されている。今後は、こうした要援護者用の関連施設も、津波避難ビルの基準を満たしていることが求められるであろう。

5 ▶ 都市における防災対策の展望

　人間は災害を経験するたびに、それを教訓として対策の充実化を図ってきた。しかし、必ずしも講じた対策が、時と場所において十分なものであったかどうかは定かでない。「防潮堤があるから大丈夫」という考えは、結果を伴ってはじめて、過信かどうかがわかる。過信となれば被害は拡大し、効果があれば何事もなかったようにことが済む。

　今日、「公助」を中心としたハード分野の対策は発展を続けている。対策の事例をいくつか挙げれば、防潮堤の建設に始まり、津波避難施設や避難路の整備など、都市の防災対策が進んでいるように見える。しかし、ハード対策は大きな効果をもたらす一方で、さらなる被害の拡大やソフト対策の停滞を招きうる諸刃の剣である。ハードへの過信を防ぐためにも、ハードとソフトを両立させるような防災対策の方向性はないのだろうか。

　これまでみてきた浜松市の推進計画では、さらに「自助」や「共助」のソフト面の充実化を図ろうとしているが、これは防災対策において最も難しい課題である。対策を自分のこととして考えるわがこと意識（木村、2013）は重要であるが、人々のなかには「防災対策は重要だが、100年に一度、1000年に一度の災害がいま起こるとは限らない」という意識がある。この考えを動かすには、明日にでも災害が発生すると実感させるほどの衝撃がなければならないが、現実にはそれが存在しない。防災対策におけるソフト面は時代の風潮が左右するところが大きく、その目標達成は大きなハードルであろう。

　都市は住民、建築物、自然、工業製品、道路、鉄道などのさまざまな要素から構成されている。たとえ小さなことであっても、都市にあるモノを知ることは、都市を知ることにつながる。そして都市を知ることは、その場所における防災のあり方を知ることともいえるだろう。高い「自助」「共助」意

識という防災対策におけるソフト面の充実を満たすことは難しい。被災体験の伝承や教育による防災対策の試みは多数行われている（木村、2013）が、防災の枠組みにとらわれず、日々の生活や観光などから都市やまちを知ることが、今日の防災対策の進展につながるきっかけになるのではないだろうか。

(佐野 浩彬)

〔付記〕 本稿の執筆にあたり、浜松市役所危機管理監危機管理課の皆様には、資料提供ならびに聞き取り調査にご協力いただいた。ここに記して、厚く御礼申し上げます。

【引用文献】
1) 飯田汲事「東海地方地震・津波災害誌」(飯田汲事教授論文選集)、1985
2) 伊藤安男『台風と高潮被害 ―伊勢湾台風―』古今書院、2009
3) 木村玲欧『歴史災害を防災教育に生かす ―1945三河地震―』古今書院、2013
4) 浜松市役所危機管理監危機管理課編『浜松市地域防災計画 資料編』浜松市防災会議、2014
5) 浜松市『浜松市津波防災地域づくり推進計画』、2014
6) 村松郁栄『シリーズ日本の歴史災害第3巻 濃尾震災 ―明治24年内陸最大の地震』古今書院、2006
7) 山下文男『太平洋戦争史秘録 隠された大震災』東北大学出版会、2009

歴史的町並み保存運動発祥の地・妻籠と有松

　歴史的町並みの保存運動の始まりを中部地方に見ることができる。わが国における歴史的風土を保存する取り組みは1966年の古都保存法の制定により始まった。これは京都、奈良、鎌倉といった古都における歴史的風土を後世に引き継ぐべき国民共有の文化的資産として適切に保存することを目的としたものである。古都以外の城下町や宿場町など歴史的町並みの保存に関しては、1975年の文化財保護法の改正により、伝統的建造物群保存地区の制度が創設されたことが、その始まりであると言ってよい。

　2013年12月27日現在、全国の重要伝統的建造物群保存地区は86市町村106地区（合計面積約3,733ha）において、約25,700件の伝統的建造物及び環境物件が保護されている。中部地方（ここでは東海4県、北陸3県および長野県）では、長野県南木曽町妻籠宿（1976年）、岐阜県白川村荻町（1976年）及び高山市三町（1979年）、三重県亀山市関宿（1984年）などをはじめ、19市町村27地区において指定されている。このうち第1号指定となり、歴史的町並み保存運動の先駆けとなったのが、長野県南木曽町の妻籠宿である。

　妻籠宿は中山道42番目の宿場町であり、三州街道と交差する交通の要衝として発展した。しかし、明治時代に入り、鉄道や道路の整備が進められるにつれて宿場町としての機能が低下し、衰退の一途を辿った。高度経済成長期に全国的に都市化が進む中、江戸時代の宿場の面影を残している町並みが見直され、全国に先駆けて保存運動がおこり、全国的にも注目を集めた。従来の文化財保護の対象を点から面へと広げ、景観や環境をも含めて優れた文化財として保存していこうとする考えを、理念から実践の段階へと推し進めた。

大勢の観光客で賑わう妻籠宿

　1968年8月、妻籠宿保存事業は長野県の明治百年記念事業のひとつとして実施されることとなり、地元住民はこれを機に「妻籠を愛する会」を設立した。事業の理念は、妻籠の自然環境や宿場景観の保全を前提としつつ、歴史的町並みを保存することにより観光利用を図るというものであった。そして、1976年に文化財保護法の改正により、重要伝統的建造

物群保存地区の制度が創設され、その第一号に指定された。それ以降、自然環境や歴史街道とともに、山深い木曽谷の集落として宿場景観を保存に努めている。

なお、この妻籠宿は隣の馬籠宿と一体となって観光拠点を形成しているが、馬籠宿のある旧長野県木曽郡山口村は、2005年2月に46年ぶりの越県合併により岐阜県中津川市に編入され、県境を越えて観光振興が図られている。

1974年4月17日に、「妻籠を愛する会」(長野県南木曽町)、「今井町を保存する会」(奈良県橿原市)、「有松まちづくりの会」(愛知県名古屋市)の3つの住民団体が有松に集まり、全国町並み保存連盟を結成した。その意味では、有松は歴史的町並み保存運動の発祥の地ともいえる。全国町並み保存連盟は、歴史的な集落や町並みで、歴史を活かしたまちづくりに取り組んでいる全国の団体と、団体を支援する個人によって構成される民間団体であり、2003年からは特定非営利活動法人として活動している。

有松は、1608年(慶長13年)に旧東海道の池鯉鮒(知立)宿・鳴海宿間の間宿として尾張藩により開かれた。この地域は農地が少ないこともあり、尾張藩は絞りの生産を奨励し、商工業の町として発展してきた。1784年(天明4年)の大火で全焼したが、その復興にあたり、塗籠造りや虫籠窓などの防火構造の建物がこぞって建築され、豪壮な商家が建ち並ぶ現在の町並みが形成された。

名古屋市は、1984年にこの地を「有松町並み保存地区」に指定し、建物の修理・修景工事の補助事業を進め、古い町並みに調和した景観の整備に努めている。そして、1992年には建物の一部を都市景観重要建築物等に指定した。

絞りのまち・有松の歴史的町並み

さらに、2011年からは重要伝統的建造物群保存地区の指定に向けて、住民と行政による勉強会を開催している。

有松の歴史的町並みは、有松絞りという伝統的産業と有松祭りや有松天満社秋季大祭などの祭り文化によって支えられてきたといってもよい。町並みを維持するためには、そのまちの経済的基盤がしっかりしていることが重要である。また、祭りを中心に住民のコミュニティが維持され、町並み保全のための活動を可能にしている。経済活動と文化活動が両輪となって、有松の町並みの形成・保存を支えてきたのである。

(大塚俊幸)

土地区画整理
―中部の都市で積極的に活用されている都市基盤整備手法―

1. 土地区画整理とは
　土地区画整理事業は、道路、公園、河川等の公共施設を整備・改善し、土地の区画を整え宅地の利用の増進を図る事業である。中部地域（岐阜・静岡・愛知・三重県）と北陸地域（新潟・富山・石川県）を合わせた施行済と施行中の区域数と面積（2012年3月末現在）は、2,881地区、80,464.8haであり、全国比24.4%（地区数）と21.6%（面積）を占めている。

2. 愛知県の土地区画整理のあゆみ
　日本の土地区画整理の歴史を法体系別にみると、1899年の耕地整理法（1909年に大改正）によるものが起源であり、旧都市計画法（1920年）によるもの、戦災復興のための特別都市計画法（1946年）によるもの、土地区画整理法（1954年）によるものへと変遷してきた。これに従って愛知県の土地区画整理事業の状況をまとめると下表のようになる。

愛知県の土地区画整理事業総括表

根拠法	全国 箇所	全国 面積 ha	愛知県 箇所	愛知県 面積 ha	対全国面積比率 %
耕地整理法	544	32,864	51	4,086	12.4
旧都市計画法	1,102	41,599	142	7,477	18.0
特別都市計画法（戦災復興）	112	28,232	4	4,176	14.8
土地区画整理法（施行中を含む）2012年3月末時点	10,752	330,948	845	34,801	10.5
計	12,510	433,643	1,042	50,540	11.7

　耕地整理法の主旨は農地の整理であり、宅地開発にはなじまない面があったが、都市の発展をにらんで、名古屋市、豊橋市、岡崎市等で宅地開発目的の耕地整理が実施された。名古屋市の基盤整備はほとんどが耕地整理・土地区画整理事業によりなされた。旧都市計画法により土地区画整理事業が法的に位置づけられ、同法12条（個人施行・組合施行）によるものの愛知県における第1号として名古屋市八事土地区画整理組合が1925年に設立され、13条（公共団体施行）によるものの第1号として中川運河沿線土地区画整理事業（名

古屋市単独施行）が 1928 年に認可された。当時の土地区画整理の特徴として、工場敷地、公園用地、中川運河開削に伴う建築敷地等の土地の提供も事業目的に含まれていた。

空襲により罹災した名古屋市、豊橋市、岡崎市、一宮市の 4 都市において戦災復興事業が進められ、4,176ha の区域で特別都市計画法の制度による土地区画整理が実施された。この事業の中で名古屋市では 100ｍ道路の整備や平和公園への墓地移転も行っている。

初めての独自の事業法である土地区画整理法施行以降は、既成市街地での都市改造と新市街地での宅地造成が多様な施行者（公共団体等、組合、公団等）により実施された。特に、高度経済成長期には、人口、産業の集中に伴う急激な都市化に対処するため組合施行による土地区画整理事業が各都市で積極的に推進された。

春日井市では、市が行う市施行（例：鳥居松地区、春日井駅前地区）で 1,141ha、土地の所有者等で設立された組合が行う組合施行で 1,695ha、県が行う県施行（勝川地区）で 42ha、旧・日本住宅公団（現・都市再生機構）による公団施行（高蔵寺ニュータウン）で 702ha が実施されており、市街化区域の約 76％が施行済または施行中である（2014 年 8 月時点）。

3. 富山県の土地区画整理のあゆみ

富山県の土地区画整理事業の始まりは、1928 年認可の県施行による富山都心区画整理事業（神通川廃川地の埋め立て）であり、この事業は全国で初めての公共団体施行であった。その後、旧都市計画法による土地区画整理事業が 10 数箇所実施されたが、その多くは火災復興を目的としたものであった。1947 年に県内で初めての行政庁施行（知事施行）による富山戦災復興土地区画整理事業が実施され、現在の富山市の骨格が形成された。1964 年の新産業都市の指定に伴う富山新港（射水市）の建設にあわせ、新港背後地の工業団地造成を目的とした個人施行（知事の一人施行）の土地区画整理事業（約 550ha）が実施され、豊富で低廉な電力と工業用水にも支えられ、日本海側屈指の工業地域として発展した。さらに、公共団体施行により富山駅北地区における新都市拠点の形成を目的とした事業や滑川駅南地区における河川の放水路整備を目的とした事業などが実施された。また、組合施行により JR 砺波駅周辺整備事業などが実施された。　　　　　　　　　　　（磯部友彦）

参考文献
1）愛知県建設部都市整備課 WEB
2）春日井市 WEB
3）記念事業実行委員会：愛知の区画整理（概要）、1986
4）国土交通省都市局 WEB
5）富山県土木部都市計画課 WEB

II まちのちから・まちのかお
都市の産業・経済・関門

　都市を支える屋台骨として産業や経済が果たす役割はきわめて大きい。中部には農業、林業、水産業、それに手工業的な織物業や窯業など、いずれも地場の資源を生かした産業を育んできた歴史がある。明治期以降はこうした歴史をふまえながら、近代工業化の道を歩み始めた。旧街道に沿うように鉄道が敷かれ、都市間を結ぶ道路網も整備されていった。熱田湊の改修事業として行われた名古屋港の建設は、この地方の輸出産業が大きく発展していく礎となった。同様に、当初は武豊線の駅として、その後は東海道線の駅として重要な役割を果たしていく名古屋駅は、人やモノの移動を介してこの地方と他地方を結びつける玄関口、すなわちゲートウェイとしての役目を担った。

　徳川御三家の筆頭であった尾張藩の城下町・名古屋は、近代以降もこの地方における産業、経済、文化、政治の要としての地位を保ち続けた。第二次大戦後の高度経済成長期にあっては、自ら工業活動の拠点として機能し、多くの産業や人口を吸引した。しかしその後は工業機能の周辺移転にともない、名古屋は卸売業やサービス業を主体とする産業都市へと変貌していく。いち早く脱工業化を果たした名古屋とは対照的に、繊維、陶磁器、木材などの伝統的産業と、これらから派生した紡績機械、自動車、セラミックなどの産業が発展した周辺部では、工業集積が都市の性格を規定した。関東、関西を本拠とする有力メーカーもこの地方で生産を行うようになり、製造業出荷額全国第一位の愛知県が誕生する条件が整えられていった。

　名古屋は、福岡や札幌などの広域中心都市がもつ支店経済的な性格を一面ではもっている。しかし、広域中心都市には見られない層の厚い工業集積が周辺一帯に広がっており、これらは名古屋に集まる管理機能の影響を受けている。この管理機能の一部は東西の大企業の影響下にある。つまりそこには重層的な企業間関係がみとめられる。名古屋とその周辺は工業主体の産業集積と人口の多さから三大都市圏のひとつに数え上げられるが、情報発信や政治的、文化的イニシアティブの点では東京との開きが大きい。アジア諸地域の急激な経済発展で東京でさえその国際的地位が脅かされかねない。名古屋を中心とする中部では、2005年の愛

知万博に合わせて開業した中部国際空港（セントレア）や2014年12月に着工したばかりのリニア中央新幹線などによってグローバル化に対応しようとする動きが顕著である。

　工業に特化した産業構造の中でも、とりわけ自動車産業の占める割合は大きい。多種多様な素材や部品を必要とする自動車を完成させるために、幅広い分野の産業が集まり階層的なクラスターが形成されている。自動車産業に牽引されるようにして関連産業が各所で生まれ、その影響を受けた都市は次第に性格を変えていった。しかし近年は生産条件が限界に近づいたため、九州、東北でも自動車生産が始まったのに加え、海外生産も本格化している。国内と海外の生産割合はすでに逆転し、海外シフトが一段と進んでいる。成熟した自動車産業の後を引き継ぐ産業として期待が寄せられる航空宇宙産業も、中部に生産地が集中している。しかし市場の性格が大きく異なる航空機に自動車の肩代わりができるのか未知な面も多い。

　今後もしばらくは名古屋大都市圏の経済を担っていくと思われる自動車産業の企業中枢が、セントレアの開業とともに名古屋駅前での拠点機能を強化した。名古屋駅前は、新幹線はもとより国際空港、そしてなによりもリニア中央新幹線のアクセスポイントとして最適立地点である。高層ビルの建設ラッシュに湧く駅前地区は、名古屋大都市圏のメインゲートとして不動の地位を確立しようとしている。リニア中央新幹線を介して東京との連携が強まれば、これまでにない国際的機能を名古屋が担う可能性も生まれる。

　自動車の陰に隠れがちであるが、半導体やビデオ、テレビなど映像機器の生産も、この地方で行われてきた。これらは東西の大企業の手によるものが多く、ブランチプラント（支工場）としての性格をもっている。ブランチプラントは国際的な経済環境の変化に対して脆弱であり、大企業のグローバル戦略に左右されやすい。工業化に縁遠かった周辺地域では政治の力を使って大企業の工場誘致を行い、一定限度の成果を上げることはできた。しかし労働市場の非正規化や流動化が盛んな昨今、当初、期待した地元経済との繋がりは必ずしも実現しなかった。名古屋大都市圏の外側にある地域では、工業化の恩恵はあまり及んでいない。

世界都市・NAGOYAのポジション

1 ▶ NAGOYAの人口と圏域

[1] NAGOYAとは何か

　名古屋市の人口は、住民基本台帳調査によると2014年において227万人である。国勢調査の1.5％通勤圏を名古屋都市圏（中京大都市圏）とすると、その人口は911万人であり、これは名古屋市を中心とした50キロ圏の人口である905万人（矢野恒太記念会2013）とほぼ同じである。

　札幌市（札幌都市圏）であれば、これらの圏域、人口と北海道という勢力圏（548万人）をもとにして、都市（都市圏）の規模、役割、機能、性格を明確に規定し、それに基づいて都市戦略を策定することができる。

　だが、名古屋市、名古屋都市圏（中京大都市圏）という2つの圏域と人口および名古屋の勢力圏によって、名古屋という都市の規模、役割、機能、性格を論じることはできない。名古屋の勢力圏は、明確に規定できず、捉え方によっては、大きくも小さくもなるというユニークな性格を有しているからである。

　1.5％通勤圏を名古屋都市圏（中京大都市圏）、愛知県、岐阜県、三重県の三県を「中京圏」（1,133万人）と定義すると、名古屋市を圏域最大の都市とする「中部圏」は、「中京圏」に加え、富山県、石川県、福井県、長野県、静岡県、滋賀県を含んでおり、その人口は2,165万人に達する。さらに、名古屋は東京（首都圏）、大阪（近畿圏）と東名・名神高速道路、東海道新幹線で連結した世界最大の東海道メガロポリス（人口7,300万人）の中央部に位置する都市でもある。名古屋都市圏（中京大都市圏）に隣接する豊橋市のフォルクスワーゲン、メルセデスベンツ、ローバージャパンの輸入基地は、

世界最大の東海道メガロポリスの中心、さらにいえば1億2,800万人の日本市場の地理的中心（人口重心）に位置していることを考慮して立地している。

本稿では、名古屋の有するこの特殊な性格を論じるために、名古屋ではなく、あえてNAGOYAという用語を使いたいと思う。NAGOYAは、人口227万人の名古屋市から人口7,300万人の東海道メガロポリスの中心部に位置するエリアという、多様な意味を内包しているエリアだからである。

[2] 世界から見たNAGOYA

世界はNAGOYAをどのように定義し、いかなる人口・経済規模の都市（都市圏）あるいはメガシティとして認識しているのであろうか。国連のWorld Urbanization Prospects, the 2011 Revisionによると、NAGOYAは、人口330万人の都市とされている。NAGOYAは、世界1位のTOKYO-YOKOHAMA（3,693万人）、17位のOSAKA-KOBE（1,143万人）のような周辺都市と連担した都市圏であるとは認識されていない。そのため国連のデータでは、NAGOYAは世界の都市圏上位100位には含まれていない。

それに対して、米国のコンサルティング会社Demographiaの発行するDemographia World Urban Areas 2014によると、NAGOYAは人口1,024万人で、世界28位の都市圏であるとしている。27位はPARIS、29位はLONDONであり、NAGOYAはPARIS、LONDONに匹敵する都市圏であると認識されている。1,024万人という人口は、名古屋都市圏（中京大都市圏）および名古屋50キロ圏の人口よりもやや多い。

また、米国のマッキンゼー＆カンパニーのUrban world: Mapping the economic power of citiesによると、NAGOYAは人口894万人の都市圏である。この数値は名古屋都市圏（中京大都市圏）および名古屋50キロ圏よりもやや小さい。同データによると、NAGOYAのGDPは4,440億ドルであり、TOKYO、OSAKAに次ぐ、アジア3位の経済圏とされている（図1）。つまり、マッキンゼーの調査では、NAGOYAは、経済規模、人口規模でみて国内3位の都市圏であるだけでなく、人口規模はアジア17位であるものの、経済規模ではアジア3位の都市圏であるとされているのである。

世界都市・NAGOYA のポジション

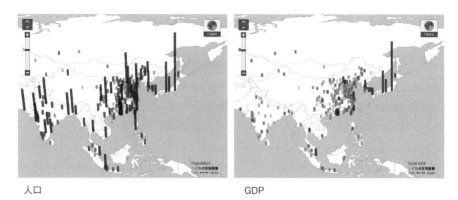

人口　　　　　　　　　　　　　　GDP

図1　アジア地域の主要都市圏の人口および GDP の状況（2010 年時点）
出所　McKinsey Global Institute Urban world: Mapping the economic power of cities

　以上3つのデータで確認したように、世界的に見ても、NAGOYA は、世界の都市圏上位100位に含まれない都市圏とみなされることも、PARIS、LONDON に匹敵する都市圏とみなされることもあり、経済規模では、シンガポール、ソウル都市圏、上海都市圏、北京都市圏よりも上位に位置しているとみなされることもあるのである。このように国内外において NAGOYA に対する多様な定義が存在しているが、最も頻繁に引用される国連の調査で NAGOYA は世界ランク100位圏外であるため、世界都市等の調査対象都市としてノミネートされる機会を失っていると考えられる。

[3] 東海道メガロポリスにおける NAGOYA

　1960年代に J・ゴッドマンは、アメリカ東海岸の都市群をモデルとしてメガロポリスというコンセプトを提唱した。池口小太郎（堺屋太一）は、『日本の地域構造−地域開発と楕円構造の再建』（1967年）において、東京と大阪という世界的にみて類稀な規模の2つのメトロポリスが東西に存在するという日本の地域構造の基本的特性、「2眼レフ構造」を提示した。日本の地域構造の基本特性は、国道1号、2号、JR 東海道線に加え、東名・名神高速道路と東海道新幹線という高速移動の社会資本が整備され、さらに両都市

圏の中間地域に自動車産業・機械産業の集積水準を高めた NAGOYA が存在したことによって「2眼レフ構造」から3つのメトロポリスが面的につながった東海道メガロポリスへと転化したのである（磯村1969）。しかし1960年代は世界各地のメガロポリスと同様、東海道メガロポリスも国家（日本）という閉じられた空間内における、都市群の連担現象として捉えられていた。

　発展途上国の経済発展、多国籍企業の成長にともない、1980年代に入るとグローバルな観点から都市の性格や成長を論じる世界都市論が興隆する（伊豫谷1993）。1986年にJ・フリードマンの唱えた「世界都市仮説」は、世界都市を、世界経済をネットワーク化する拠点として定義し、多国籍企業の本社・支社の集積や金融センターの機能をもとに、世界都市システムのヒエラルキーと国際労働力移動のメカニズムを解明しようと試みた。さらに、S・サッセン（2008）は、世界経済をコントロールする司令塔の集積した空間という視点からだけではなく、イノベーション創造の場という観点を加えてグローバル都市という概念を定義した。彼女は、NEW YORK、LONDON、TOKYO をグローバル都市の代表例として挙げている。しかし、世界都市論、グローバル都市論に関するほとんどの文献やランキング調査において、NAGOYA は、調査対象とされていない。

　2009年、R・フロリダは、20のメガ地域が世界経済の2/3の付加価値生産とイノベーション創出の8割を担っていることを見出した。フロリダは、日本には、首都圏、大阪－名古屋圏、九州北部圏、札幌圏の4つのメガ地域が存在すると指摘している。OSAKA-NAGOYA とされた理由は、フロリダらは、宇宙衛星からみた光の強さと範囲をもとにメガ地域を抽出しており、地理的に近い NAGOYA と OSAKA は連担していると捉えたためである。中央自動車道の存在、第二東名高速道路の整備および鉄道・空港の旅客・航空貨物流動を基にすると、NAGOYA はむしろ TOKYO と一体となったエリアとして位置づけるべきであろう。今後リニア新幹線が整備されれば、NAGOYA と TOKYO の関係は、さらに強化されるにちがいない。リニア新幹線完成後の NAGOYA のあるべき姿が今、問われているのである。

　いずれにせよ、世界都市論等において NAGOYA が単独で取り上げられ

るケースは、きわめて少ない。その理由は、NAGOYA が東海道メガロポリスの中心部に位置する国内3位の都市圏であるためであり、金融機能、多国籍企業の本社・支社集積度、国際空港・国際港湾の水準は、アジアの世界都市と比較して見劣りするからにほかならない。

2 ▶ 国土計画における名古屋の位置づけ

[1] 産業と技術の中枢圏域

　国土計画において、「世界都市」という用語は、1987年に策定された第4次全国総合開発計画のなかで初めて使用された。4全総は、「国際化と世界都市機能の再編成」と題して、「特に、東京圏は、環太平洋地域の拠点として、また世界の中枢的都市の一つとして、国際金融、国際情報をはじめとして、世界的規模・水準の都市機能（世界都市機能）の大きな集積が予想され、世界的な交流の場としての役割が増大する」と明記している。

　1988年に策定された第3次中部圏基本開発整備計画は、「近年、東京圏への高次の都市機能の一極集中が進むなかで、中部圏は、その高次の諸機能の集積の相対的な立ち遅れがみられる。今後は、多極分散型国土を形成するに当たって、中部圏において、その特色である産業や技術を基盤とした高次の諸機能を育成しつつ、世界的規模、水準の都市機能の集積を進める」との方針を掲げた。中部圏の基本的な開発整備の方向を、①創造性に富む産業と技術の中枢的圏域の形成、②多様で活発な交流の場の形成、③自然を生かした美しく安全な圏域の形成、④豊かで快適な居住環境の形成、⑤多極連携型圏域構造の形成、であるとした。ここには世界都市 NAGOYA の形成を意識した記述はない。1980年代後半から TOKYO は世界都市化を目指したのに対して、NAGOYA は世界都市化ではなく、産業と技術の中枢圏域を目指すことになったのである。

　愛知県は、1976年以来36年間、都道府県でみた工業出荷額1位となっている。もはや京浜工業地帯（東京都＋神奈川県）、阪神工業地帯（大阪府＋兵庫県）も工業生産に関するあらゆる指標において愛知県1県に及ばない。

　中部圏は、日本最大の工業生産エリアとなった。だが、それと引き換え

に、情報機能、金融機能、中枢管理機能の集積および国際交流において、NAGOYAは、TOKYO、OSAKAはもとより他の世界都市に対しても大きく後れを取ることになったのである。

[2] 交通ハブとしてのNAGOYA

　NAGOYAは、国道1号、東名高速道路、名神高速道路、中央高速道路、東海北陸自動車道が結束する日本の自動車交通の要衝である。NAGOYAは鉄道においても、JR東海道線、中央線、東海道新幹線、名鉄等によって、広域的な地域との濃密なネットワークを有している。人口1,000万規模のメガシティとの比較では、NAGOYAの陸上交通ネットワークは群を抜いている。

　港湾については、名古屋港、四日市港は、特定重要港湾に指定されている。国土交通省港湾関係統計データ「港湾別コンテナ取扱量（TEU）ランキング（2012年速報値）」によると、名古屋港のコンテナ取扱量（266万TEU）は、東京港、横浜港に次いで全国3位であり、神戸港、大阪港を上回るまでになっている。東京港のコンテナ取扱量は475万TEUであり、名古屋港の1.8倍である。ただし、輸出コンテナに限定すると、東京港195万TEUに対して、名古屋港130万TEUであり、1.5倍となる。東京港は輸入コンテナ貨物の比率が高いのに対して、名古屋港では工業製品の輸出が多いためである。首都圏および近畿圏と陸路によって緊密に結束されているがゆえ、国内物流において海運の占める割合は低い。だが、NAGOYAの港湾群は、外国貿易においては重要な役割を担っている。名古屋港は、2012年に成田空港を抜いて、輸出額で全国1位となった。貿易額では、四日市港は博多港を上回っており、清水港や三河港も博多港とほぼ同水準となっている（2012年）。

　名古屋港はスーパー中枢港湾の指定は受けたものの、国家戦略港湾には指定されなかった。東京湾には、東京港のほかに横浜港があり、大阪湾には大阪港と神戸港があり、それら2つのエリアと比較すると、伊勢湾の港湾群のコンテナ貨物取扱量が少ないためだと思われる。

　陸上と海上の優れた交通・物流ネットワークと比較して、NAGOYAの航

空ネットワークは、国内、国際ともにも優れているとはいえない。名古屋駅は、東海道メガロポリスの中間に位置し、東海道新幹線や山陽新幹線によって、太平洋ベルト地帯上の主要都市と鉄道によってつながっているために、国内線ネットワークは、NAGOYAの人口規模からすればかなり少ない。

　問題は、国際線においてもNAGOYAの水準が低いという点である。中部国際空港からの国際線直行便の就航都市数（2014年）は27にとどまっており、成田国際空港の100都市を大きく下回る。中部国際空港によると、中部9県から発生した国際航空貨物量66.7万tに占める中部国際空港の利用シェアは20％にとどまっている（2011年）。貿易額でみても、成田17兆3千億円、関空6兆8千億円に対して、中部国際空港は1兆5千億円にすぎない（2012年）。中部国際空港から出荷されるべき貨物の大半は、成田空港や関西空港から輸出されている。フェデックスは、2009年に中部国際空港から撤退した。

　ただし、中部国際空港の国際便の減少傾向は近年歯止めがかかりつつある。ANAは、那覇空港を国際貨物ハブ空港として活用しているが、ようやく中部国際空港からも貨物便を運航するようになっており、東アジア、東南アジアの主要空港へは1日で航空貨物を輸送することが可能になった。ポーラーエアカーゴも就航したことによって、中部国際空港の国際航空取扱量は、2014年1月から4月にかけて、対前年比150％以上増加している。一度日本から撤退したエアアジアは、2014年6月に楽天と共同して中部国際空港を拠点として国内・国際便を運行する計画を発表した。ただ、羽田空港の容量限界によって中部国際空港は恩恵を受けている側面もあり、今後も順調に便数が増加するかどうかは予断を許さない。

　また、岐阜県、三重県、滋賀県には空港がなく、静岡、松本、福井（定期便は現在0）、金沢、富山などの中部圏の地方空港は、同規模人口を抱える県の空港と比較すると国内線・国際線ともに便数が少ない。中部圏は、東京、大阪に近いという地理的優位性を有しているがゆえに、国内の遠隔地および海外の都市と直接結びつきにくいという弱点を抱えている。

　現在、中部国際空港から関西国際空港、大阪国際空港行きの便は、就航し

ていない。成田便は4便、羽田便は2便就航しており、中部国際空港から成田、羽田での国際線への乗り換えが増加していることをうかがわせる。今後羽田、成田空港の国際便が増加すれば、中部国際空港は、成田空港、羽田空港のフィーダー空港という性格を帯びることになる。

[3] 生活者のための NAGOYA

　NAGOYA の住環境・生活環境の水準は高い。第3次中部圏基本開発整備計画においては、「自然と共生する良質な人間居住の実現」を基本方針としている。中部圏の人口当たり可住面積は、首都圏や近畿圏を大きく上回る。中部圏には、全国の自然公園の1/4が存在している。

　地価も相対的に安く、住宅の居住水準は高い。北陸地方の住宅延べ面積が広いということも影響しているが、中部圏の1人あたりの住宅延べ面積は、首都圏を2割以上、近畿圏を1割以上上回っている（図2）。名古屋市内の人口密度は 6,685 人/km²であるのに対して、大阪市は 11,404 人/km²、東京都23区は 14,415 人/km²である。NAGOYA は、ニューヨークやロンドン、東京、大阪に不足している生活者にとって大きな魅力を有している。

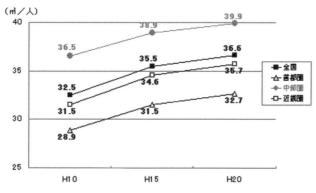

図2　1人当たりの住宅延べ床面積
出所　愛知県ホームページ「中部圏のプロフィール」

3 ▶ NAGOYA は世界都市なのか？

[1] 世界都市 NAGOYA に対する評価

1節で明らかにしたように、世界的にみて NAGOYA は、メガシティとして高い評価を受けてはいない。では、世界都市としてはどのように評価されているのであろうか。

英国のラフバラ大学の GaWC は、金融等の高度サービス産業の立地やグローバルなネットワークなどの分析に基づき、世界都市の格付けを行っている。それによると、NAGOYA は世界都市として認定されたものの、Sufficiency という最も低い評価にとどまった（2004年）。Sufficiency にランクされている都市には、米国の BUFFALO、NEW ORLEANS などがあり、日本では YOKOHAMA と KYOTO が含まれている。TOKYO は NEW YORK と LONDON に次ぐ2番目の格付けの Alpha + であり、OSAKA は10番目の格付けの Gamma - と評価されている。

英国の『エコノミスト』誌によって作成された Global Cities Competitiveness Index は、NAGOYA を評価対象としている数少ない調査である。ここでは 31 の指標に基づいて、世界 120 都市を対象としてランキングを作成している。この結果によると、NAGOYA は ROME とともに 50 位にランクしており、中国の SHENZHEN が続いている。TOKYO は6位、OSAKA は 48 位である。

森記念財団都市戦略研究所による Global Power City Index は、名古屋市を評価対象都市としていない。ただ、2012 年版の報告では、番外編として、日本の人口 100 万人を超える9つの政令指定都市（札幌、仙台、さいたま、川崎、横浜、名古屋、京都、神戸、広島）を従来の 40 の評価対象都市に加え、同様の手法で評価しランキングを作成している。なお、Global Power City Index の調査対象は市域である。したがって、この報告では名古屋市を評価対象とし、ランキングを作成している。その結果、名古屋市は、総合ランキングでは 49 都市中 40 位となった。追加評価を行った9都市のなかでは、名古屋市は京都市、横浜市、神戸市、さいたま市に次いで5位であり、従来の

評価対象都市である東京 23 区、大阪市、福岡市よりも順位は低い。

分野別にみれば、名古屋市は、経済・33 位、研究開発・24 位、文化交流・45 位、居住・6 位、環境・25 位、交通アクセス・34 位となった。表 1 では、名古屋市の分野別のスコアを各分野のトップ都市と比較を行った。トップ都市と名古屋市の分野別スコアの乖離度をみると、経済分野は名古屋市の 2.0 倍、研究開発は 4.2 倍、文化交流は 31.6 倍、居住は 1.06 倍、環境は 1.27 倍、交通アクセスは 2.84 倍となった。

名古屋都市圏（中京都市圏）を調査対象地域としたならば、スコアの乖離度は小さくなったと思われるが、いずれにせよ名古屋市の弱点が文化交流分野にあることはまちがいない。それに対して、居住分野は世界トップクラスの水準であり、環境分野も名古屋の強みであるといえよう。

表 1　Global Power City Index 2012 における名古屋の評価概要

	総合	経済	研究開発	文化交流	居住	環境	交通アクセス
トップ都市 スコア	ロンドン	東京	ニューヨーク	ロンドン	パリ	東京	パリ
	1,452.5	338.9	217.3	353.5	298.7	210.9	251.3
名古屋順位 スコア	40	33	24	45	6	25	34
	761.0	161.6	51.7	11.2	282.9	165.1	88.4

出所　森記念財団都市戦略研究所『世界の都市総合力ランキング 2012YEARBOOK』pp.107-109 をもとに作成

[2] 世界都市 NAGOYA の競争劣位

Global Power City Index で文化交流分野に含まれている代表的な指標は、国際会議件数、世界的なイベントの開催件数、劇場・ミュージアム等の数、ハイクラスホテル数、外国人の訪問者数、留学生数である。

名古屋市の国際会議件数は 126 件であり、東京（500 件）や大阪（140 件）のみならず、福岡（252 件）、京都（196 件）、横浜（191 件）よりも少ない（日本政府観光局「国際会議統計」2012 年）。

観光を目的とした外国人訪問者数では、1 位の東京都の 283.1 万人に対して、愛知県は 15.4 万人にすぎず、都道府県別で 17 位にとどまっている（観

光庁「宿泊旅行統計調査報告」2013年)。留学生数では、愛知県は6,706人で福岡県に次いで全国4位であるものの、居住人口当たりの留学生数は全国14位である(日本学生支援機構「外国人留学生在籍状況調査」2011年)。

　NAGOYAを拠点とする製造業企業の海外進出は早い段階から進んでおり、多国籍企業化は着実に進展してきた。NAGOYAの強みを語る際に必ず例示される企業はトヨタであるが、この地域の国際競争力の源泉として世界的評価を得ている。デンソー(刈谷市)、アイシン精機(刈谷市)、スズキ(浜松市)、中部電力(名古屋市)もフォーチュン・グローバル500社(2012年)にランクインしている。また、INAX(現LIXIL)(常滑市)、メナード化粧品(名古屋市)、ミツカン(半田市)、マスプロ電工(日進市)、ブラザー工業(名古屋市)、ノリタケ(名古屋市)など、日本を代表する製造企業の本社が立地している。航空宇宙産業においては、三菱航空機をはじめ、三菱重工業、富士重工業、川崎重工業、旭精機、ＯＳＧがNAGOYAに生産拠点を立地しており、NAGOYAにおける関連支援産業のさらなる集積に期待が寄せられている。

　このようにNAGOYAは、産業と技術の中枢拠点として発展してきたものの、情報機能、金融機能が高度に集積したTOKYOに隣接しているために、世界都市としてのNAGOYAの評価は低くなっている。これは、LONDON以外に世界都市が存立しえないイギリスの状況と似ている。

4 ▶ 高度ネットワーク型世界都市NAGOYAを目指して

[1] GREATER NAGOYAの試み

　ここまで見てきたとおり、世界都市NAGOYAのポジションは高いとはいえない。もちろん、世界都市TOKYOに隣接しているという不利性が作用していることは否めないが、人口・産業集積の水準からみて、国際交流の水準が著しく低いというNAGOYA固有の問題を抱えている。

　しかし、ここにきてようやく、名古屋都市圏の国際競争力を戦略的に向上させようという動きが始まっている。名古屋市を中心として半径約100kmの愛知・岐阜・三重・長野・静岡県にまたがる地域を一つの経済圏

GREATER NAGOYA として一体的に海外へマーケティングする試みが、2006年に産学官共働によって発足したグレーター・ナゴヤ・イニシアティブ協議会によって進められている。ここでは、GREATER NAGOYA の総合的な魅力や成長ポテンシャルについて英語にて積極的に PR しつつ、同地域への進出に関心のある外国企業に対してワンストップ窓口の機能を設け、情報提供や進出支援といったサービスを提供している。同協議会のサポートにより、2013年時点で 109 件の外国企業の進出または事業拡大に至った。航空機産業についても中部圏として一体的に発展する方向性が模索されるようになっている。

名古屋商工会議所も名古屋の目指すべき都市像を「世界交流都市・名古屋」と規定した (2008年)。

しかしながら、GREATER NAGOYA においては、国際業務や知的財産業務に必要な弁理士、コンサルティング、デザイン、IT など B to B のサービス産業は脆弱であり、域外 (すなわち TOKYO) に依存せざるを得ない状況にある (細川 2008)。高度なサポートを必要とする外国企業の集積は、NAGOYA の世界都市としての弱みであった高度サービス産業の育成につながる可能性がある。

[2] 高度ネットワーク型世界都市のモデルへ

NAGOYA は、経済規模、産業集積という面においては、世界有数の規模を誇っている。だが、文化・観光面では KYOTO や KOBE、YOKOHAMA ほどの国際的な知名度はなく、世界都市としての評価の低さの一因となっている。しかし、この弱みは、新幹線をはじめとした高速かつ正確なネットワークを戦略的に活用することよって補完できる。

国際会議件数の少なさは NAGOYA の克服するべき課題の一つである。より一層の MICE 戦略の推進が望まれる。しかし、NAGOYA には、MICE のなかのⅠ (Incentive)、すなわち娯楽や観光といった要素が TOKYO や KYOTO と比較して少なく、それは外国人訪問者数の少なさにも反映されている。NAGOYA に欠けている要素については、コンベンションをパッケー

ジ化する際に、新幹線を利用した TOKYO や KYOTO への日帰り、あるいは1泊程度のツアーを組み込むことによって充当できよう。

　また、国際旅客については、中部圏内の空港を含む国内線ネットワークを充実することによって、国際旅客を増やすべきである。羽田空港の容量限界を補うために、羽田空港に就航できない都市の国際線を誘致し、羽田空港－中部国際空港の国内便を活用して、首都圏からの乗り換え客を増やすこともできるはずである。NAGOYA の機能を TOKYO のために活用するのである。

　将来的なリニア新幹線の全線開業によって、東京から大阪にいたる人口7,300万の「大交流リニア都市圏」（市川 2013）が形成され、NAGOYA はその中心に位置することになる。「大交流リニア都市圏」の形成によって、中部圏は首都圏に組み込まれるという見方もある。だからといって、これに対抗するために、NAGOYA は TOKYO と同水準のスペックの都市機能を整備するべきではない。そうではなく、NAGOYA に不足する機能を TOKYO によって補完するという戦略をもって対応すべきである。

　NAGOYA は、日本有数の製造業企業発祥の地である。だが、これらの多くの企業は実質的な本社機能を TOKYO に配置している。しかし、市場がグローバル化し、海外との取引が増加するに従い、本社機能を TOKYO に立地させる意義は、弱まりつつあるように思われる。2006年トヨタは、本社機能の一部を名古屋駅前に移転した。YKK、YKKAP は、2015年の北陸新幹線の開通に合わせて、研究開発機能と本社機能の一部を黒部市に移転する予定である。本社の地方移転は、製造部門と管理部門の連携強化策であると同時に、首都圏でのオフィスコスト削減策にもなりうる。リニア開業後、東京駅周辺から名古屋駅周辺に従業員500人規模の本社機能を移す場合、年約3億円のコスト減になるとの試算もある（加藤 2014）。生産機能のみならず、本社機能、研究開発機能を NAGOYA あるいは、中部圏に集積させることができれば、NAGOYA は真の意味での「産業と技術の中枢圏域」となるであろう。NAGOYA における中枢管理機能のさらなる集積は、高度サービス産業の集積を促し、その結果、国際会議件数の増加や中部国際空港の国内・国際便と航空貨物取扱量が増加するという好循環を生み出すにちがいな

い。

　NAGOYAはTOKYOやOSAKAと比較して生活の質が高いという優位性を有している。だが、現状では、国際交流水準は福岡市以下であり、人口や経済規模と比較すると中枢都市の基盤産業である高度サービス産業の集積水準も低い。

　だが、NAGOYAや中部圏内での中枢管理機能の集積を進めると同時に、地域内に不足する要素は他都市から、戦略的に活用し、NAGOYA独自の、すなわち「産業と技術の中枢圏域」としての国際交流を促進することによって、NAGOYAは、TOKYOの衛星都市ではなく、中部圏2,165万人というメガ・リージョンを勢力圏とする「高度ネットワーク型世界都市」となるにちがいない。

（久保 隆行・山﨑 朗）

【引用文献】
1）池口小太郎『日本の地域構造－地域開発と楕円構造の再建』東洋経済新報社、1967
2）磯村英一『日本のメガロポリス』日本経済新聞社、p.71、1969
3）伊豫谷登士翁『変貌する世界都市』有斐閣、p.63、1993
4）国土庁大都市圏整備局『産業技術の中枢圏域を目指して―中部の未来戦略』大蔵省印刷局、1991
5）サスキア・サッセン『グローバル・シティ』筑摩書房、p.4、2008
6）名古屋商工会議所「中期計画2009－2011：『世界交流都市・名古屋』を目指して」2008
7）日本経済新聞2014/6/16付朝刊「（経営の視点）高速鉄道時代の企業立地　東京から分散効果生かせ」（加藤義人コメント）、2014
8）細川昌彦『メガ・リージョンの攻防』東洋経済新報社、p.79、2008
9）矢野恒太記念会『日本国勢図会　2013/2014』矢野恒太記念会、p.67、2013
10）リチャード・フロリダ『クリエイティブ都市論』ダイヤモンド社、p.58、2009

ゲートウェイの形成過程と都市構造

1 ▶ 中部を代表するゲートウェイ

「陸」「海」「空」と並べれば、自衛隊や軍隊のことが真っ先に思い浮かぶ。しかしここでは物騒な軍隊ではなく、中部地方の表玄関ともいえる陸、海、空の主要交通ターミナル（ゲートウェイ）と都市構造について考えてみたい。ゲートウェイは、通常の駅やターミナルとは異なり、長距離移動や長距離交易のための交通結節点である。どこにでもあるというわけではなく、限られた場所に設けられ、地域へ出入りする人やモノの玄関口としての役割を果たしている。このようなゲートウェイは一朝一夕に生まれるものではなく、そこには形成の歴史があり、現在のような姿をもつまでの道のりや背景といったものがある。建設に関わった企業、団体、個人があり、またその維持のために活動してきた多くの主体がある。中部の場合は、名古屋駅、名古屋港、中部国際空港（前身は名古屋空港）を、陸、海、空の代表的なゲートウェイとして位置づけることができる。

2 ▶ 近代中部におけるゲートウェイの芽生え

[1] 武豊線の途中駅からスタートした名古屋駅

　明治維新に始まる近代初期、日本はそれまでになかった近代的な交通手段を必要とするようになった。欧米との間にある国力の差を縮めるには、産業革命の力を借りた機械的な交通手段が不可欠であったからである。旧城下町名古屋とその周辺では、官営鉄道の開設が交通近代化の端緒を切り開いた。この鉄道（武豊線）は、「中山道鉄道」（関東と関西の間を旧中山道沿いに結ぶ鉄道）の建設を進める目的をもっており、名護屋駅（その後、名古屋駅に

II まちのちから・まちのかお

変更) は建設用資材を大垣方面へ輸送する鉄道の途中駅として開業した (図1)。駅の場所は市街地の西の外れであり、旧城下が水はけのよい台地上であったのに対し、名護屋駅は湿地然とした田んぼの上に盛り土して設けられた。名古屋駅はその後、明治政府が東西を連絡する国土幹線鉄道のルートを中山道沿いから名古屋以東は東海道沿いに変更したため、その位置づけを大きく変えることになる。武豊線の一部を組み入れて建設された東海道線によって東京、大阪・京都方面と直接結ばれるようになったからである。

駅の位置づけが東海道線の名古屋駅になって以降、私鉄の関西鉄道や官営の中央線が名古屋駅もしくはその近くを起点として開業した。名古屋駅前からは、日本で2番目に早く開設された名古屋電気鉄道の路面電車が繁華街や官庁街のある市内中心部へ乗客を運ぶようになった。路面電車網の発展やその後に登場したバス交通の広がりとともに、名古屋駅は交通ターミナルとしての機能を強めていった。

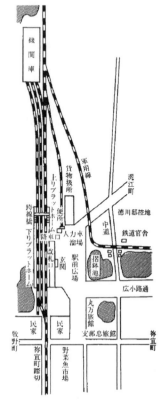

図1 初代名古屋駅の周辺(明治28年頃)
出典:名古屋市地下鉄振興株式会社編, 1989,p.35

この間、名古屋とその周辺では地場産業や近代工業の発展が見られ、名古屋駅は人ばかりでなくモノの移動にとっても不可欠な存在になった。当時は原材料や製品の輸送に鉄道が利用されたため、名古屋駅周辺に大規模な工場が建設された。やがて既存駅のスペースと機能だけでは都市の発展に応じきれなくなり、別の場所に大規模な新駅を建設し、貨物も分離して新設する別の施設で取り扱われることになった。

[2] 貿易目的の港湾と軍事目的の飛行場を建設

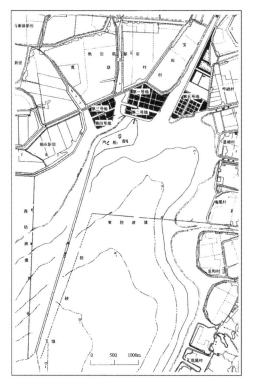

図2　名古屋港第1期工事計画図
出典：林、1997、p.105、第1図。

内陸のゲートウェイとして名古屋駅が誕生した頃、名古屋南部の伊勢湾最奥部では、熱田湊が海運機能を担っていた。しかしその機能は未熟で、四日市港や武豊港の手を借りてようやく港としての機能が果たせるといった状況であった。理由は熱田湊の地形にあり、遠浅であるため大きな外洋船は寄港できなかったのである。このため名古屋の財界と政界は一致団結して明治政府に港湾建設の許可を求めたが、築港の許可は簡単には下りなかった。ようやく得られた許可のもとで築港工事が始まり、日露戦争の3年後に港が完成した。築港事業は熱田湊の改修と称したが、完成したのは熱田から南に8kmも離れた位置の名古屋港であった（図2）。築港を機に、それまで別の自治体であった名古屋と熱田は合併することになった。

開港当初、名古屋港からは陶磁器、茶箱など地場の伝統産業で生産された商品が主に輸出された。しかしその後は金属、機械、化学など近代工業で生産された製品が主流を占めるようになる。都市の産業発展とともにゲートウェイ空間が広がっていったのは、名古屋駅の場合と同じである。しかしその広がり方は名古屋駅の比ではなく、あいつぐ埋立地の形成で港湾面積は拡大の一途をたどった。背景には絶えず浚渫しなければ港が機能しないという地

形的な制約条件があり、利用目的が未定の埋立地がつぎつぎに出現した。興味深いのは埋立地の一部が空港用地として利用されたことであり、中国大陸や朝鮮半島との間を飛行機が飛んだ。

陸と海のつぎは空である。船舶や鉄道に比べると航空機の歴史は浅いが、輸送手段としての実用化は意外と早かった。深まりゆく戦時体制の下で日本でも軍事目的の飛行場が必要となり、この地方では名古屋の北部郊外に旧陸軍の小牧飛行場が1944（昭和19）年に建設された。当時、名古屋は国内でも有数の軍需都市としての道を歩んでおり、名古屋港に近い南部や中央線沿いの北東部を中心に多数の軍需工場が集積していた。このためアメリカ軍による空襲被害が甚大で、敗戦後はほとんどゼロからの復興を余儀なくされた。戦後、小牧飛行場は米軍の管理下におかれ、1953（昭和28）年に返還されるまで日本は利用を許されなかった。

3 ▶ 大規模化とともに進んだ名古屋駅の拠点性強化

[1] 新生・名古屋駅の進化を支えた企業集積

現在のJR名古屋駅の建物床面積が世界一であることは、ギネスブックにその記録が掲載されている通りである。この巨大さは今にはじまったことではなく、1937（昭和12）年に2代目の名古屋駅が建設された時期にまでさかのぼることができる。当時、「東洋一の広さ」をもった駅として名古屋駅は胸を張っていた。1937年は近代という時代において名古屋が都市としてもっとも輝いていたときであり、東山動物園の開園や汎太平洋平和博覧会の開催など、近代化の成果を内外に誇るイベントに市は沸いていた。新名古屋駅からまっすぐ延びる大通り（桜通り）や駅前通りが整備され、名古屋駅は名古屋における近代的なゲートウェイとしての地位を確立した。以後、駅前東側のこの一帯が都心（広小路・栄・南大津通）とともに一等地として認知されるようになり、それは現在まで続いている（林、2013）。

米軍の執拗な空襲にもかかわらず、堅牢なコンクリート造りの名古屋駅は焼失を免れた。敗戦後も名古屋駅は利用され続け、ますます結節性を強めていった。戦前末期に2つの有力な私鉄が合併して名古屋鉄道が誕生したさい、

双方の始発駅は一緒になり名古屋駅（正確には名鉄新名古屋駅）に統一された。戦後、名古屋で初めての地下鉄が開業したさいにも、当然のことながら、名古屋駅は最大の乗換駅になった。戦前からの路面電車網やバス網も復活し、いずれも名古屋駅を主な起終点とした。こうした結節性の高まりが駅前に商業・サービス業やビジネスを引きつけるようになった。とりわけ名古屋駅前が東京、大阪に本社をおく大企業の営業や管理の拠点として選ばれたことが大きかった。全国的な交通利便性にもっとも敏感な企業が競うようにして集まってきた。

　1964（昭和39）年の東京オリンピックに間に合うように突貫工事で完成した東海道新幹線が開通したとき、名古屋の支店機能は東京に吸い上げられるといわれた。いわゆるストロー効果を予測したうえでの「名古屋空中分解説」であったが、その後の歴史は、この予測が外れたことを示している。たしかに1980年代に顕在化した東京一極集中化によって名古屋から企業が流出する動きはあった。しかし、本来ならもっと多く流出したかもしれない部分を地元に止めるか、あるいは逆に呼び込む動きが同時に生まれた。その原動力になったのは名古屋とその周辺に展開する製造業であり、ここでの生産力が経済を押し上げ、製造業以外の産業の集積をも促した。

[2] JR名古屋駅の誕生と名古屋駅前の拠点性強化

　巨大駅として建設された名古屋駅のDNAはJR東海によって引き継がれ、既述のようにJR名古屋駅として結実した。実は1985（昭和60）年に国鉄が民営化されるさい、本州の路線は東と西に二分割して経営されるはずであった。しかしこの案はその後変更され、名古屋鉄道管理局のあった名古屋駅を本社とするJR東海が誕生した。JR東海は東海道新幹線を稼ぎ頭として鉄道事業を成功させたが、事業収入は鉄道に限らず多角的に広げた事業からも生まれた。中でも大きいのは、本社を兼ねて建設したJR名古屋駅ビルからのテナント収入である。オフィス棟とホテル棟からなるツインタワーは建設当時、当地方ではもっとも背の高いビルとして新名所になった。ツインタワーを支える中央部分には関西資本の百貨店が誘致されて入り、JR東海との

II まちのちから・まちのかお

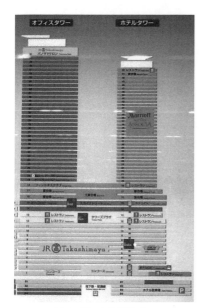

図3　新・名古屋駅ビル
出典：JR セントラルタワーズの案内表示板による。

共同経営を開始した（図3、4）。

この百貨店がJR名古屋駅に進出する以前から、駅周辺には地元資本の百貨店があった。その頃は名古屋駅前ではなく、むしろここから東へ2km離れた栄地区が市内随一の繁華街であり、複数の百貨店が栄に集結していた。ところが、名古屋駅の百貨店が売上を伸ばし始め、力の均衡が崩れた。背景にはJR東海による鉄道高速化とサービス向上があり、岐阜、四日市、豊橋などJR東海の在来線で名古屋駅へ出かけられる近在の中規模都市からの消費者吸引に成功した。JR東海は競合する私鉄路線に対して所要時間と運賃で差別化を行い、鉄道と百貨店の2つの部門で多くの収入を得ることに成功した。百貨店はJR名古屋駅でアンカーショップ、アンカーストアとしての役割を果たし、名古屋市の内外から多くの購買客を集めた。購買客は同じ駅ビル内の専門店や飲食店にも立ち寄り、ショッピングを楽しむようになった。

JR東海のテナント収入は百貨店や専門店・飲食店以外に、オフィスに入居した企業からも入ってくる。駅前のビルに入居して支店や営業所の機能を果たす企業は以前からあった。ところが駅ビル本体にスペースを確保して業務を行う企業は、これまでほとんどなかった。駅直上という究極のアクセシビリティを売りにしたJR東海のビル開発事業は見事に成功した。これほど便利な場所はほかにはなく、案の定、ツインタワーのフロアーは完成と同時に埋まった。これにより、都心部にある既存のオフィスビルからテナントの流出が起こり、一種の玉突き現象が見られた。JR名古屋駅は近隣のオフィスビルの建て替えを刺激し、その後、あいついで高層ビルが建設された。豊

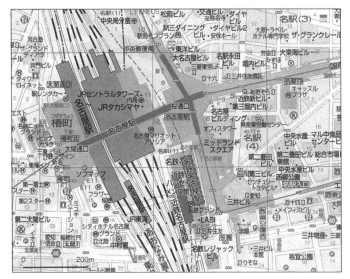

図4 名古屋駅周辺のビル配置
出典：HOTPEPPER 名古屋版、2012、October、p.174、206 をもとに作成。

田市に本社を置く国際的な自動車会社とそのグループ企業は、駅前の隣り合う2つのビルの敷地を一体化した場所に高層ビルを建設してオフィスを構えた。(写真1)

一般に建物建設には周期性があり、1950年代前後に建設された名古屋駅前のビル群は更新の時期を迎えていた。しかし、いくら更新時期を迎えても、テナント収入が見込めるビジネス環境でなければビルの建て替えはできない。栄地区でさえ高層ビルを建設する動きはほとんどない。そのような中にあって名古屋駅前のみにおいて、ビル建設を進め

写真1 セントラルタワーズ（左）とミッドランドスクエア（右）

る動きがある。背景には 2027 年に完成予定のリニア中央新幹線の開業がある。名古屋駅は空のゲートウェイ・セントレアとは電車で 30 分の距離にあり、あおなみ線で名古屋港金城ふ頭とも結ばれるようになった。交通利便性でこれ以上恵まれた場所は名古屋圏ではほかには見当たらない。

4 ▶ 地元産業の発展とともに歩む名古屋港と近年の変化

[1] 国際経済や産業構造の変化の影響を受けて変わる名古屋港

遠浅という不利な地形条件を乗り越えて建設された名古屋港は、戦後は加工貿易体制推進のためのインフラとして大いにその役割を果たした。戦前だ

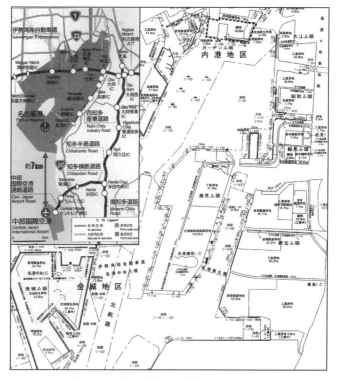

図5　名古屋港中央部と中部国際空港との位置関係
出典：名古屋港管理組合、2013 年「Port of Nagoya 2013-2014」をもとに作成。

けでも5度にわたって行われた港湾の増設事業は、戦後も引き続いて実施された。しだいに貨物の積み換えを行う場所が中央ふ頭（ガーデンふ頭）から遠ざかるようになった（図5）。海外と直接つながる港湾の機能革新は世界経済の発展とともに進む。船舶の大型化が進めば、バースを長くしたり水深を深くしたりしなければならない。コンテナ輸送の普及にともない、ガントリークレーンの導入も進んだ。（写真2）基本は港湾業務をいかに効率化し、またいかに速く貨物の積み換えを行うかである。こうした課題をクリアするために港湾設備の更新が繰り返し行われたが、そのたびに国際港湾に特有な風情や雰囲気は失われていった。

国際港湾は、世界経済や国内産業の構造的変化の影響も受ける。先進国経済がサービス経済化したり、製造業の海外流出が進んだりすれば、輸出貨物は少なくなる。かわって製品の輸入が多くなり、港湾の内部構造も変化する。名古屋港の場合、

写真2　飛島ふ頭南側コンテナターミナル
写真提供：名古屋港管理組合

輸出貨物に占める自動車と自動車部品の割合が高まってきた。自動車部品の輸出が増えたのは、自動車メーカーによる海外生産の増加に対応するためである。一方、輸入では中国、韓国、台湾などから衣料・雑貨品が大量に送り込まれるようになった。ふ頭を輸出・輸入別、あるいは相手先方面別に分ける傾向もはっきりしてきた。とくに顕著なのは、木材専用ふ頭を縮小し、ロジスティクス企業用地に転換する動きである。伊勢湾台風で大きな被害をもたらした輸入木材の専用ふ頭が港湾西部に設けられたが、輸出国の資源保護政策のため原木状態による輸入は大幅に減少した。

港湾発祥の地が本来の港湾機能を失っていくのは世界の主要港湾に共通し

ている。これは鉄道の駅舎を新しい場所で建て替えたり、新空港を設けたりするのと同じである。港湾の場合は、元の雰囲気を残したり、新しい要素を加えたりすることによって再生するのが主流である。名古屋港では港湾発祥地のガーデンふ頭にポートビルを建設したのが、そのきっかけであった。横浜港や神戸港などとは違い、名古屋港は都心部から10km以上も離れた場所にあり、実際に港湾業務が行われている現場はさらにその数km先である。おのずと港湾は市民の目から遠ざかり、縁遠いものになる。ほとんど入船のないガーデンふ頭では魅力がない。せめて帆船の姿を摸してデザインしたポートビルで人々の港に対する思いを繋ぎとめようという意図であった。

[2] 各種交流施設の立地が進む名古屋港のふ頭地区

　ガーデンふ頭は名古屋港の中でも、もっとも多くの人々が集まる地区である。それは、ポートビルの建設以降も名古屋港水族館、名古屋海洋博物館、南極観測船富士の係留地、関連する商業・サービス業施設がこの地区一帯に設けられたからである。名古屋港水族館では珍しいカメの飼育が行われており、シャチやイルカのショーを観るために市内外から観光客が訪れている。南極観測船富士は18年間の役目を終え、名古屋港に永久係留されることになった。名古屋海洋博物館の「生きた教材」として観測船の実態や南極観測の意義を学ぶことができる。

　ガーデンふ頭とともに一般の人が立ち入ることができるふ頭が、1990年に埋立が完了した金城ふ頭である。このふ頭は各種大型船が接岸する商港機能のほかに、近年は交流拠点としての整備が進んだ結果、コンベンションや博物館の機能も果たすようになった（写真3）。コンベンションは見本市や各種イベントが催される名古屋国際展示場（ポートメッセなごや）であり、あおなみ線の金城ふ頭駅から至近距離にある。博物館は東海道新幹線を中心に、在来線から超電導リニアまでの車両を展示・公開するためにJR東海が建設した鉄道博物館（リニア・鉄道館）である。これらの施設以外にフットサルの野外コート・屋内アリーナ、ゲストハウスウェディング（結婚式場）などもあり、さらに大型のテーマパーク（レゴランド）建設も予定されている。

ゲートウェイの形成過程と都市構造

写真3　金城ふ頭全景
写真提供：名古屋港管理組合

　名古屋港は陸域面積が国内でもっとも広い港湾である。これは、単独自治体からなる東京、横浜、大阪、神戸などの港湾とは異なり、名古屋市以外の東海、知多、弥富、飛島の4市村の臨海部も含む港湾だからである。面積がもっとも広い名古屋市部分が港湾の中心を占めるが、東海市や知多市には地元の産業を支える大規模な製鉄工場やエネルギー貯蔵基地がある。弥富市や飛島村に属するふ頭は比較的新しく、設備は最新鋭である。名古屋港は港内に高速道路のインターチェンジがある全国的にもめずらしい港湾としても知られる。これは名古屋港の中央付近を東西方向に伊勢湾岸自動車道が走行しており、これと港湾がつながっているからである。

5 ▶ 国際的なゲートウェイ空港の立地と経営戦略の新しさ

[1] 限界に近づいた内陸空港から海上空港への移行

　1953（昭和28）年に米軍の管理から日本側に引き渡された名古屋空港（旧小牧飛行場）は、民間会社と自衛隊が共用する空港として再出発した。日本経済の発展にともなって国民の所得が増え、名古屋空港から海外へ旅行に出かける人々も現れるようになった。離着陸する航空機の増大とともに空港周辺の騒音問題が深刻化し、その対策に行政は頭を悩ませた。空港の敷地は複数の自治体にまたがっていたが、敷地に含まれない名古屋市北部でも離着陸時の騒音は住民を苦しめた。空港の敷地内では自衛隊機や民間機の事故も起こり、危険な空港、限界に近い空港という認識が地域全体で共有されるよう

Ⅱ まちのちから・まちのかお

になった

　名古屋空港に代わる新空港すなわち中部国際空港が、常滑市の沖合2 kmの海上に人工島を設けて建設されることになった。この場所に決まるまでの経緯は複雑であり、巨大プロジェクトの実施場所が簡単には決まらないことをよく物語っている。基本的に重視すべきは、先行する東西2つの国際空港が残した教訓をよく踏まえ、歴史的評価に耐えられる空港位置の決定でなければならないという点であった。先行事例は空港用地の買収と大都市からの利便性の点で課題を抱えた。そこで中部国際空港では、大都市名古屋に比較的近い伊勢湾最奥部の海上に候補地を求めた。利害関係にある愛知、岐阜、三重の3県、それに名古屋市がそれぞれ希望する空港位置は当初違っていたが、世論の動向や政治的駆け引きの結果、愛知県が主導する常滑沖で決着することになった。

[2] 既存の空港概念をくつがえすセントレアの経営戦略

　セントラル・エアーつまり中部の空港として2005（平成17）年に供用を開始したセントレアは、滑り出しはきわめて好調であった（図6）。背景には先行する2つの国際空港からの教訓があり、民間主導の空港としていかに利用者の心を引きつけるかに腐心したことが功を奏した。国営でもなく半官半民の第三セクターによる経営でもない、純然たる民間経営の空港としてスタートした。空港会社の社長として、地元企業から今や日本一の大企業となった自動車メー

図6　常滑市沖のセントレア（中部国際空港）
出典：常滑市観光協会作成のパンフレット

カーの役員が送り込まれた。無駄のない効率的な生産や素早く需要に応える柔軟な生産で知られるこの企業のノウハウが空港経営でも遺憾なく発揮された。

　民営セントレアは、移動目的の空港利用者ばかりでなく、空港見学者や空港で買い物をする人々をも呼び寄せた。ターミナルビルの中に飲食・サービスや買い物が楽しめる施設を多く集める戦略がうまくいったからである。これはJR東海がセントラルタワーズで展開している戦略と基本的に同じである。移動のための乗り換えという本来の目的とは別の目的、すなわちショッピングやレジャー・交流を目的とした施設をターミナルビルの中に配置したのである。「レンガ通り」や「ちょうちん横町」という洒落たネーミングが、空港内とは思えないような空間演出に生かされている。航空機が離着陸する様子が眺められる展望浴場、結婚式や各種イベント・会合などのできるスペースも整えられており、これまでの空港概念を大きく超えている。

[3] 国際的に高い空港評価と伸び悩む貨物輸送のジレンマ

　幸先よく滑り出したセントレアではあったが、開港3年後の2008（平成20）年にリーマンショックの影響を受けてスタート時の勢いを失った。予想されたとはいえ、愛知万博終了後は利用者数が伸び悩み、乗り入れていた路線を引き揚げる航空会社も現れた。国内便の利用が予想を下回った原因のひとつは、セントレアの開港で縮小するはずであった旧名古屋空港が愛知県営空港に生まれ変わり、地方路線の利用者を奪ったことである。自衛隊と共同で利用してきた元の空港から民間機が撤退すれば、自衛隊専用の空港になるかもしれない。こうした事態になること恐れた地元自治体の要請を受け、元の空港は存続した。

　国際線に搭乗するとわかるが、セントレアはNAGOYA Airportと呼ばれている。かつての名古屋空港や県営名古屋空港を知る者からすると誤解を招きやすい呼び方であるが、CENTRAIRでは国際的に通用しにくい。呼び方はともかく、セントレアの国際的評価はすこぶる高い。これは毎年実施されている国際空港のサービス評価でセントレアが高い得点を得ていることから

明らかである。アジアの経済発展に支えられてアジア各地の国際空港は広いスペースと洗練された設備を揃え、多くの空港利用者から高い評価を得ている。そうした中にあって、年間利用者が1,000～1,500万人クラスで、セントレアは世界一の空港という評価を連続して獲得している。評価は多面的に行われ、利用者の生の印象や感想がそのまま反映されている。設備面の機能性や利便性だけでなく、空港で働く職員・スタッフ・ボランティアなどから受ける接客サービスが多くの利用者から支持されている。

　セントレアには旅客以外に貨物を取り扱う部分があり、空港を総合的に評価しようと思うなら、この面にも目を向ける必要がある。セントレアの開港後、関西国際空港では第2滑走路が完成したため24時間、航空機の離着陸が可能になった。時間に関係なく航空機が利用できることは、旅客ばかりでなく貨物の国際輸送でも利点が大きい。一方の成田国際空港では経営組織が民営化され、成田エクスプレスの開業で利便性が向上した。広大な首都圏市場を背景に貨物の取扱量も多く、2011（平成23）年に名古屋港に抜かれるまでは、全国一の貨物取扱量を維持してきた。こうした中にあってセントレアの貨物輸送部門は苦戦を強いられている。中部の空港として建設されたにもかかわらず、本来なら背後圏と考えてよい地域の貨物も成田国際空港や関西国際空港に向かっている。

6 ► 魅力あるゲートウェイ空間をめざして

　JR名古屋駅、名古屋港、中部国際空港にはいくつかの共通点がある。第1は中部や名古屋圏を代表する交通結節点すなわちゲートウェイの機能をもっているという点である。第2は、本来の交通機能以外に、商業・サービス業など別の機能を兼ね備えている点。そして第3は、地域を代表する結節点として機能的な結びつきを強めようとしている点である。いうまでもなく、ゲートウェイそれ自体が自らの振る舞いを決めることはない。すべては人間が、とくにこの場合は企業、団体、家計、個人がある目的をもって交通結節点と関わり、その機能や形態を決めている。資本主義社会では市場取引がその根底にあり、取引される商品やサービスに魅力があれば、取引空間は質の

高いものになる。魅力ある都市空間はこのようにして実現されていく。
　中部地方や名古屋圏を代表する3つのゲートウェイは都市構造の中にしっかりと埋め込まれており、全国的、国際的移動を求める企業や個人の要望に応えるべく、その機能を果たしてきた。この地域で暮らす多くの人々が直接的、間接的に関わる交通結節点であり、また、この地域を訪問したり経済的な取引を行ったりするさいに必ずくぐる関門・ゲートウェイであるがゆえに、魅力的な都市空間としてさらに発展していくことが望まれる。

（林　上）

【引用文献】
1) 名古屋市地下鉄振興株式会社編『百年前の名古屋』名古屋市地下鉄振興株式会社、1989
2) 林　上『近代都市の交通と地域発展』 大明堂、1997
3) 林　上「大都市主要鉄道駅の進化・発展と都市構造の変化 ―名古屋駅を事例として―」
　 日本都市学会年報　第46巻　pp.33-42、2013

II まちのちから・まちのかお

中部地域の産業クラスター
～自動車産業と航空宇宙産業～

1 ▶ はじめに

　中部地域（富山県、石川県、福井県、長野県、岐阜県、静岡県、愛知県、三重県、滋賀県）は、日本の中でも製造業の厚い集積を有する地域であり、工業統計表で最近における製造業の状況を見ると、中部地域の全国シェアは事業所数で25.5％、従業者数で28.7％、製造品出荷額等で30.5％となっている。その中でもとりわけ東海4県（岐阜、静岡、愛知、三重）を見ると、事業所数は17.8％にしか過ぎないが、従業者で20.6％、製造品出荷額で23.7％となっており、事業所数、従業者数のシェアと比較して相対的に大きな製造品出荷額になっていることがわかる（表1参照）。

表1　全国と中部地域の製造業の現況

	事業所数	従業者数	製造品出荷額等
全国	224,403	7,663,847人	28,910,768百万円
中部地域	57,125	2,203,048人	8,831,321百万円
対全国シェア（％）	25.5％	28.7％	30.5％
東海4県	40,043	1,582,511人	6,859,619百万円
対全国シェア（％）	17.8％	20.6％	23.7％

（出所）経済産業省「2010年（平成22年）工業統計表」（2012年7月公表）

　こうした中部圏の厚い製造業の集積の中でも、この章では特に自動車産業クラスターと航空宇宙産業クラスターについて取り上げる。その理由は、第一に両産業ともこの地域における集積が全国的に見ても一番厚いからであ

中部地域の産業クラスター ～自動車産業と航空宇宙産業～

る。とりわけ自動車産業は裾野の広い分野であり、これまで東海地域における自動車産業の集積が、日本の産業発展を牽引してきたといっても過言ではない。また、航空宇宙産業については、第一にこれから日本の経済発展を牽引していくべき産業として期待されていること、第二に自動車産業は、リーマンショックに見られるように世界経済の好不況の影響を受けやすい分野であるが、航空宇宙産業は、自動車産業の影響を受けにくい分野であり、この地域における産業構造の多角化を図るためにも重要な産業だからである。このことは、愛知県の産業連関表を使用した分析で、自動車産業の最終需要が減少した場合、プラスチック、鉄鋼などの素材産業はじめ他の部品・機械産業、サービス産業にいたるほとんどの産業に大きな影響を及ぼすが、航空機産業にはほとんど影響がないことが示されている[1]。

地域経済研究の中では、これまでも産業集積に関する様々な先行研究があり、その地域における産業集積がその地域の経済発展に寄与するという結果が示されてきている[2]。筆者も1990年代の半ばから産業集積とりわけ産業クラスターについて研究を進めてきたが、最近では単なる産業集積ではなく、産業クラスターの形成と地域経済の発展を結び付ける研究が多くみられる。代表例としては、マイケル・E・ポーター[3]の「産業クラスター」に基づく議論があり、国内でも山﨑朗（2002）や石倉他（2003）がある。また、東海地域の産業クラスターについては、筆者も共同執筆者となっている多和田・家森（2005）などの研究もある。

従来からの産業集積という概念と産業クラスターを混同したような議論がみられることもあるが、「地域の経済2003」[4]では、「単なる産業集積」と「イノベーションを促進するための産業集積」を区別し、後者を産業クラスターと呼んでいる。その意味では、東海地域の自動車産業の集積や航空宇宙産業の集積は、この地域のイノベーションを促進するタイプの産業集積であるといえる。

2 ▶ 自動車産業クラスターの現状と展開方向

[1] 自動車産業クラスターの現状

　自動車産業の集積については、藤原（2007）が、「自動車産業集積とは、自動車組立メーカーや部品メーカー、素材メーカー、関連サービス企業等の企業群が空間的に近接・集中し、結果として自動車産業がある地域の中心的生産活動となっている状態」と定義しているが、東海地域には、トヨタ自動車（豊田市、田原市他）を中心として三菱自動車（岡崎市）やホンダ（浜松市、鈴鹿市など）、スズキ（浜松市、湖西市、豊川市他）などの生産拠点と、それらに対するサプライヤーとして部品・素材メーカーがあり、厚い集積を誇っている。このため、地域における産業の集積度を表す地域特化係数で見ると、愛知県、静岡県、三重県での集積が高くなっている（表2参照）。

表2　自動車産業における地域特化係数（1以上）

都道府県名	地域特化係数
愛知県	3.123
群馬県	1.968
静岡県	1.892
三重県	1.779
広島県	1.659
栃木県	1.213
神奈川県	1.210
岡山県	1.096

（出所）経済産業省が平成24年7月に公表した「平成22年工業統計」を元に筆者が計算し作成。（小数第4位で四捨五入。）ここで、自動車産業は、「自動車製造業（二輪車を含む）」、「自動車車体・付随車製造業」、「自動車部分品・付属品製造業」。

　地域特化係数（Location Quotient）は、$LQ_{ir} = (E_{ir}/E_r)/(E_{in}/E_n)$ で表され、$1 < LQ_{ir}$ であれば集積度大、$1 > LQ_{ir}$ であれば集積度小とされている。

　　E(ir)：地域rにおける産業部門iの就業者数
　　E(r)　：地域rにおける総就業者数
　　E(in)：全国レベルにおける産業部門iにおける就業者数
　　E(n)　：全国レベルにおける総就業者数

　地域特化係数の計算は、山本（2011）が、航空機産業の地域特化係数を算出し図表化しているが、ここでは2012年に公表された2010年ベースの工業

統計表をもとに筆者が算出した（次節の航空機産業の地域特化係数も同様）。

　自動車産業については、1985年のプラザ合意以降、グローバル化が進展して北米や欧州の生産拠点での生産が拡大したが、近年では途上国における生産拠点の拡大も進んでおり、国内での生産機能をいかに維持していくかが課題となっている。日本自動車工業会の調べ[5]では、自動車関連就業人口は547万人で、わが国の全就業人口6,311万人のうちの約8.7％を占めている。その内訳は、製造部門で785千人、運送業などの利用部門で2,810千人、ガソリンステーションなどの関連部門で409千人、鉄鋼、プラスチックなどの資材部門で376千人、販売・整備部門で1,085千人となっている。これだけの大きな就業人口が自動車産業に関わっているが、普及状況から見ると日本の自動車市場はすでに飽和状態にあり、また、海外での生産が増えていることから、国内の生産台数も1992年の13,487千台をピークに減少しており、2010〜2013年においては概ね9,000千台で推移している。このように、国内市場としては人口減少社会に入っていることから、通常の買い替え需要が中心であれば、大きな伸びは見込めなくなっている。

　こうした中で、トヨタ自動車では「中小の素材産業や職人の技能を守るには80年代から続く300万台程度の生産が必要」、「『トヨタ生産方式』発展させるための高い技術を持つ職人の確保、重厚な部品調達網などの維持が『競争の源泉』」という考え方[6]もあり、大きな環境変化がない限り現状の維持は可能であろうと考えられる。自動車産業の集積を有するこの地域の都市は、法人・個人を通じた租税収入や雇用などの面で大きく依存していることもあり、自動車産業クラスターの盛衰は、これらの都市にも大きな影響を与える。

［2］自動車産業クラスターの展開方向

　一方で今後を展望すると新たな展開も見られる。とりわけ途上国の経済発展に伴い、自動車の普及拡大が進む一方で、先進国を中心により厳しい環境基準に適合した次世代自動車の普及拡大が図られている。トヨタ自動車が1997年に製造・発売を開始した世界初の量産型ハイブリッド車プリウス（PRIUS）も、今年（2014年）には4代目が発売される予定であり、現在93

カ国で発売されているが、次世代自動車の普及率は、先進国でさえそれほど進んでいない。

　こうした中で、政府は2010年に「次世代自動車戦略2010」を策定し、普及目標として、2020年までに従来車を50〜80%、次世代車（ハイブリッド自動車、電気自動車、プラグイン・ハイブリッド車、燃料電池自動車、クリーンディーゼル自動車）20〜50%、2030年には従来車を30〜50%、次世代自動車を50〜70%にするとしている[7]。日本における次世代自動車の普及状況については、一般社団法人次世代自動車振興センターの推計によれば、2010年には1,427,800台（うち電気自動車9,400台、ハイブリッド車1,418,400台）であったものが、2012年には2,908,100台（うち電気自動車56,000台、ハイブリッド車2,852,000台）となっており、急速に普及が進んでいる。さらに本年（2014年）末には、トヨタ自動車が、水素を燃料にし、水しか排出しない燃料電池車（FCV）を販売用として発売する予定であり、ホンダも2015年には投入予定である。政府も2025年には量産効果で、現在のハイブリッド車並の価格で購入できるようにすることを視野に入れて、すでに購入に対する補助を検討している[8]。

　しかしながら、こうした次世代自動車、とりわけ電気自動車や燃料電池車の普及に向けては、電気・水素などの燃料を充填するインフラの普及が未だ進んでいない面もあることから、こうしたインフラの整備が喫緊の課題である。自動車メーカーとエネルギー関連企業によって2001年3月に設立された「燃料電池実用化推進協議会（FCCJ：Fuel Cell Commercialization Conference of Japan）」では、すでに2010年3月に「FCVと水素ステーションの普及に向けたシナリオ」を発表している。このシナリオでは、2015年からFCVの一般ユーザーへの普及開始を目標としており、東京、名古屋、大阪、福岡の4大都市圏を中心として、インフラ整備を進めていくものとしている。民間等におけるこうした動きを受けて、積極的に水素ステーションの整備を図ろうとする自治体も出てきている[9]が、今後、必要不可欠な都市インフラとして、都市自治体を中心とする積極的な支援が望まれる。

3 ▶ 航空宇宙産業クラスターの現状と展開方向

[1] 航空宇宙産業における集積の経緯と現状

　航空宇宙産業（本来、「航空宇宙産業」には、ロケットなどの宇宙産業や軍用航空機も含まれるが、ここでは分析の都合上民間航空機を中心に扱う）については、東海地域に三菱重工業や川崎重工業、富士重工業といった三大メーカーをはじめとして、関連企業が多く立地している。中部経済産業局管内（愛知県、岐阜県、三重県、富山県、石川県）における航空宇宙産業の集積の状況は、2013年の生産額で見ると、航空機・部品（航空機、機体部品・付属機器、発動機その他）で全国シェアの51.6％、航空機体部品（航空機・部品のうち機体部品のみ）で全国シェアの76.1％となっている[10]。2010年の製造品出荷額等で比較すると、自動車産業の生産規模は472,961億円であるのに対して、航空機産業の生産規模は12,625億円であり約37分の1である。

　しかしながら、現在、この地域の行政・産業界は、この地域の産業構造を自動車産業を中心に裾野が広がる単鋒の富士山型から、環境産業などの新しい産業分野も含めて多様な産業が存在する八ヶ岳型へと転換することを目指しており、航空宇宙産業の展開はその目標の一つである[11]。航空宇宙産業の生産規模は現状では自動車産業と比較してそれほど大きくはなく、産業波及効果も70分の1程度しかないが、技術波及効果は3倍以上という試算もあり[12]、航空宇宙産業の振興を図ることは、間接的に他の産業の発展にもつながるため非常に重要な産業であると考えられる。

　現在この地域に航空宇宙産業の集積があるのは、1917年に東京砲兵工廠熱田兵器製造所が、モ式四型飛行機の生産を始めたことがその嚆矢となっている[13][14]。以来約100年の歴史があり、筆者は以前にこの100年の流れを、①航空機産業の草創期、②戦時期、③戦後から1980年代後半まで、④航空宇宙産業クラスターの形成（1989年～現在）の4期に区分してまとめたことがある[15]。ここでは④以降の流れについて簡単に紹介する。

　1989年は「中部航空宇宙産業技術振興協議会（任意団体）」が設立され、「中部エアロスペース・テクノロジー構想」[16]が公表された年であり、この構想

を契機として東海地域の産学行政の連携によりこの地域の航空宇宙産業の集積が図られていくこととなった。現在、この構想が公表されてから20年以上経過し、この間、中部国際空港の開港やMRJ（三菱リージョナルジェット）の事業化の決定、JAXA飛行実験場の県営空港近くでの事業開始などがあった。当時と比べて集積を進めていく方向性は変化していないが、この20年間で、実際の施策方向は変更されており、現在の生産の大きな流れとしては2つある。1つは「ボーイング787」の部品製造であり、もう1つは「MRJ（三菱リージョナルジェット）」の開発・製造である。とりわけMRJは、YS-11以降、なかなか国産機の開発が進まなかったことから、久しぶりの国産機としての期待が高まっており、787及びMRJの開発経緯等については、既にいくつかの文献が出版されている[17]。

　最終製品に必要な部品数を比較すると、自動車が約3万点、航空機が約300万点といわれるが、航空機産業の場合、必要な部品数の多さ以上にサプライヤーの構造も複雑であり、ボーイング社のような機体全体をまとめる完成機メーカーを頂点に、1千社以上が関与して何層にもわたる複雑なピラミッド構造を有しているため、末端の企業まで把握することは容易ではない状況である。この状況について、中村（2012）は「航空機のプログラムごとに、機体全体をまとめ上げる完成機メーカーを頂点に、通常1,000社以上が関与して何層にもなったピラミッド構造を形成している業界である。単純にこれらのメーカーを層別すれば、「機体メーカー」、「推進機関メーカー（エンジンメーカー、プロペラメーカー）」、「装備品（システム、装置、機器）メーカー」、「部品メーカー」、「材料メーカー」に分類されるが、実際の中身は、供給形態も含めてなかなか複雑である。」と述べている[18]。

　自動車産業の場合と同様、航空機産業の地域特化係数を見ると、岐阜県の係数が非常に高く、愛知県、三重県でも高くなっている。自動車産業と比較すると、航空機産業における係数の方が相対的に高く、とりわけ岐阜県で高くなっている。岐阜県がとりわけ高い理由としては、愛知県の場合、自動車産業の集積度も高いのに比して、岐阜県では自動車産業の集積があまり高くないことから、相対的に高くなったものと考えられる（表3参照）。

このように集積度が高い岐阜県では、各務原市を中心として、川崎重工業のサプライヤーで構成される「川崎岐阜協同組合」加盟の企業が立地していることがあげられる。この組合は、昭和26年に設立され2010年末現在で31社の企業が会員である。このうち25社が航空機に関わっているが、その実態を見ると直接航空機部品を製造する企業もあれば、間接的に部品に必要な素材、工具を供給している企業もある[19]。

表3 航空機産業における地域特化係数（1以上）

都道府県名	地域特化係数
岐阜県	6.325
東京都	4.652
栃木県	3.251
愛知県	2.573
神奈川県	1.619
福島県	1.497
三重県	1.430
兵庫県	1.285

（出所）表2に同じ。航空機産業は、「航空機製造業」、「航空機用原動機製造業」、「その他の航空機部分品・補助装置製造業」。

航空機の場合、最終的に機体の組み立てを行うメーカー以外に、主要部品である「機体」、「推進機関（エンジン、プロペラ等）」、「装備品（システム、装置、機器等）」、とそれらを構成する「部品」、「材料」等のメーカーに分類できるが、1社で分類の異なる複数の部品を作っているメーカーもあり、分類は難しい。また、航空機産業の性質上（個人向け消費財ではなくまた耐用年数が長いことなど）、その企業がどのような形で関わるにせよ需要の波が長いことやロット数が少ないことから、航空機部品単独ではなく、他の製品の部品を並行して製造している企業が多い。このため既存の統計等から製造の実態が把握しにくいのが現状である。

2013年2月の帝国データバンクの調査結果[20]では、航空機関連の国内4大メーカー（完成機体メーカーとの取引関係で、直接の取引関係にあるメーカーを「Tier1（ティア1）」、完成機体メーカーから見て、孫の関係にある取引メーカーを「Tier2（ティア2）」と呼ぶ。ここではボーイング社等の完成機メーカーに対してTier1）のうち、ＩＨＩを除いた三菱重工、川崎重工、富士重工の3社は、東海地域に航空宇宙関連の主要工場を立地させているが、この4大メーカー以外の主要部品メーカー（この場合Tier2）は国内に195

社あり、うち「航空機部品製造」で169社、「航空機エンジン製造」で26社ある。195社のうち65社は東海三県に立地し（愛知県32社、岐阜県32社、三重県2社）、全国の33％を占めている。これら部品製造企業の下請けメーカー（Tier3）は、「下位部品・素材製造」が745社あるが、このうち東海三県での立地は116社（愛知68社、岐阜37社、三重11社）で、全国の15％を占めている。これらのデータから東海3県では、Tier1からTier2までの集積は高いが、Tier3ではそれほど高くないことがわかる。Tier4以下の企業の状況は不明であるが、Tier2からTier3までの企業数だけで見る限り自動車産業のようなピラミッド型の構造になっていない。B787の場合は最終的にTier1に集約された航空機の部位はドリームリフター（B747を改良した世界最大級の運搬用輸送機）等により、中部国際空港からアメリカワシントン州の組み立て工場に運ばれているが、多くの主要部位をこの地域で製造していることから、将来的にはMRJのように最終組み立てもこの地域でできるようにすることが理想であり、Tier3以下の企業の参入・育成を図ることも重要な課題である。

[2] 航空宇宙産業クラスターの展望

　航空機産業については、アメリカのボーイング社やマグダネル・ダグラス社、EUを本拠とするエアバス社による寡占的な状況になっているが、これらの大企業でも新機種の設計・開発には膨大な費用と時間を要し、開発リスクが高いことから、単独では新機種の開発は困難なため、早くから「国際下請制度」や「国際共同開発」というグローバルなネットワーク下での開発・生産が進められてきた[21]。

　1980年代から2000年以降にかけては、デジタル化・モジュール化を背景として、図1のように産業構造が大きく変化している。ボーイング社やエアバス社のような機体メーカーは、従来、システムインテグレーダーとしてピラミッドの頂点にいたが、その後、エンジンなどコア技術は確保しながら、その他の部品はモジュール単位で外注することで、国内・海外の優れた技術や生産基盤を取り込むようになった。

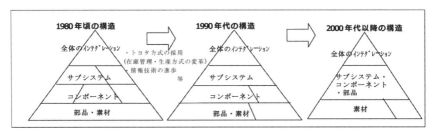

図1　モジュール化による航空機会社とサプライヤーの構造変化
（出所）経済産業省「2012年版モノづくり白書」から筆者抜粋

　こうしたデジタル化・モジュール化の流れは、サプライヤー同士でのM&Aを加速させ、サプライヤーが巨大化しシステムインテグレーダーとしての能力を兼ね備えるようになってきており[22]、そうしたシステムイングレーダーの位置を占めつつあるのが日本の航空機メーカーといえる。

　一方で、航空機産業の場合は、自動車産業以上にサプライヤー関係がグローバルかつ複雑であること、また、部品点数の多さや技術レベルも高度であること、さらに企業秘密の部分も多いことから、産業クラスター内のサプライチェインの分析については、困難な側面もある。合田・浅井（1998）では川崎重工業岐阜工場の事例を分析しているが、ボーイング787やMRJの生産が中心となっている現在では、サプライチェーンのグローバル化が進みさらに複雑化している。

　今後の航空機市場の展望としては、2013年末と比較して20年後の2033年には、「ロードファクターの増加、機材の大型化および経済性の良い新型機の導入や整備作業の効率化による機材の生産性向上もあり、運行機材は1.9倍の36,769機に増加する」ものと予測されており[23]、今後20年間の伸びが期待されていることから、民間企業の取り組みと合わせた適切な政策誘導により、集積を高めて行くことが重要である。

[3]　アジアNo.1航空宇宙産業クラスター形成特区」について

　政府は、この地域における航空宇宙産業クラスターの集積を一層高めるた

め、2011 年 12 月に「アジア No.1 航空宇宙産業クラスター形成特区」を設定した[24]。この目標は「アジア最大・最強の航空中産業クラスターを形成する」ことであり、具体的には、①材料を含む研究開発から設計・開発、飛行試験、製造・販売、保守管理までの一貫体制を整備することや、② B787 の量産化への対応、MRJ の生産・販売の拡大などにより、航空宇宙産業の世界シェアを拡大すること、とされている。

先述のとおり東海地域には三菱重工業、川崎重工業、富士重工業などの主要機体メーカーの生産拠点が立地し、(独) 宇宙航空研究開発機構の「JAXA 名古屋空港飛行研究拠点」をはじめとする各種研究機関、人材育成機能も集積している。今後その集積を一層高めるために、国際戦略総合特区における支援措置として、①国際戦略総合特区設備等投資促進税制（最大 50％の特別償却または最大 15％の税額控除）、②国際戦略総合特区支援利子補給金（5 年間にわたる 0.7％以内の利子補給）、③工場立地に係る緑地規制の緩和、④既存工場の増築に係る建築規制の緩和、④関税免税手続きの一部簡素化等の支援措置が定められており、加えて地方自治体をはじめとする地域独自の支

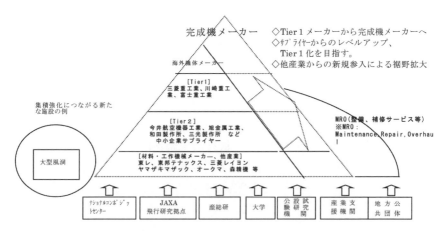

図2 航空中産業クラスターが目指す将来イメージ(民間航空機の場合)
(出所)「アジア NO.1 航空宇宙産業クラスター形成特区推進協議会のパンフレット」(2012 年 8 月) から筆者が一部修正して抜粋。

援措置も講じられている。こうした取組を進めることで、東海地域の航空宇宙産業クラスターが目指す将来イメージは、図2のようになっている。

4 ▶ おわりに

　今後、自動車産業については、途上国における国民所得の向上に伴い、自動車に対する需要の伸びが見込まれている。そうした意味では、引き続き自動車産業が世界経済の中で占めるウェイトは大きなものがあるが、国内での生産がどれだけ維持できるかは大きな課題である。先に指摘したように、国内市場は台数的には飽和状態であるものの、新たな環境適合車による代替需要は喚起できる。さらに、単なる自動車だけではなく、ITSも含めた複合産業としての展開が期待できるところである。

　一方、航空宇宙産業については、今後、世界の航空需要の伸びが予測されることから、その中で大きなウェイトを占めることができるような展開が必要である。この地域では、「アジアNo1航空宇宙産業特区」という政策展開もあり、これまでの産業集積に加えて、さらに集積が高まりつつある。

　現在の展開方向は、MRJとボーイング787の部品生産が主力ではあるが、日本の高い航空機部品の製造技術に注目して、エアバス社などが部品の生産を委託するという動きもある。一方、MRJは、2008年3月の事業化発表以降何度かスケジュールの遅延が公表されたが、2013年8月に公表されたスケジュールに基づくと、MRJの初飛行予定は2015年第2四半期、初号機納入予定を2017年第2四半期とされている[25]。すでに受注は始まっている（2014年7月現在で約200機）が、このクラスのビジネスジェット機については、今後、エンブライエル社（ブラジル）やボンバルディア社（カナダ）に加え、中国やロシアなどからの参入の可能性もあることから、できるだけ早期に期待を完成・納入してこのクラスのマーケットを抑えていくことが重要である。ボーイング社については、787に加えて、2014年6月には、大型機旅客機777の後継機である777Xの生産に三菱重工業はじめ国内5社が参画することが公表されたが、これに伴い、三菱重工業が後部胴体を生産する大江工場や飛島工場で生産体制を構築するほか、中央翼等を担当する富士重工業

では半田工場において、さらに前部胴体を担当する川崎重工業でも、岐阜工場や名古屋第一工場の生産体制を構築することが公表されており[26]、この地域における一層の集積が期待されるところである。
(※ この原稿は主に2014年6月末現在のデータに基づいており、その後改訂されたものについてはフォローできていない。)

(岡田 英幸)

【注】
1) 岡田英幸「トヨタショックが東海地域の自動車産業クラスターに与えたインパクト」、塩見治人・梅原浩次郎編『トヨタショックと愛知経済－トヨタ伝説と現実－』晃洋書房、2011
2) 伊丹敬之・松島茂・橘川武郎『産業集積の本質』有斐閣、1998年、など
3) ポーター、マイケル. E.、竹内弘高訳『競争戦略論Ⅰ・Ⅱ』ダイヤモンド社、1999 (原書は「On Competition」、1998)
4) 内閣府政策統括官室『地域の経済2003 成長を創る産業集積の力』独立行政法人国立印刷局、2004
5) 一般社団法人日本自動車工業会のホームページ「自動車関連産業と就業人口」、http://www.jama.or.jp/industry/industry/industry_1g1.html
6) 2014年1月25日付、日本経済新聞
7) 経済産業省次世代自動車戦略研究会『次世代自動車戦略2010』、2010
8) 2014年6月19日付、日本経済新聞(夕刊)
9) 愛知県・あいちFCV普及促進協議会『愛知県水素ステーション整備・配置計画』2014
10) アジアNo.1航空宇宙産業クラスター特区のホームページ、http://www.pref.aichi.jp/kikaku/sogotokku/index.html
11) 社団法人中部経済連合会『中部地域の新産業構造ビジョン～中部WAYの進化形と5つの次世代産業の提案』、2011
12) 日本航空宇宙工業会『産業連関表を利用した航空宇宙技術の波及効果定量化に関する調査』、2000
13) 名古屋市役所『大正 昭和 名古屋市史 第二巻』、1954及び愛知県史編さん委員会編『愛知県史 資料30 近代7 工業2』、2008
14) 安保邦彦『中部の産業 構造変化と起業家たち』清文堂、2008

15）岡田英幸「グローバル化に対応した産業クラスター形成－名古屋県の航空宇宙産業を中心に」、塩見治人・梅原浩次郎『名古屋経済圏のグローバル化対応』晃洋書房、2013
16）通商産業省中部通商産業局『21世紀をひらくエアロスペース・テクノロジー』、1990
17）前間孝則『国産旅客機が世界の空を飛ぶ日』講談社、2003、青木謙知『ボーイング787はいかにつくられたか』ソフトバンククリエイティブ、2009、杉山勝彦『よみがえれ！国産ジェット』洋泉社、2008、前間孝則『飛翔への挑戦　国産航空機開発にかける技術者たち』新潮社、2010
18）中村洋明『航空機産業のすべて』日本経済新聞社、2012
19）川崎岐阜協同組合編『川崎岐阜協同組合創立60周年記念誌』、2010
20）平成25年3月8日付日本経済新聞39面、「中部の両翼へ　航空宇宙産業が挑む」。元データは、平成25年2月21日付、株式会社帝国データバンク、「特別企画：航空機部品メーカーの実態調査」
21）溝田誠吾「国際共同開発と国際共同生産－航空宇宙産業におけるボーイング社と三菱重工業－」塩見治人・堀一郎編『日米経営関係史　高度成長から現在まで』名古屋大学出版会、1988
22）経済産業省『ものづくり白書』、2012及び経済産業省『産業構造ビジョン2010』、2010
23）一般社団法人日本航空機開発協会『民間航空機に関する市場予測』、2014
24）「アジアNo.1航空宇宙産業形成特区」のホームページ
http://www.pref.aichi.jp/kikaku/sogotokku
25）三菱航空機株式会社「MRJの開発スケジュールについて」、2013年8月22日付けプレスリリース
26）2014年6月13日付 中日新聞朝刊「3重工　新工場や生産拡充」

【引用文献】

1）石倉洋子、藤田昌久、前田昇、金井一頼、山崎朗『日本の産業クラスター戦略』有斐閣、2003
2）合田昭二・浅井悦子「中京圏における航空機工業の企業間連関－川崎重工業岐阜工場を事例として」『地理学評論』第71巻第11号、pp.805-823、1998
3）多和田眞・家森信善編『東海地域の産業クラスターと金融構造』中央経済社、2005
4）藤原貞雄『日本自動車産業の地域集積』東洋経済新報社、2007
5）山崎朗『クラスター戦略』有斐閣、2002
6）山本匡毅「日本における航空機産業の動向と新規参入に向けた展開」『機械経済研究42』、2011

企業立地と工業都市の変容
―三重県亀山市の事例―

1 ▶ はじめに

　日本の工業雇用は 1991 年に過去最高の 1,135 万人を記録した後、バブル崩壊と第二次円高による海外生産の増加の影響を受け、2000 年代前半までほぼ一貫して減少を続けた。景気回復局面であった 2004 〜 2007 年には若干の雇用増加がみられたものの、2008 年の世界同時不況後に再び大きく雇用を減じ、2012 年には 743 万人にまで落ち込んだ。この間、愛知、岐阜、三重の東海三県の工業も同様の減少基調にあったが、その度合いは全国ほどではなかった。すなわち、東海三県の対全国シェアは、従業者数では 1991 年の 12.9％から 2012 年の 15.5％へ、製造品出荷額では 15.4％から 19.1％へと増大している。

　東海三県の工業が全国水準に比べて減少の度合いが小さかったのは、自動車・工作機械・半導体・液晶等の国際競争力の強い輸出産業が当地域に多く立地しており、生産が維持される傾向が強かったためである。そのためしばしば「元気な」東海地方とも呼ばれるが、東海三県内部での地域差を仔細に見ると、工業都市によってその動向は大きく異なり、「まだら模様」の様相を呈している（伊藤 2007）。

　東海三県は日本を代表する工業集積地であり、その中にある個々の都市もまた工業都市的な性格を強く有している。本稿では、当該地域における工業都市の近年の実態を理解するため、三重県亀山市を取り上げる。同市はシャープ亀山工場の立地によって工業都市として著しく成長を遂げ、大きな変化を遂げた。同工場の立地から現在に至る経過と、それを受けた工業都市・亀山の変容の過程を論述することが本稿の課題である。同工場の立地は、2000

年代に一時期活発となった製造業の「国内回帰」の象徴的な事例であり、日本製造業の栄光と挫折の反映でもある。

対象とする亀山市は伊勢亀山藩の城下町であるとともに、東海道の宿場町としても発展した。1890年に関西鉄道が開業し、鉄道結節点となった。第二次世界大戦後は国道1号線、名阪国道、東名阪自動車道、新名神自動車道などの幹線道路が順次整備され、道路交通の要衝となった。人口は約5万人の小都市であるが、近隣には自動車工業都市である鈴鹿市、石油化学コンビナートが立地する四日市市、県庁所在地である津市が通勤圏内にある。かつては鈴鹿市に立地する本田技研関連の部品サプライヤーなどが立地する小さな工業都市であったが、2004年のシャープ進出により亀山市は大きく変容を遂げた。とくに、誘致の補助金の巨額さから、地方自治体の企業誘致合戦に拍車をかけるとともに、「世界の亀山モデル」の名が冠され、国産製品であることを強調した販売戦略が採用された点も注目を集めている。

2 ▶ 東海地方の工業都市の動向

亀山市の分析に先立ち、東海三県の工業都市の動向を検討しておこう（図1）。1990年から2000年までの変化をみると、自動車・電機の大規模工場の新規立地のあった愛知県田原市（トヨタ）・三重県多気町（シャープ）などで例外的に雇用が増加した以外、ほとんどの地域で大きく雇用を減じ、東海三県全体では約21万人の減少となった。しかし2000年から2010年には、三県全体で5万人強が減少したものの、128市町村のうち49で工業雇用が増加している。雇用が増加した都市は、愛知県西三河地区、尾張北部から岐阜県中濃地区にかけて、それに亀山市を含む三重県北中部の内陸地区など、概ね名古屋大都市圏外縁の内陸部にある。2000年代において工業雇用成長の地域的偏りが鮮明となったといえる。

2000年代に工業雇用が増加した都市は、概ね電機・自動車等の輸出主導型産業の立地する都市である。冒頭で述べたように、2000年代前半の景気回復期にこれらの業種では日本国内での設備投資を増大させる動きがあり、「国内回帰」と呼ばれたが、それはすなわち大都市圏回帰であり、とくに大

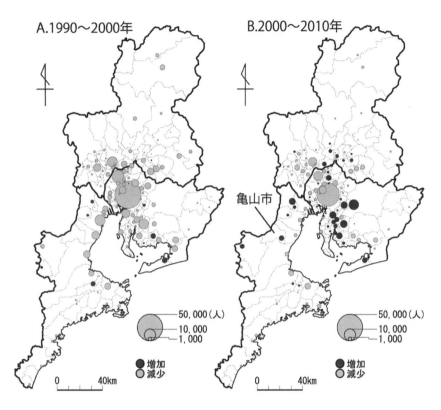

図1 製造業従業者数の増減数（1990～2010年）（工業統計表により作成）

都市圏外縁部でその傾向が強かった（松原 2008）。他方で、一宮、岐阜、多治見、土岐、瑞浪等の伝統的な地場産業都市の不振が目立つことも特徴である。2008年秋のリーマンショック後は電機・電子企業などで工場の縮小や閉鎖の動きが目立つ。例えば岐阜県美濃加茂市のソニーイーエムシーエス美濃加茂サイトは 2013 年 3 月末で閉鎖され、正社員や請負会社の従業員を合わせて 1,000 人以上が離職した。今後、当地域において工業雇用の更なる減少が懸念される。

3 ▶ シャープの経営戦略と亀山市への立地

[1] シャープの亀山市への立地

ここでは、シャープの立地戦略と、受け入れ側となる地元自治体の誘致戦略の両面からシャープの亀山市への立地を考える。

シャープは大阪市に本社を置く大手家電メーカーで、1973年に世界初の液晶表示付きCMOS化電卓を開発・発売するなど、独創的な技術開発で成長した。シャープは液晶テレビ市場の成長を見込み、2000年代初頭に新工場の建設を決めた。2002年2月、シャープは亀山市に第6世代（1500×1800mm）液晶パネルおよび大型液晶テレビの当時世界最大となる工場を建設すると発表し、2004年1月に亀山工場（亀山第1工場）が稼働した。

シャープは当時新工場の建設に当たり、国内では三重県の他に青森県、石川県、福井県、熊本県、海外ではシンガポールとマレーシアが候補地となっていたとされる。各地域は多額の立地インセンティブの提示や首長によるトップセールスなどにより熱心な誘致活動を実施したが、亀山への立地決定において、次の点が重要であったと考えられる（鹿嶋 2010）。

第1は、ライバル企業への情報漏洩を防止するため、国内立地を選択したことである。これにより海外の候補地は振り落とされた。

第2に、輸送費の削減である。主力の第6世代液晶パネルは大型であり、原材料や製品の輸送費は決して小さくない。亀山市は液晶事業の研究開発拠点である天理市と、液晶パネル生産拠点である多気町とのほぼ中間点にあり、ともに1時間程度で到達可能である。亀山市への立地は、輸送費の節約と、人員の工場間の移動の円滑化を容易にした。

第3に、補助金の交付である。当時、他県は30億円規模の補助制度を用意していた。三重県は当時最大5億円の補助制度を有するのみであったが、当時の北川正恭知事が交渉の過程で新たな補助金制度を提案し、後に議会で承認された。その内容は、情報通信関連の製造業の新規立地で、一定の要件を満たした場合に、最大で90億円を15年分割で交付するというものである。これに加え、亀山市も独自に上限45億円（15年分割）の産業振興奨励金を

交付することにした。結果、シャープは県と市から総額135億円の補助金を交付されることになり、初期投資コストの軽減につながった。

　第4に、工期の短さである。製品を迅速に市場に投入するには、用地が取得済みで、さらに環境アセスメントもほぼ済ませた場所で、速やかに着工できることが必要であった。また設備の増設も見込み33万m^2もの広大な敷地をシャープは希望した。県内でかかる条件を満たす工業用地は、住友商事がバブル期に工業団地開発のために亀山市内に取得していた山林だけであった。工期の短縮は設備投資額の速やかな回収を意味し、利点は大きかった。

　第5に、様々な便宜供与の提供である。県と市は、前述した補助金に加えて、県庁内に対応窓口を設置し、工業団地の開発許可変更や、それに伴う環境アセスメント、林地開発、農地転用などの法令、あるいは周辺の道路整備などを、一括して迅速に進めた。山川（2006）や藤本（2010）はこの「ワンストップサービス」が三重県の企業誘致手法の特徴だとしている。

　一方、三重県にとって、液晶産業の誘致は産業構造の転換ないしは多様化という意味を持っていた。主導工業部門が1950年代の繊維産業、60年代の石油化学コンビナート、70～80年代の自動車産業、90年代以降の半導体産業と交替しつつ概ね持続的な成長を遂げてきたが、バブル崩壊後の景気低迷と財政状況の悪化から、三重県は自動車や半導体に替わる新たな主導産業の誘致と育成が不可欠であると判断し、2000年頃から、今後の成長が見込まれる液晶産業に注目して誘致の検討に入った。その結果、「液晶をはじめとするフラットパネルディスプレイ（FPD）産業の世界的集積をつくることにより、多様で強靱な産業構造を形成し、活力ある地域づくりを目指す」ことをねらい、「クリスタルバレー構想」をとりまとめ、シャープをはじめとする液晶産業にターゲットを絞った誘致活動を展開し、誘致を実現した。

[2] 亀山工場立地後のシャープの経営動向

　亀山工場で生産される液晶テレビAQUOSは「世界の亀山モデル」と冠され爆発的な人気を呼ぶ成功を収めた。その後、世界的な液晶テレビの価格競争が激化する中、シャープは液晶パネルの大型化によって対抗した。2006

年に第8世代（2160×2400mm）液晶パネルを製造する亀山第2工場を同一敷地内に建設することを決め、2008年8月に操業を開始した。2009年10月には、大阪府堺市に世界初の第10世代（2880×3130mm）液晶パネル工場である堺工場を稼働させた。このように、2000年代には主力の液晶事業に経営資源を集中する傾向が強まり、「液晶一本足経営」とも呼ばれた。

　しかし、液晶テレビの価格はサイズ拡大による付加価値を遙かに上回るスピードで下落するなど需要の予測を誤り（西村2014）、再編を余儀なくされる。2008年秋のリーマンショックで急速に景気が悪化する中、液晶テレビ業界に限っては、2009年の家電エコポイント事業や、2011年7月の地上アナログ波放送終了による「地デジ特需」によって国内テレビ販売は持ち直したが、地デジ特需後は反動減に陥った。液晶テレビの在庫が急増し、シャープは2011、12年度で合わせて9,213億円もの巨額の赤字を計上した。この事態を受け、主にモバイル端末向けの中小型液晶パネルへの転換が進められた。亀山第1工場は、第6世代液晶パネル生産設備を中国企業に売却した後、アップルからの出資を受けてiPhone専用工場となった。亀山第2工場は、スマートフォン・タブレット端末向けのIGZO液晶パネルの比重を高めている。堺工場は台湾に本拠を置く世界最大の電子機器受託生産（EMS）企業である鴻海科技集團（フォックスコングループ）の出資を受けて共同運営会

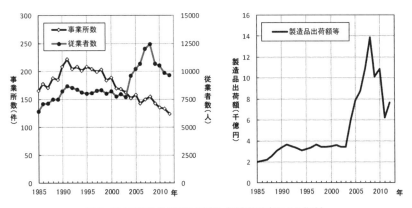

図2　亀山市における工業の推移（工業統計表により作成）

社となった(後藤2014)。こうしてシャープは、大型テレビの完成品メーカーとしてよりは、高精細の液晶部品を他社に供給する部品メーカーの性格を強めている。

シャープの経営環境の激変は、主力工場の立地場所である亀山市にも大きな影響を与えた。工業統計によれば(図2)、亀山工場が操業開始した2004年からピークの2008年にかけて市の製造業従業者数は約5,000人増加し、出荷額は4倍に上った。しかしリーマンショックを受けて2008年から2012年の4年間で従業者数は約2800人の減、出荷額は2011年までの3年間で半減以下となった。一地方小都市が、巨大企業の進出とともに、グローバル経済の激流の中に否応なしに巻き込まれることになったとも言えよう。

4 ▶ 企業立地に伴う都市の変容

ここでは、シャープの立地に伴う亀山市の変容について、雇用、従業員の居住、関連産業の集積、税収等の面から論じる。

[1] 雇用の創出

シャープの立地は亀山市に新たな雇用機会を多数創出した(表1)。三重県企業立地室によるシャープ亀山工場及び同工場と直接取引のある県内企業(36社)へのヒアリング調査によれば、2004年1月のシャープ亀山工場の操

表1 シャープ亀山工場と県内関連工場における従業員数の推移

	2004年1月	2004年5月	2005年5月	2006年5月	2007年5月	2008年5月	2009年1月	2009年5月	2010年1月
シャープ亀山工場	500	800	1,300	2,000	2,300	3,100	3,000	3,000	2,600
シャープ亀山工場敷地内に立地する関連企業	1,200	2,300	2,000	2,000	1,800	1,600	1,400	1,200	1,500
亀山市内に立地する関連企業	600	900	1,400	1,800	1,800	2,500	1,900	2,600	2,800
三重県内に立地する関連企業	200	500	1,000	1,400	1,800	1,400	1,500		
合計	2,500	4,500	5,700	7,200	7,700	8,600	7,800	6,800	6,900

単位:人(概数) (三重県企業立地室の資料により作成)

業時には、シャープで約 500 人、同工場敷地内で操業する企業（業務請負業等を含む。以下、工場内協力企業）が約 1,200 人、さらに取引企業が市内・県内企業をあわせて約 800 人であり、合計すると約 2,500 人の従業者数であった。従業者数はシャープ亀山工場自体の規模拡大に対応して、2008 年 5 月までは順調に増加し、合計で約 8,600 人であった。しかし、同年秋のリーマンショック後、液晶パネルの需要が急減し、2010 年 1 月ではピーク時に比べ 1,700 人ほどの減少を記録した。雇用形態別に見ると、2009 年 5 月時点において正社員が約 4,700 人、人材派遣・業務請負等従事者が約 2,100 人であった。3 年前の 2006 年 5 月時点では正社員が約 4,200 人、人材派遣・業務請負等従事者が約 3,000 人であったことから、リーマンショック後は非正規労働者が大きく削減された。非正規労働者が景気変動の緩衝材として活用されたことが分かる。

　その後、エコポイント制度（2009 年 5 月開始）、地デジ化（2011 年 7 月に地上アナログ波の停止）などの「特需」による需要増とその後の反動減によって工場稼働率は大きく上下動しており、従業者数も変動している。

　一方、労働者の採用状況をみると、2009 年 5 月における 36 社の総雇用者数約 6,800 人のうち、新規採用者は約 3,500 人で、このうちシャープ亀山工場分は約 1,400 人であった。それに対し、社内の他の事業所からの転勤者は約 3,300 人で、半数近くに達している。出身地を県内か県外かで区分すると、県内出身者が約 3,900 人、県外出身者が約 2,900 人と、他地域からも人材が多数流入している。また県内高校卒業者の新規採用数は毎年 100 人余りであり、2004 ～ 2009 年度の累計では 845 人が採用された。このように、徐々に地元採用者は増加しているが、今なお他地域出身者の割合が高い。

　大規模工場では、現場の作業者を非正規雇用で賄う傾向が強まっている。シャープ亀山工場の中にも非正規社員が多く、地元への雇用面での貢献はまだ限定的である。加えて、シャープ液晶事業の激変とともに従業者数の変動が大きく、不安定な雇用状況といえる。

[2] 人口と居住

　亀山市の人口は1990年代後半以降4.7万人程度の水準で横ばいであったが、シャープの立地を契機として増加に転じ、5万人を突破した。しかし、シャープと関連企業の従業員だけで5,000人規模の雇用が創出されたにもかかわらず、人口はそれほど増加していない。これは、新規採用者や他地域からの転勤者が必ずしも亀山市内に居住していないためである。

　工場従業員の居住地を、2003年、2005年、2007年の3回にわたる調査結果により検討しよう（図3）。これらの調査は市内の工場労働者を対象に行われた大規模なアンケート調査結果である（鹿嶋2013）。まず図中の「既存企業」とはシャープをはじめとする液晶関連企業を除く企業であり、2003年以前から立地している。既存企業では、2003年から2007年にかけて亀山市内に居住する割合がやや増加した反面、鈴鹿市からの通勤者が微減となっている。それに対して、シャープをはじめとする液晶関連企業では、2005年段階では亀山市居住者は29.0％に過ぎなかったが、2007年になると40.1％に達した。既存企業、液晶関連企業ともに亀山市内居住者の比率が高まっている。2004年以降に相次いで操業を開始したシャープとその関連企業では、従業員の定着化とともに亀山市内への定住も進んできていると言える。また、シャープ等の液晶関連企業では、立地から時間を経るとともに従業員

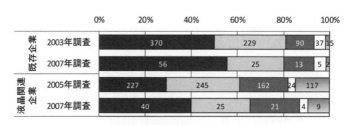

図3　工場従業員の居住地（2003～2007年）
既存企業とは亀山市に立地する液晶関連を除く主要な製造業企業である。
液晶関連企業とは亀山市に立地する主要な液晶関連企業である。
2003年調査は三重県庁と三重大学の共同研究によるものである。
2005年調査は亀山商工会議所・関町商工会によるものである。
2007年調査は亀山市役所によるものである。
（2003年調査・2005年調査・2007年調査により作成）

が家族と亀山市内に同居し、持ち家を取得する傾向は徐々に強まっているが、既存企業と比べるとまだ定住化は進んでいない。

では、なぜ亀山市に住まないのだろうか。同じ調査で、亀山市外に居住する工場従業員に対して、なぜ亀山市に住まないのかを質問した結果を表2に示す。「商業・サービス業が充実していないから」「都市的な賑わいに

表2　亀山市への居住を希望しない理由（2007年）

理由	割合
商業・飲食・サービスなど生活利便施設が充実していないから	44.1%
公共交通機関の便が悪いから	42.8%
亀山市外に実家があるか，その近くに住むから	32.4%
都市的な賑わいに欠けるから	24.4%
家族の通学・通勤に不便だから	19.4%
亀山市外への転勤が決まっている・予想されるから	18.4%
職場からある程度離れた場所がよいから	16.4%
医療施設・体制が充実していないから	10.0%
文化・教養の施設・環境が充実していないから	8.0%
亀山市内には希望する間取りの住宅物件がないから	6.4%
防犯・交通安全などの環境が整っていないから	5.0%
子どもの教育環境が充実していないから	4.7%
亀山市外に社宅・寮（借り上げ含む）があるから	3.7%
保育・育児の環境が充実していないから	3.7%
高齢者福祉・サービスが充実していないから	2.0%
亀山市外に会社から居住地を指定されているから	0.3%

注：複数回答（5つ以内）
亀山市内製造業31事業所の従業員への調査結果。　　（2007年調査により作成）

欠けるから」など、小都市ゆえの商業サービス機能の弱さが上位に来ている。また、「家族の通学・通勤に不便だから」「子どもの教育環境が充実していないから」などは、子どもを含む家族の生活との兼ね合いで、職場や学校の多い他都市が選好されている。住宅面では「亀山市内には希望する間取りの住宅物件がないから」は特に家族向け物件が市内に少ないことを反映している。亀山市への定住者を増加させるためには、商業や生活文化機能の充実や、適切な住宅供給が必要であることが示唆される。

一方で、市内の住宅供給自体は増加している。シャープは社宅を整備しなかったことから、数千人規模の従業員の住居をいかに確保するかが亀山市にとって大きな課題となった。そこで市は、アパート、マンションを新築する家主に固定資産税の一部を補助することを目的とし、民間賃貸共同住宅新築

促進条例を2003年12月に制定した。条例の対象は、床面積20～40㎡の主に単身向けの部屋が4戸以上あるアパート・マンションとされ、2009年度までに1,787戸が補助対象となった。こうした結果、市内には民間賃貸住宅が、市街地のみならず周辺農村部にもいわばスプロール的に多数建設された。シャープが進出を表明した2002年から2007年までの6年間で、市内に3,607戸も供給された。しかし、その入居者は主に単身者であり、家族向け物件の供給は未だ十分ではない。

2008年のリーマンショック後、市内企業の非正規労働者の雇い止め等が多発したことから、市内の賃貸住宅で大量の空室が発生した。2010年3月12日の亀山市議会定例会における市産業建設部長の答弁によると、空室率は2割から4割に上るという。現在、市内の賃貸住宅は供給過剰であり、賃貸住宅オーナーへの影響も懸念されている。

[3] 関連企業の立地と工業生産の増加

シャープ亀山工場の操業に伴う関連企業の新・増設では、製造業19件のうち、新規立地12社、新規増設は3社、既存増設は3社、メンテナンス拠点は1社となっている（図4）。

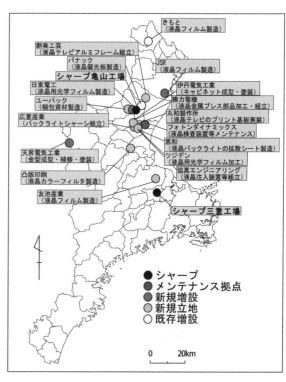

図4 シャープ亀山工場とその関連事業所の分布（2007年8月時点）
（三重県企業立地室の資料により作成）

工場分布の特徴として、関連企業は、亀山市内から津市内にかけての工業団地内で、亀山工場から20〜30分程度の場所に多く立地していることが挙げられる。

このように、シャープに随伴して立地した企業も多いが、他方で、地元企業との取引は当初県や市が想定したようには拡大していない。その理由として、シャープ側の高品質・短納期という要求を満たす地元企業が少ないことがある。かつての日本の電気機械メーカーは、地元企業への技術指導等を積極的に行って参加のサプライヤーを育成することが多かったが、シャープからは地元企業を積極的に育成しようという姿勢を伺うことはできない。

商業・サービス業への影響をみると、市内でビジネスホテルが新たに6件開業したほか、タクシー需要が増大してタクシー会社が新たに進出した。しかし、市外居住者が多いこともあり、市内の商業・サービス業への波及効果は限定的である。

[4] 税収の増加

シャープ立地後、亀山市の地方税収入は2008年度までは増加基調にあった（図5）。このうち特に固定資産税の伸びが大きい。立地企業による工場敷地、建物や機械設備に対する課税額が大きいことが分かる。一方、リーマ

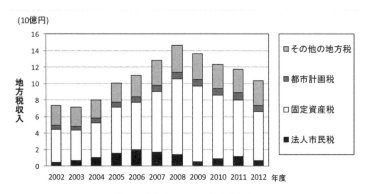

図5　亀山市における地方税収入
（亀山市役所の資料および総務省「市町村別決算状況調」により作成）

ンショック後の2009年以降、地方税収入は減少傾向にあり、2012年度はピーク時の2008年よりも約4億円の減収となった。法人の所得に応じて課税される法人市民税は、2009年以降の景気悪化の影響を受けて大きく落ち込み、地方税収入全体を押し下げた。しかし固定資産税は2009年にも前年とほぼ同様で、企業の設備投資を通じた有形固定資産の増加が税収の確保に効果を上げたことが分かる。2004年から2009年までの5年間で、2003年度よりも累計で約207億円の増収となっており、市がシャープに交付した45億円の補助金は税収面では十分に採算が取れた。ただし、税収面でのシャープ効果は永続的ではない。近年は企業の機械設備等の有形固定資産の減価償却が進んだため、固定資産税収入の減少を経験した。将来的には市税収入が2003年度の水準にまで減少すると見込まれている。

税収の増加は三重県にももたらされている。県は、シャープ亀山工場の立地に伴い新・増設を行った企業が県に納めた法人事業税及び法人県民税の額を調査したところ、2003年度に対する2004年以降の5年間の累計増収額が約117.2億円であった。県は、シャープに交付している総額90億円の補助金が、立地後5年間で回収できたとしている。

5 ▶ むすび

本稿では、地方小工業都市の企業誘致による都市の変容の様相を、三重県亀山市を対象に検討してきた。液晶企業の誘致に当たり県や市が巨額の補助金を交付するなどして誘致に成功したが、雇用や税収の数量的な面でいえばすでに補助金を上回る効果が現れているといえる。しかしそれはあくまで数量的な面である。就業面でいえば、非正規雇用の比重の高さ、地元採用の少なさ、市内定住者の少なさなどは、当初の地元の期待とはかけ離れている。シャープの経営環境の激変は、雇用の大きな変動を生じさせており、景気の調整弁としての非正規労働者の活用を不可欠なものとしている。

市内だけで関連企業を含め7千人規模の雇用が創出されたが、転勤や、人材派遣業を通じて広域から調達された非正規雇用の増加が大半で、市内に定住意志を持つ者は少数であった。また社宅が未整備のため、行政の積極的な

関与もあり主として単身者向けの民間賃貸住宅がスプロール的に多数建設された。しかし定住意志を持つ者は家族向け物件が多く生活環境の良好な近隣都市に居住する傾向にあった。リーマンショック後は「派遣切り」に伴う賃貸住宅の空室の大量発生などの問題が顕在化したことも判明した。居住環境の整備による定住化の促進が課題となっている。

一方、産業構造面では、多くのサプライヤーが域外から県内に進出してきているが、地元企業の参入は多くはない。特に亀山市では主力企業のほとんどが誘致企業であることから、意志決定機能の欠如や工場等の現業部門労働者が中心になった地域労働市場という、分工場経済の問題がかつてよりも大きくなっている。

(鹿嶋 洋)

【引用文献】

1) 伊藤健司 「『元気な』東海地方に見る不均等な経済回復」『経済地理学年報』VOL.53、pp.327-346、2007
2) 鹿嶋 洋 「三重県亀山市における液晶企業の誘致と都市の変容」『熊本地理』VOL.21、pp.11-23、2010
3) 鹿嶋 洋 「新興工業都市における工業労働力の流入と居住特性 ―三重県亀山市の事例―」『福島大学商学論集』VOL.81 (4)、pp.131-147、2013
4) 後藤直義 「亀山は知っている ―液晶王国シャープ 栄光と挫折の10年―」『週刊ダイヤモンド』2014年6月14日号、pp.92-101、2014
5) 西村吉雄 『電子立国は、なぜ凋落したか』日経BP社、2014
6) 藤本和弘 「三重県における企業誘致活動の手法に関する研究」『計画行政』VOL.102、pp.89-94、2010
7) 松原 宏 「製造業のグローバル化と工場立地の変容」『不動産研究』VOL.50 (1)、pp.5-15、2008
8) 山川 豊 「企業誘致から三重県は何を得ているか―バレー構想の影響力―」『産業立地』VOL.45 (3)、pp.29-34、2006

中部地方の主要都市
―経済的中枢管理機能を指標として―

1 ▶ はじめに

　経済的中枢管理機能という高次都市機能を指標として、1950〜2010年を対象として中部地方の主要都市を位置づける。中枢管理機能という高次都市機能に最初に注目したのは1960年代の経済企画庁の官庁エコノミストたちである。中枢管理機能は通常、経済的、行政的、文化・社会的の3つに大別されるが、最も研究されてきたのは経済的中枢管理機能による研究である[1]。

　経済的中枢管理機能とは民間大企業の本社と支所(支社・支店・営業所・事務所・出張所)のことである。したがって、この機能から都市を分析する場合、まず民間大企業を決める必要があるが、ここでは各年次の上場企業とする。分析に用いる主資料は、日本経済新聞社刊『会社年鑑』、ダイヤモンド社刊『会社職員録』である。これらで不明の場合に『電話帳』と各社のホームページを使用した。なお不明の場合には、直接聞き取り調査で補っている。

　上記期間の上場企業数は表1に示したように推移してきた。1950〜2005年まで多少の変化はあっても増加してきたが、2005〜2010年にかけて139社も減少した。1950年以来初めての出来事である。この最大の理由はリーマンショックであると推察される[2]。

　この小論では上記期間を対象としつつも2010年時点を中心に経済的中枢管理機能からみた中部の主要都市を分析する。この機能から都市を見る場合、その性格上中小都市はあまり問題とはならないので、とくに取り上げる都市は名古屋・静岡・浜松・金沢・富山・新潟とする[3]。

表1　対象企業の業種構成

	1950	1960	1970	1980	1990	2000	2005	2010
鉱業・農・水	40	54	33	23	10	11	17	14
建設	15	20	99	133	145	198	167	140
食料品	51	66	94	97	109	134	122	103
繊維	62	86	87	84	79	88	83	55
紙・パルプ	20	35	35	33	32	29	23	18
化学・ゴム・窯業	139	196	249	249	275	297	292	290
鉄鋼諸機械	209	350	570	578	646	729	704	676
商業・サービス業	64	113	156	200	336	564	612	586
金融・信託・証券・保険	64	133	80	129	175	181	174	165
運輸・通信・倉庫・不動産	92	128	115	133	148	172	288	304
電力・ガス	17	18	18	18	18	20	24	24
その他	7	17	40	44	64	77	75	77
合計	780	1,216	1,576	1,721	2,037	2,500	2,581	2,442

注：対象企業数は各年次の日本経済新聞社刊『会社年鑑』掲載の株式会社とダイヤモンド社刊『会社職員録』の株式会社

2 ▶ 経済的中枢管理機能からみた主要都市

[1] 本社数・支所数

　表2は上記6都市における、本社数と支所数の推移である。集計の原則は、本社は登記上の本社、支所は1企業1都市1支所である。したがって、2010年の名古屋の支所1,157というのは、対象企業2,442社のうち1,157社が名古屋に支所を置いていることを意味している。

　中部地方とは長い間教育の現場でも採用されている図1の範囲とする。しかし、以下、明かにしていくように、新潟は東京との結びつきが強い。今回は分析の対象としないが、甲府と長野も同様である。一方、近畿地方に所属する三重県や津は名古屋との結びつきが強い。

　本社数では常に名古屋が最も多い。1950年では24本社（対象全企業の3.1%）にすぎなかった。以後、次第に増加し、2005年には103社、全体の4.0%になるが、2010年では98社（同4.0%）に減少する。この98社のうち、製造業（食料品、繊維、パルプ・紙、化学・ゴム・窯業、鉄鋼諸機械・その

II まちのちから・まちのかお

表2 主要都市の本社数と支所数の推移

年次 対象 企業数	1950 780		1960 1,216		1970 1,576		1980 1,721		1990 2,037		2000 2,500		2005 2,581		2010 2,442	
	本社	支所	本社	支所	本社	支所	本社	支所	本社	支所	本社	支所	本社	支所	本社	支所
名古屋	24	221	45	511	65	870	63	974	81	1,192	98	1,457	103	1,391	98	1,157
静岡	2	33	2	63	1	189	2	284	3	456	6	550	13	556	10	372
新潟	2	53	5	103	8	219	8	320	8	457	8	512	13	488	12	371
金沢	3	49	6	85	7	169	9	220	10	417	13	539	13	521	9	367
浜松	2	17	5	50	2	82	5	110	5	271	10	355	14	338	14	246
富山	4	16	7	75	4	147	5	158	7	291	9	330	10	268	10	217

注1:対象企業数は各年次の日本経済新聞社刊『会社年鑑』掲載の株式会社とダイヤモンド社刊『会社職員録』(1995年と2000年)の株式会社
注2:上掲の都市順位は2000年の支所数による
注3:集計の原則は1企業1都市1支所(支所は支社・支店・営業所・出張所・事務所)
資料:日本経済新聞社刊『会社年鑑』、日本金融通信社刊『金融名鑑』、ダイヤモンド社刊『会社職員録』、電話帳、アンケート調査

他製造業)は35社(35.7%)、非製造業は63社(64.3%)である。

ここで、表2に掲載以外の都市の本社数について言及しておこう。2010年で本社数4以上の都市は、福井(7)、春日井(7)、刈谷(6)、岐阜(6)、長岡(6)、小牧(5)、長野(5)、高岡(5)、豊田(4)、豊橋(4)、大垣(4)、清須(4)、沼津(4)である。しかし、これらの都市の支所数は多くはない。

いずれの都市においても支所数は増加してきた。しかし、2000年以降各都市の支所数は減少している。2005〜2010年にかけての減少は対象企業数が減少したことが大きいと考えられるが、2000

図1 研究対象都市

〜2005年にかけては対象企業数は増加しているにもかかわらず、各都市の支所数は減少ないしは微増にとどまっている。表2の都市は2010年の支所数の多い順に掲載されている。名古屋の支所数が常に最も多い。しかし、2000年をピークに以後減少している。1950年では、静岡より新潟や金沢の方が支所数は多かったが、次第に静岡の支所数が増加し、2000年以降、静岡は名古屋に次ぐ支所数になっている。この背後には、静岡県の活発な経済活動がある。たとえば、2010年の製造品出荷額をみると、静岡県は14.8兆円である。これは新潟県（3.8兆円）、富山県（2.9兆円）、石川県（2.2兆円）、福井県（1.6兆円）を合計した金額より多い。

　経済的中枢管理機能の支所、すなわち大企業の支所は背後の経済活動の規模と大いに関係がある。静岡の支所数の増加傾向と現在の多さはこの反映と評価される。浜松の支所数の多さも同市の経済活動、とくに活発な製造業と関係していることは間違いない。

[2] 支所の業種構成

　表3はこれら6都市の2010年と2000年（製造業と非製造業）の支所の業種構成である。いずれの都市においても最も多い業種は「鉄鋼諸機械」である。その全体比は名古屋（29.0％）、静岡（28.2％）、新潟（28.0％）、金沢（30.8％）、浜松（33.7％）、富山（31.3％）である。対象企業2,442社（2010年）における「鉄鋼諸機械」は27.7％なので、中部地方の主要都市はいずれも全体より同業種の比率がやや高い。2番目に多い業種は名古屋と金沢では「化学・ゴム・窯業」であるが、他の都市では、静岡と浜松は「商」、新潟と富山は「建設」である。全支所数では差のある静岡（372）と浜松（246、静岡の66.1％）であるが、「鉄鋼諸機械」部門では浜松は静岡の79.0％である。

　製造業と非製造業とに分けると、2010年では名古屋・新潟・金沢において製造業の方が多い。2000年でも名古屋・静岡・新潟・金沢では製造業の方が多かった。しかし、前者3市は2010年では、その比率は低下している。

　実は、2000年では対象企業2,500社のうち製造業は1,354社（54.2％）、非製造業は1,146社（45.8％）だったが、2010年では同2,442社のうち製造業

表3 支所の業種構成（2010年）

業種＼支所数	名古屋	静岡	新潟	金沢	浜松	富山
	1,157	372	371	367	246	217
農林・水産	3	2	2	2		1
鉱						
建　設	93	39	58	45	21	33
食料品	55	22	26	20	3	6
繊　維	20	4	2	3	1	
パルプ・紙	9	1	1	3		
化学・ゴム・窯業	172	42	39	48	25	17
鉄鋼諸機械	335	105	104	113	83	68
その他製造業	49	15	18	14	10	11
電力・ガス	3	2	1	1	1	2
運輸・倉庫	42	12	13	8	15	7
不動産	21	4	1	1	2	
情報・通信	58	11	8	13	7	4
商	160	54	42	47	36	31
金融	50	21	20	18	16	15
証券	14	6	7	6	6	6
保険	6	6	6	6	6	5
サービス	67	26	23	19	14	11
製造業	640	174	190	201	122	102
	55.3%	46.8%	51.2%	54.8%	49.6%	47.0%
非製造業	517	198	181	166	124	115
	44.7%	53.2%	48.8%	45.2%	50.4%	53.0%
（2000年次の内訳）						
製造業	862	284	263	285	169	149
	59.2%	51.6%	51.4%	52.9%	47.6%	45.2%
非製造業	595	266	249	254	186	181
	40.8%	48.4%	48.6%	47.1%	52.4%	54.8%
支所数計	1,457	550	512	539	355	330

は1,219社（49.9%）、非製造業は1,223社（50.1%）となって逆転している。長い間、1950年〜2000年まで経済的中枢管理機能の支所を指標とした都市序列は製造業の支所数によってほぼ決まっていた。2010年でもその傾向はあるが、かつてほどその度合いは大きなものではなくなっていると判断でき

る。

[3] 支所の上下関係と都市のテリトリー

　続いて、支所の上下関係を検討する。通常、企業の組織は簡略化すると図2のように表現できる。本社は頭脳のようなものであり、全体を統括していることは言うまでもない。しかし、近年では複数本社制を採用している企業が少なからず見られる[4]。

　支所はもちろん本社の下部組織であるが、図2に示されるように、支所間

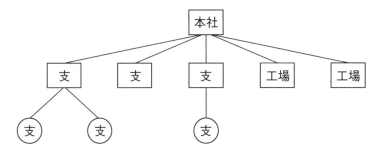

図2　企業の一般的な組織系統図

にも上下関係がある。たとえば、名古屋支店の管轄下にある岐阜営業所という関係である。これは地域のニーズに細かく対応する企業側の姿勢の反映である。そして、それを集約すると都市の上下関係を描き出すことができる。

　経済的中枢管理機能ではないが、裁判所の例を述べておこう。最高裁判所は東京にあるが、高等裁判所は主要8都市にある。中部地方ではもちろん名古屋にあるが、この名古屋高裁の下に、津・岐阜・福井・金沢・富山の地方裁判所が存在する。そして、その下の県内各地に簡易裁判所がある。これはそのまま都市の上下関係、換言すれば都市の格をあらわしていると考えられる。

　企業支所の上下関係を示すまとまった資料は存在しない。表4は筆者が『会社職員録』と企業へのアンケート調査から得た結果をまとめたものである。サンプル数としては十分とは言えないが、大きな傾向を把握することは可能

である。

表4 支所の上下関係 (2010)

	静岡	新潟	金沢	浜松	富山
支所数	372	371	367	246	217
サンプル企業数	119	137	117	58	63
第1ランクの支所	43	75	49	15	15
東京支所の管轄下	9	26	1	1	1
大阪支所の管轄下			8		3
名古屋支所の管轄下	64	4	48	32	21
さいたま支所の管轄下		24			
新潟支所の管轄下			3		7
静岡支所の管轄下				10	
金沢支所の管轄下					16

「第1ランクの支所」というのは、文字通り他のどの都市の支所の下にもないレベルのものであり、図2の上段の支所のことである。新潟を除く4都市では「名古屋支所の管轄下」にあるものが最も多い。

新潟は「第1ランクの支所」が最も多いが、「東京支所の管轄下」「さいたま支所の管轄下」という例が26、24もある。「名古屋支所の管轄下」よりはるかに多い。「さいたま支所の管轄下」という例が多いことに奇異な印象を抱くかもしれないが、これにはさいたまが東京特別区以外で首都を補完し地域の中心となるべき都市、すなわち「業務核都市」に旧浦和市・大宮市が指定されたことが大きい。旧国鉄大宮操車場の有効活用として、政府主導で再開発・土地区画整理事業が行なわれた。21世紀に入って、さいたま新都心合同庁舎に関東・甲信越地方を管轄する政府機関のいくつかが霞ヶ関から移転してきた。これに伴い、さいたまでは企業支所数が増加した。そして、それらの多くは新潟・宇都宮の支所を管轄し、

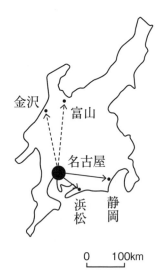

図3 都市間の上下関係
実線は強い上下関係
点線は少し弱い上下関係

新潟県・栃木県、そして群馬県をテリトリーとする事例が多い。
　浜松支所は静岡支所の管轄下、富山支所は金沢支所の管轄下という企業も少なくない。興味深いのは、「新潟支所の管轄下」という富山支所が7つも見られることである。これは建設業に多い。
　表4の数字をどのように一般化するかということは微妙な点があるが、図3のように描くことはできよう。そして、これはそのまま都市のテリトリーを示していることにもなる。

[4] 都市のテリトリー

　都市に配置される企業の支所の任務は基本的に営業である。製造業であれば、自社の製品を売ること、顧客を開拓することである。そのために各企業は支所に固有の営業担当エリアをもたせている。それを集約することによって、その都市のテリトリーを把握することが可能となる。いわば都市の広域の影響圏である。都市が管理している領域とも言えるが、ここでは各企業においても一般的に使用されているテリトリーという用語を使用する。
　管見する限り、企業の各支所のテリトリーについて公刊されているまとまった資料は存在しない。筆者は各企業が発行している会社案内やアンケート資料に基づいて中部地方の主要都市のテリトリーを調査した。その結果をまとめたものが表5である。ここで問題となるのは、複数の県にまたがる範囲をテリトリーとしている事例である。
　名古屋は愛知・岐阜・三重県を、新潟は新潟県を、金沢は富山・石川・福井県を、富

表5　都市のテリトリー（2010年）

サンプル支所数／県	名古屋	新潟	金沢	富山
	42	9	15	4
	100.0	100.0	100.0	100.0
新潟	4.8	100.0		25.0
富山	38.1	11.1	86.7	100.0
石川	38.1	11.1	100.0	25.0
福井	42.9	11.1	86.7	25.0
山梨	4.8			
長野	11.9	11.1		
岐阜	95.2			
静岡	36.9			
愛知	100.0			
三重	91.7			

山は富山県をテリトリーとしていることがわかる。名古屋は富山・石川・福井・静岡県に対してはそれほど高率でテリトリーとしてはいないこともわかる。しかし、支所間の上下関係で言及したように、静岡・金沢・富山の支所はかなり高い率で名古屋支所の管轄下にある。名古屋は言わば間接的に静岡・富山・石川・福井県をテリトリーとしていると判定されよう。表5を図化したものが図4である。

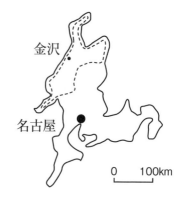

図4　都市のテリトリー
実線は名古屋のテリトリー
点線は金沢のテリトリー

[5]　主要都市における支所の本社所在地

　続いて、各都市の支所の本社所在地を見てみよう（表6）。言うまでもなく本社数では東京が断然多く、次が大阪、そして名古屋である。浜松を除くとほぼ同じ状況であることがわかる。浜松支所の東京本社企業の比率は47.6%、大阪のそれは11.4%であるのに対して、名古屋は8.5%である[5]。もちろん、東京と大阪には及ばないが、比較的高いものとなっている。静岡に対してもやや高い。その他では各都市いずれも東京本社企業の比率は50%台であり、大阪のそれは10%台後半であり、名古屋のそれは3.8〜5.4%である。

表6　主要都市における東京・大阪・名古屋本社企業の支所数とその比率（2010）

	名古屋	静岡	新潟	金沢	浜松	富山
	1,157	372	371	367	246	217
	(100.0)	(100.0)	(100.0)	(100.0)	(100.0)	(100.0)
東京本社企業の支所数	611	201	211	189	117	114
	(52.8)	(54.0)	(56.9)	(51.5)	(47.6)	(52.5)
大阪本社企業の支所数	175	62	52	66	28	35
	(15.1)	(16.7)	(14.0)	(18.0)	(11.4)	(16.1)
名古屋本社企業の支所数	48	20	15	14	21	10
	(4.1)	(5.4)	(4.0)	(3.8)	(8.5)	(4.6)

表7は表6と同じことを東京・大阪・名古屋本社企業からみたものである。東京本社企業・大阪本社企業いずれも名古屋への支所配置率はほぼ等しい。新潟へは東京企業の支所配置率がやや高く、金沢へは大阪企業の支所配置率がやや高い。そして、浜松に対しては名古屋本社企業の支所配置率が最も高いものとなっている。

3 ▶ おわりに

表7 東京・大阪・名古屋本社企業から主要都市への支所配置状況（2010）

		名古屋	静岡	新潟	金沢	浜松	富山
		1,157	372	371	367	246	217
東京本社企業の支所数		611	201	211	189	117	114
1,072	(100.0)	(57.0)	(18.8)	(19.7)	(17.6)	(10.9)	(10.6)
大阪本社企業の支所数		175	62	52	66	28	35
309	(100.0)	(56.6)	(20.1)	(16.8)	(21.4)	(9.1)	(11.3)
名古屋本社企業の支所数		48	20	15	14	21	10
98	(100.0)	(49.0)	(20.4)	(15.3)	(14.3)	(21.4)	(10.2)

　経済的中枢管理機能（民間大企業の本社・支所）を指標として中部地方の主要都市について分析した。この機能は高次な都市機能であるため分析対象都市は限られたものであり、名古屋・静岡・新潟・金沢・浜松・富山が該当する。第二次大戦後を対象としたが、主たる対象は2010年とした。

　本社数では名古屋を除くとそれほど多くを数えないので、この機能から見た場合、分析の中心は支所機能ということになる。支所数においてももちろん名古屋が一番多い。1950年では、静岡より新潟や金沢の方が支所数は多かったが、次第に静岡の支所数が増加し、2000年以降、静岡は名古屋に次ぐ地位にある。この背後には静岡県の活発な経済活動がある。大企業の支所は背後地域の経済活動と大いに関係しているからである。

　支所の業種構成を見ると、もっとも多い業種は「鉄鋼諸機械」である。製造業と非製造業とに分けると、2010年では、名古屋・新潟・金沢においては製造業の方が多く、2000年においても名古屋・静岡・新潟・金沢では製

造業が多い。しかし、前3都市は2010年では、その比率は低下している。この理由としては対象企業に占める製造業企業の比率の低下がある。

　支所の上下関係から主要都市を見ると新潟を除く4都市では「名古屋支所の管轄下」にあるものが一番多い。新潟の上位支所には東京とさいたまが多い。さいたまが上位都市にくる状況は21世紀に入ってからである。

　支所の上下関係は都市のテリトリーに直結している。都市のテリトリーでとくに重要なポイントは複数の県にまたがる範囲をテリトリーとする都市であるが、名古屋と金沢が該当する。名古屋は愛知・岐阜・三重県をテリトリーとしていることに加えて間接的に富山・石川・福井・静岡県をテリトリーとしていることが明らかになった。

　各都市の支所の本社所在地をみると、当然のことながら、まず東京そして大阪、名古屋の順であるが、浜松に対しては相対的に名古屋本社企業の支所配置が多く高いことがわかった。

　さて、近未来の状況について簡単な予測を述べておきたい。1つの重要なポイントは北陸新幹線の開通である。これはとりあえず金沢までの開業であるが、この影響は大きいと思われる。富山と金沢はいずれも東京（あるいは、さいたま）との結びつきが強くなるであろうことが予想される。それは名古屋との上下関係の弱化である。富山県・石川県が東京（さいたま）のテリトリーに組み込まれる可能性は少なくないものと予想される。大きな変化である。

（阿部 和俊）

【注】
(1) これらの詳細については、拙著『日本の都市体系研究』(1991) などを参照のこと。
(2) 第2次世界大戦後〜今日まで企業活動に大きな影響を与えた事件としては1970年代の2度のオイルショックがまず第一に挙げられるが、この時でも上場企業数が減少するということはなかった。リーマンショックとは、2008年9月15日にアメリカ合衆国の投資銀行であるリーマンブラザーズが破綻した出来事である。世界的金融危機の大きな引き金となったが、日本経済への影響も大きなものがあった。たとえば、製造品出荷額でみると、2006〜2008年の間毎年300兆円を超えていたものが2009年240兆円、2010年262兆円、

2011年255兆円、2012年258兆円となっている。いかにその影響が大きかったかということがわかる。
(3) 筆者はほぼ同じような観点から2000年次の東海地方の都市を分析している。そこでは、岐阜・津・四日市・沼津・岡崎・豊橋・豊田を取り上げている（阿部　2007）。
(4) 筆者はこれまでも複数本社制についてはいくつか言及してきた（たとえば、阿部2004）ので、より詳しくはそちらを参照していただきたい。
(5) 2000年においては6.2%であった（阿部　2007）。2010年ではわずかではあるが、上昇したことになる。

【引用文献】
1）阿部和俊『日本の都市体系研究』地人書房、1991
2）阿部和俊「都市とその機能」『日本の地誌7　中部圏』朝倉書店、2007
3）阿部和俊「都市の盛衰と都市システムの変容」阿部和俊・山崎朗『変貌する日本のすがた―地域構造と地域政策』古今書院、2004

大垣：水都の紡績工業都市から情報インキュベーション都市へ

　松尾芭蕉の「奥の細道」結びの地として知られる大垣市は水の都、すなわち「水都」でもある。揖斐川扇状地の伏流水が地表面近くを流れているため水が得やすく、水を利用した産業が発展してきた歴史がある。その代表は繊維産業であり、豊富な水量を求めて有力企業が戦前から繊維工場を経営し、市の経済を支えてきた。労働集約的な繊維産業は多くの女子労働力を必要としたため、県の内外から若い女性が労働力として集められた。働きながら学ぶ女性たちのために、戦後は定時制の女子高等学校や女子短期大学も設けられた。日本の産業構造が高度化する以前の1950～70年代、大垣周辺は繊維産業と多くの女子労働力によって特徴づけられた。

　しかしこうした特徴は、産業構造の高度化とともに変わっていく。紡績業、織物業が盛んに行われてきた愛知県尾西地方、岐阜県西濃地方では、繊維産業の中心が東アジアをはじめ海外に移転していくのにともない、産業構造の転換が求められるようになった。大垣地域から紡績工場をはじめ主要な繊維産業が姿を消していったのも、この時期のことである。それ以後、新たな産業の創出を求めて努力が続けられ、やがて運輸、自動車部品、プリント基板、精密金型、ガラス瓶製造などの産業が成長するようになった。ただし、隣接する愛知県が自動車や機械の生産力を高め、ものづくり王国としての地位を築き上げていくのと比べると、大垣市を含め岐阜県全体の産業集積力は、いまだ十分とはいえなかった。

　こうした点を克服するために、岐阜県は大垣から岐阜、各務原、美濃加茂を経て可児、多治見に至る県南部を中心に、新たな工業化を推し進める政策を展開した。名古屋大都市圏の周辺ともいえる地域であるが、名古屋近在から転出した企業や他地域から立地場所を求めてきた企業を、各所に設けた企業団地に誘致した。しかしこの時期、すでに日本の産業構造は高度情報化に向けて新たな道を歩み始めており、従来型の工業をそのまま迎え入れるという戦略は描けなかった。むしろその先を行く研究開発型の企業を県南部の円弧状地帯（岐阜県はこれをアークと呼んだ）に根付かせることが、時代の要請にかなうものであった。そうした流れの中で、大垣市と各務原市に県主導による研究開発型企業団地が設けられた。

　このうち大垣市には、日本で最初ともいえる公設による情報通信分野の研究開発指向型企業団地が1996年に誕生した。そのモデルに近いものは、アメリカ合衆国のシリコンバレーをはじめイギリス、ドイツ、フランスなどに生まれた先端技術集積地、一般にはテクノポールと呼ばれる新産業集積地に見ることができる。岐阜県が建設したのは、ソフトピアジャパンと通称されるインキュベーション機能をもつ情報通信研究開発センターである。インキュベーション（孵卵器）の機能はおろかその名前さえ日本ではまだ十分知られていなかったこの時期、県自らが旗を振る姿は関係者の間では大いに注目の的になった。インキュベーションに関心がある団体が、連日の

ように全国各地から施設見学に押し寄せた。この施設の建設で主導的役割を果たした当時の岐阜県知事は、産業革命によって産業の中心が農場から工場に移り、さらに情報革命で工業から「情場」へ移ると説いて施設設置の意義を強調した。

情場という造語がその後広く使われるようになったとは思えないが、ソフトピアジャパンという名前は全国に轟き、岐阜県は一躍、情報通信分野の先端産業イメージを獲得した。いまでこそ当たり前であるが、潜在的可能性を秘めた起業家の卵

ソフトピアジャパン・センタービルの低層棟、奥が高層棟。

が研究開発を自由に行える設備とスペースを、破格の好条件でコアとなる施設の内部に設けた。先行する内外の先端的な研究機関や大学などとの交流にも力を入れ、ベンチャービジネスが立ち上げやすい環境を整えた。企業団地の敷地内には地元の情報関連企業のほかに、全国的に有名な情報企業の研究開発部門が活動の拠点を構えた。交流施設の中では業種や企業の違いを超えた人的交流が盛んに行われ、新しい情報技術やアプリケーションの開発へとつながっていった。iPhoneのアプリケーション開発では一躍名を馳せた。

こうして情報通信の研究開発分野で先駆的な役割を果たしたソフトピアジャパンであるが、全国に類似の施設があいついで誕生していくのにともない、徐々にそのイメージに陰りが見られるようになった。とはいえ、当初、掲げられた目標は変わっておらず、施設の拡充で機能強化を図りながら、現在もなお旺盛な研究開発活動を行っている。なかでも特筆されるのは、付属施設として情報科学芸術分野の大学院大学（通称 IAMAS）を設けたことである。メディアアートという未知の領域を切り開く若い人材を育てる教育施設を置くことで、情報通信分野に限らず、情報科学、情報芸術の分野にまで幅広く可能性を広げることができるようになった。現在、この施設はソフトピアジャパンの敷地内にあるが、以前はかつて紡績工場で就業した女子工員が勉学に勤しんだ定時制の女子高等学校の施設を使用していた。施設利用の移り変わりに、産業構造の変化と時の流れの早さを感じないわけにはいかない。

水都・大垣は扇状地性の自然条件を生かし、繊維産業で近代工業化の道を歩み始め、いまはまた情報通信、情報科学、情報芸術の名前で知られるようになった。戸田藩十万石の城下町であり旧中山道の宿場町でもあった。東西交流の要衝、とりわけ関西圏への出入り口として歴史的に重要な役割を果たしてきた。天下分け目の関ヶ原の戦いの舞台にも近い。維新直後、岐阜県の県庁設置をめぐって岐阜と争った歴史もある大垣は、時代の節目ごとに名前が登場する都市である。

（林　上）

地域を元気にするコミュニティビジネス

　近年、コミュニティビジネスやソーシャルビジネスといった小規模ながらも地域社会に貢献するビジネスを起業する人が増えている。これらは、地域が抱える環境、福祉、まちづくりなどのさまざまな問題を解決し、生活の質を高めるため、従来のボランティア的取り組みに継続性と信頼性のあるビジネスの手法を取り入れて行うものである。営利を目的とする一般のベンチャービジネスとは異なり、必ずしも利益追求を第一としない適正規模、適正利益のビジネスである。地域社会に利益をどれだけもたらすかが、コミュニティビジネスを評価する際の最も重要な尺度である。言い換えれば、ボランティアとビジネスの中間領域を対象とし、経営性と公益性を兼ね備えた地域に根ざしたビジネスがコミュニティビジネスである。

　このようなコミュニティビジネスが注目されるようになった背景には、大きく2つの要因がある。まず、バブル経済崩壊後の長引く不況の中で、行政や企業セクターによる公共事業の実施や社会サービスの提供・支援に限界が生じた。福祉や環境分野での行政サービス需要が増大する一方で、行政コストの削減が求められた。また、利益を追求する民間企業においても、収益性の低い事業には手を出しにくい状況が生まれた。そうした中、特定非営利活動促進法の制定も後押しする形で、市民自らが自分たちの考えで行動する市民社会の形成を目指す動きがみられ、コミュニティビジネスを起業する市民も増加していった。

　他方、産業空洞化に伴い新規産業創出の必要性が高まった。経済のグローバル化が進む一方で、地域コミュニティはビジネスの宝庫であり、たとえ小規模なコミュニティビジネスであっても数が集まれば地域経済への波及効果は大きい。従来は、大企業や工場を誘致する外発型の産業振興が自治体の産業政策の中心であった。しかし、今日のような成熟社会においては、地域資源を生かした内発型の産業振興策として、またファイス・トゥ・フェイスで地域の生活者に向き合うボトムアップ型の産業振興策として、コミュニティビジネスが注目されている。何れにせよコミュニティビジネスは、地域づくりや雇用の場づくりの手段としても有効であり、多方面において地域への波及効果が期待できる。

　名古屋市及びその周辺地域においても、市民意識の成熟化に伴いコミュニティビジネスを起業したいと思う市民が増え、それらの市民起業家を総合的に応援する取り組みが1990年代初頭から行われている。その中心となっているのが、「NPO法人起業

リユース＆リサイクルステーションの様子
（提供：中部リサイクル運動市民の会）

ワンデイシェフレストランのランチの一例

支援ネット」である。起業を通して自己実現を果たし、地域に貢献したいという思いを持つ人々を、人材育成、講演・研修、各種相談、ビジネスマッチングなどの事業を通して幅広く支援している。とくに2005年から始めた「起業の学校」では、起業家精神の醸成から事業計画書の作成まで総合的な支援を行っている。行政や各種団体からの受託事業・調査を行い、組織の経営基盤を維持している。

　また、使い捨て社会や環境破壊への危機感から1980年に有志が集まってスタートしたのが「中部リサイクル運動市民の会」である。名古屋市を拠点に、リユース・リサイクルスのためのシステムづくり、環境教育プログラムの企画・運営、環境配慮商品の開発・普及など、循環型社会の実現を目指して幅広い活動を行っている。活動開始から30年以上が経過し、多くの実績を重ねていくなかで、有機食品の宅配事業やフリーマーケットのプロデュースなどの環境ベンチャーを多数輩出している。新たなNPOの立ち上げや活動を支援するなど、環境ビジネスのインキュベート機能を発揮している。

　料理の得意な主婦たちが日替わりでシェフを務めるワンデイシェフ・システム。コミュニティ形成の核となるよう、できるだけ多くの人が参加できる開かれた運営システムとして考えられた。このワンデイシェフ・システムを取り入れたレストランの第一号店が、2001年11月に三重県四日市市にオープンしたコミュニティレストラン「こらぼ屋（現にじいろ堂）」である。コミュニティ形成の場であると同時に、地域の主婦たちの自己実現の場ともなっている。最近では、まちづくりのツールとしても注目され、このシステムを取り入れたレストランが市内や東海地域だけでなく、全国に広がりつつある。

　　　　　　　　　　　　　　　　　　　　　　　　　　　　（大塚俊幸）

Ⅲ まちづくり・まちのすまい
都市の生活・文化・社会

　「まちづくり」という言葉は、都市計画という専門用語を語感よく現代風に言い換えたものである。これまで行政主導で進められてきた都市計画は、高度経済成長がとうの昔に終わりバブル経済の崩壊も経験した今日、打つ手なしのある種、閉塞状態に陥っている。財政力の大幅な後退で官に余裕はなく、必然的に民間企業や地域住民の手を借りながら都市形成を進めていかざるをえない。それを見越してか、地域事情に精通した地域住民は、自らの生活環境を良くし暮らしを豊かにするために、都市づくりに積極的に関わるようになった。

　都市の中で住宅・住居や暮らしに関わる領域は非常に大きい。住宅の形態や間取りなどの構造、住宅が集まった街区などのハード面だけでなく、そこで生活している人々の生業や文化・伝統にも関わる暮らし方などソフトな面も、ともに都市の住宅・居住として考えなければならない。このことは、この分野の研究が都市計画、建築学、経済学、社会学、地理学、文化人類学など幅広い学問分野から進められていることからも明らかである。中部の都市でこの分野に光を当てる場合も、住宅・居住に対する個別的接近のほかに、これらを横断的、総合的に俯瞰する視点からのアプローチが求められる。

　土地区画整理事業が盛んに行われてきた中部の都市では、住宅地の整備に対する関心が高い。東西の大都市圏に比べて空間に余裕があるため、一戸建て住宅を求める割合も大きい。より良い居住環境を実現するには、近隣地区一帯がまとまりをもって共同的に取り組まなければならない。良好な住宅環境は資産価値を高め、防犯や治安など社会的側面でも効果的である。農業生産条件に恵まれ、近代以降は工業化で大きな経済発展をなしとげた歴史を背景に、質の高い住宅・居住環境を求める意識が、この地方では高い。

　良好な住宅・居住環境を実現するには、土地区画整理事業など制度的方法をその地域の条件に合わせて取り入れていく必要がある。また、たとえ制度や仕組みがあっても、それに対する深い理解と協力できる組織体制が地域に用意されていなければ実現には至らない。基本的には国や県あるいは自治体のレベルで考えら

中部の都市を探る —その軌跡と明日へのまなざし—

れた地域発展プランがあり、その実現のための基盤として鉄道・道路・港湾・用水などのインフラが整えられていく。それに沿うように産業や施設が配置されていくが、住宅もまたその時代の要請に適応するかたちで広がっていく。そのさい、どのような制度や方法を住宅地整備に採用すればよいのか、また取り入れることが可能かで実現後の姿が異なる。

　住宅・居住地の整備は社会経済の発展段階に応じて異なる。中部では高度経済成長期に東西の大都市圏と同様、大都市に流入した人口の受け皿として、郊外にニュータウンやそれに類する住宅地が建設された。その後、社会経済は成長から停滞、成熟への道を歩むようになり、一転して郊外から元の大都市へ回帰しようという動きが現れてきた。同世代の人々が短期間に大量に入居して形成された郊外住宅地では、少子高齢化の動きが急である。大都市と郊外を結びつける主要交通駅の周辺では、都市回帰の一環として再開発事業が進んだ。とりわけ、日本初の立体換地方式による駅前商業地の再生が実現できたのは、土地区画整理事業の長い歴史がある中部の都市ならではである。

　人口の高齢化にともない、都市構造も変わらざるをえない。住宅・居住だけでなく交通や移動の分野でも改革が求められている。健常者前提のこれまでの移動手段には限界があり、バリアフリーの考えのもとで、交通・移動のあり方を再考する必要がある。こうした考えは、障害者や高齢者の問題に限らず、幅広い領域にまで広げていく必要がある。健常者や成人男性を暗に想定した都市づくりそのものに対する疑問が生まれているからである。ジェンダーやマイノリティの視点を組み込んだ新たな都市づくりが求められている。

　マイノリティやエスニシティは、これからの都市づくりに欠かせない視点である。製造業が盛んな中部の都市は、製造現場で就業する多くの外国人労働者をかかえている。ホワイトカラー職の外国人の多い東京との違いがここにあるが、これらの外国人は日本人のコミュニティからやや離れたところで生活する場合が多い。都心部周辺の繁華街、郊外や港湾地区に建つ団地の一角などである。流入初期に目立った理解不足による住民同士の間の文化的、民族的摩擦は、表面上は影を潜めた。少子化による人口減少と労働力不足が避けられない日本では、製造業だけでなく介護や福祉などのサービス分野における労働力確保の点から見ても、異文化理解と民族的共生は不可避である。

住民参加型予算とまちづくり事業への活用

　近年、地方自治体は地域経済の衰退や地域財政の窮乏に直面すると同時に、高度情報化や国際化、少子高齢化等の社会情勢の急速な変化へ対応することが求められている。総務省では、地方分権一括法の施行以降、地方自治体と地域住民が協働で地域運営にあたる体制を整備し、公共的サービスの施行の段階のみならず、行政側の計画・決定の段階からの住民による主体的参加を提唱しており、予算編成過程においても住民参加の取り組みが各地で広がりつつある。

　本章では、こうした住民参加型予算に注目し、全国的な取り組みを体系的に捉えた上で、名古屋市にある「港まちづくり協議会」における場外舟券売場という迷惑施設の誘致による公的資金の活用を事例に、住民が関与するまちづくり事業の効果や課題を考察する。また、当該地域における住民へのアンケート調査を対象に、まちづくり事業に対する住民の満足度や期待感を定量的に計測するシステムを紹介し、まちづくり事業に対する住民による評価の重要性を述べる。

1 ▶ 住民参加型予算の取り組みと課題

　住民参加型予算とは、住民が地方自治体の予算編成過程もしくは予算使途に関与できる制度であり、住民が地域運営に参加し意思決定できるルートとして導入が実施されている。全国的な取り組み事例は、松原・鈴木（2011）が言及するとおり、①予算編成過程の公開、②市民委員会による予算の対案編成、③地区予算編成制度、④1％支援制度、⑤協働事業提案制度といった5タイプに分類される。また、住民参加の段階は、予算編成プロセスが公開

されているが実際の予算編成は議会で行われる①と②、予算決定後の使途を住民参加の形式で決める③と④、予算編成の前に事業提案を受ける⑤の3種類に分けられる。

　①予算編成過程を公開する自治体が増加する中、鳥取県では、田辺（2003）と西尾（2004）で紹介されているように、編成段階において各事業の要求額・査定額に加え事業採択の理由や事業間の優先順位づけ等を公開し、市民に対する説明責任を強化する役割を果たしている。ただし、松田（2005）が指摘するとおり、公開をするだけでは住民からのコメントや要望の数は限定的であり、住民の意向が予算に反映されるとは限らない。その要因は、事業効果や政策評価情報が公開されていないため事業の妥当性や支出の効率性を判断できないことや、一個人では関心のある分野への予算配分や問題点を理解できたとしても、他分野の事業の妥当性を判断し、分野横断的な支出優先順位の変更についての代替案までは提示できないことが挙げられる。

　②市民委員会による予算の対案編成は、2004年度に埼玉県志木市で導入され、市役所と市民委員会が別々に予算を作成し、市長が比較検討するという制度である。しかし、2006年度予算編成からは実施されておらず、その背景には、松田（2005）は、代表性をもたない市民が独占的に役所から説明を受け、予算案の対案を作成し、市長に提出できるという仕組み自体に、民主的プロセスの観点から問題があり、市民委員会には支出の優先順位決定にあたり有効な代替案作成のための専門能力が必要であると言及している。

　③地域予算編成制度は、各地区の地域づくり委員会による地域づくり事業に一括交付金を与える制度であり、従来の補助金とは異なり一部の予算編成を市民に任せるという試みである。中谷（2013）では、自治体独自で条例を制定したり要綱で行う場合と地方自治法上の地域自治区を設定しその枠組み内で行う場合に分類し、前者の事例として三重県名張市「ゆめづくり地域予算制度」や大阪府池田市「地域分権制度」、後者の事例として愛知県豊田市「地域予算提案事業」を挙げている。「ゆめづくり地域予算制度」による名張市の行政改革の取り組みに携わった松下(2004)は、地域予算制度の課題は住民が地域づくりや市制に参画する環境づくりの充実、参加者の増加や人材育

成、行政職員の住民自治に対する意識改革などであり、住民と行政の協働の継続と、他の施策と連動させた展開が必要としている。

④1％支援制度は、個人住民税1％を市民投票により市民活動団体の活動を資金面から支援する取り組みであり、松原・鈴木（2011）によると千葉県市川市をはじめ9自治体で導入され、12自治体で検討されている。制度の特徴は、第一に市民の投票により市民活動団体に補助金が交付される仕組みであることから、各市民活動団体が実施している地域活動とその役割や地域の課題などをわかりやすく説明し周知する機会となっていること、第二に公的資金の配分における「公益性」の判断を市民に選んでもらう考え方であること、第三に関心のない市民を巻き込む仕組みになることである。また、制度の課題としては、市民参加率が低いこと、投票者の対象を誰にするか、市民活動団体の役割への市民の認知をどう広めるかの三点を指摘している。

⑤協働事業提案制度は、自治体がNPOからの提案を協働事業として実施することを検討・協議していくしくみであり、協働事業提案制度研究会報告書（2010）によると制度を有する自治体は53団体（20道府県、33市町）、導入の意向を持つ自治体は32団体である。各自治体から提案制度に対する課題として、実施する内容に関わらず、上限額に合わせて積算した事業が多い、行政が提示するテーマに市民団体が課題と思う内容が含まれない・課題の趣旨が伝わらないなどから応募が少ない、事業担当課の意向が反映されない提案事業が採択され実施に支障をきたす、提案団体の選考結果に対する不満、実施事業検証の効率化・質的向上などが提示され、提案申請前後の意見交換や協議、ヒアリングの機会を設けることで行政と提案側が評価に関する情報を共有化するしくみへの改善が図られている。

以上のとおり、住民参加型予算の導入はまちづくりや地方自治の強化に向けた一定の成果がみられる。次節では、公営競艇場外発売場であるボートピアの誘致による公的資金を活用した名古屋市港区の事例を取り上げる。

2 ▶ ボートピア名古屋の開設と住民参加型予算のしくみ

　公営ギャンブルであるボートレースでは、売上金の75％が購入者に払い戻され、残りの25％は運営施行者である地方自治体へ支払われ、様々な費用に充てられる。また、一般的にボートピアは売上の1％程度が設置する自治体へ支払われ、通常は一般会計に計上される。2006年8月、名古屋市港区にボートピア名古屋（場外舟券売場）が開設されたことに伴い、ボートレースの運営施行者である蒲郡市と名古屋市との間で締結した行政協定に基づき、ボートピア名古屋における勝舟投票券売上額の1％に相当する額が「環境整備協力費」として名古屋市に支払われている。その全額の使途に地元住民が関与するしくみを有しているのは、全国26箇所の中で名古屋市が唯一である。また、本事例は、前節の③地域予算編成制度に該当すると同時に、環境整備協力費の予算額は図1に示したとおり資金規模が大きく、予算内であれば「名古屋市への要望事業」として市のハード事業に対する要望に事業各局が応じる形で実現でき、ソフト事業とハード事業ともに活用できるなど裁量の範囲が広いという特長を持っている。以下では、東・三井（2013）に基づき、ボートピア名古屋の誘致とそれに伴う住民参加型予算の運営について考察する。

　名古屋市港区西築地小学校区（2011年時点で2,356世帯）は、戦後は港湾機能の発展に伴って集まった労働者の多い地区として活気があったが、現在は路面電車の廃止や港湾機能移転を経て、地下鉄名古屋港駅以南は観光エリアとなり、同駅以北もマンション増加などで住民の属性に変化がみられる。また、1980年代の行政計画「地区総合整備事業」に端を発し、住民や事業者と行政の協働による先進的なまちづくり活動が活発であった。

　ボートピアの誘致は、活性化への期待が動機となり、小学校区内の町内会長を中心に、学校、PTA、消防団、女性会、老人クラブ、子ども会などの代表で構成される「学区連絡協議会」において、環境整備協力費をまちづくりに活用するという条件付賛成を議決した。ただし、小学校区内の各町内会で行われた投票やアンケートで多数あった反対を押し切る形で議決されたた

め、誘致を望む住民と、生活や教育環境への悪影響を懸念して反対する住民との間に対立が生じていた。

「港まちづくり協議会」は、「ボートピア名古屋の開設をきっかけに、市民と行政との協働による港まちのにぎわいづくり・地域づくりを目指す」という港まち活性化の方針に基づき、2006年8月に設立された任意団体である。西築地小学校区の住民や商店街振興組合から推薦された委員7名と、市の各局職員による委員5名で構成され、環境整備協力費の使途を協議し、「賑わいのあるまちづくり」と「暮らしやすいまちづくり」の2大方針に従い、住民の参加を伴うイベントや活動、講習や視察、事業検討部会、情報発信、環境整備などの自主事業を実施している。また、先述のとおり、港まちづくり協議会では直接扱うことができない事業は環境整備協力費の枠内で要望を行うことで、「名古屋市への要望事業」として実現している。

事業初年度の2007年には、地域パトロールを受託したNPO法人が、契約内容と異なる実施実態を協議会の場で指摘され、返金や民事調停に発展するトラブルが発生した。トラブルの一因は、協働のまちづくりを推進してきた団体の幹部が、ボートピア誘致を推進した自治会連合組織の執行部、誘致条件を活用するための港まちづくり協議会、最大の事業パートナーであるNPO法人の理事という、4つの役職を兼務したことによる権限集中である。その後、行政は、事業実施において財務規定の変更や行政関与を強化した委員体制と事務局管理体制が構築することで防止策を講じている。

協議会は、概ね月に1回開催される。限られた協議時間内で議論を効率的に進めるため、事前に運営会で会長副会長と事務局により議事内容を検討する。事業計画は若干名の公募部会員と協議会委員による検討部会で協議し、事業策定は部会開催前の情報収集と部会参加者からの様々な提案の中から3段階の検討を行う。第1段階は「公共性」で、ある場合は事業案となり、無い場合は使途として失格となる。第2段階は「市事業として実施」で、可能であれば市への要望事業として調整し、市が実施できないものは企画検討とし、その主な内容が第3段階の「適切な担い手」であり、いる場合は協議会事業となり、いない場合は実現可能性が低い。

協議会の事業は、「名古屋市への要望事業（2013（H25）年度予算は5900万円）」と「港まち活性化事業（2013（H25）年度予算は7300万円）」に大別でき、図1に示したとおり、「港まち活性化事業補助金」は概ね7000万円台で推移している。ただし、2008（H20）年度の予算は1億8000万円と大きいが、執行率は21％に留まっている。2009(H21)年度以降の事業の内訳は、提案によって事業パートナーがアイデアを実現する提案公募型事業と、継続的に実施する必要がある協働事業の2つに整理され、全体をコーディネートして支えるための情報発信・広報・調査検討・事務局運営によって、安定的に事業を行っている。

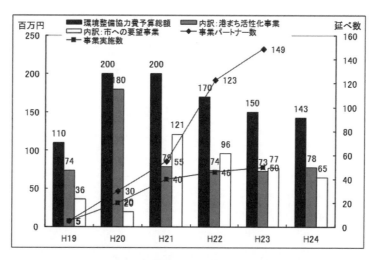

図1　環境整備協力費の使途分類と事業数の推移
出典：東・三井（2013）

　事業資金は補助金であり、他団体への補助や助成ができないことから、民間企業への業務依頼や事業パートナーとの協働では役割分担をした上で、依頼する部分には業務委託契約が必要となる。基金化や財産保有は認められておらず、未執行や予算に満たない事業実施による残金は市に返還しなければならない一方、資金不足時には委員個人が負担することになるため、事業の

執行率は100％以内にする必要がある。

また、図1のとおり、予算総額が減少する中、事業実施数は増加しており、予算使途が小口化し、多様な事業パートナーとの協働が拡がっている。その背景には、設立当初はボートピア誘致活動を担った住民による大規模な事業の発案や実施が主であったが、2009（H21）年度以降、誘致に反対した人や異なる立場の人々も事業パートナー、委員や公募部会員になり始めるといった変化がみられる。

3 ▶ まちづくり事業への住民評価

まちづくり事業や地域活性化策を実施するにあたり、事業に対する地域住民への満足度を高めることは政策の運営担当者にとって重要な課題である。そこで、本節では、港まちづくり協議会の事業に対するアンケート調査をもとに、地域住民の潜在的な意識を把握し、地域のまちづくり事業の効果や期待する評価を定量的に提示するシステムとして三井・東（2014）の手法を紹介する。

まず事業評価にあたり、港まちづくり協議会が実施している事業をすべて列挙し、①参加活動型イベント（料理教室・昔遊びなど）、②参加観賞型イベント（イルミネーション・上映会・講演会・まつりなど）、③活動発表型イベント（合唱・太鼓・おどり・リースづくりなど）、④講習や視察（防災やまちづくりのための講習や視察・勉強会）、⑤事業検討部会（ワークショップ・部会）、⑥情報発信（情報誌・港まち新聞・子育てガイドブック・協議会ニュースなど）、⑦環境整備（道路補修・街路灯・プールの補修・文庫・AED・花壇など）の7項目に分類した。次に港まちづくり協議会が担うべき役割や機能を検証するため、実施事業の目的や期待される効果として、⑧景観やイメージ向上、⑨暮らしの安全安心向上、⑩健康や学びの増進、⑪子どもに対する教育的効果（子ども教育効果）、⑫地域づくりに関する調査や検討（まちづくり研究活動）、⑬地域資源に関する広報や情報発信（まちの広報活動）、⑭交流の機会づくり、⑮地域活動の担い手拡大と育成（担い手育成）、⑯まちのにぎわいや経済的効果（にぎわいや活性化）の9項目を提

示した。

　以上、①〜⑮を調査項目とし、港まちづくり協議会のご協力の下、2012年に「港まちづくり協議会に関する調査」を実施した。調査は、西築地小学校区内の2,356世帯と569事業所を対象に訪問依頼、不在者にはポスティングによって配布、郵送回収した総回答数は793（有効回答数は790）である。

　本調査を対象に、三井・東（2014）では共分散構造分析により住民の潜在的な意識から事業に対する評価の定量的な計測を行った。共分散構造分析とは観測データ（質問項目）とその背後にある潜在的な要因（評価基準）との

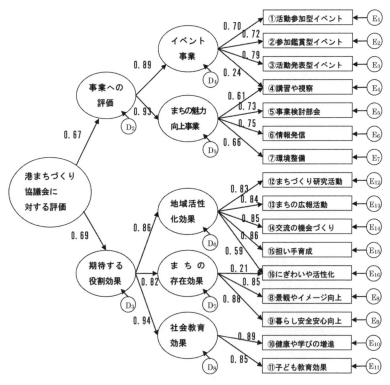

図2　港まちづくり協議会に対する評価：住民意識構造モデル
　　　出典：三井・東（2014）

因果関係を検証する統計手法である 。詳細な分析手順 については省略するが、「港まちづくり協議会に対する評価」として、15質問項目（観測データ）を通して「事業への評価」には2つの評価基準、「期待する役割・効果」には3つの評価基準がそれぞれ得られ、そこから図2に示した住民意識構造モデルが決定された。

「事業への評価」に対する2つの評価基準として、①活動参加型イベント、②参加観賞型イベント、③活動発表型イベントといった「イベント事業」により賑わいを創出することへの評価と、④講習や視察、⑤事業検討部会、⑥情報発信、⑦環境整備といった「まちの魅力向上事業」によりまちの魅力や暮らしやすさを向上させることへの評価が抽出された。両事業ともに一定の評価が得られており、特に住民が実際に参加し関与できるイベント的要素をもつ事業への評価が高く、次いで⑤事業検討部会や⑥情報発信といったまちの価値を高めようと取り組む事業への評価が高い。一方、⑦環境整備に対する評価は相対的に低く、道路補修・街路灯・プールの補修・文庫・AED・花壇など対象となる事業が多岐にわたることもあり、プラス評価が高い反面マイナス評価も高いことが影響していると推察できる。

「期待する役割・効果」に対する3つの評価基準として、⑫まちづくり研究活動、⑬まちの広報活動、⑭交流の機会づくり、⑮担い手育成、⑯にぎわいや活性化から期待される「地域活性化効果」、⑧景観やイメージ向上と⑨暮らしの安全安心向上による「まちの存在効果」、⑩健康や学びの増進と⑪子ども教育効果による「社会教育効果」が抽出された。「社会教育効果」への期待は非常に高く、「地域活性化効果」および「まちの存在効果」も併せ、港まちづくり協議会への期待度は大きいようである。中でも、⑩健康や学びの増進、⑪子ども教育効果、⑭交流の機会づくりや⑮担い手育成といった住民自身が直接受益を得られる事業への期待度が特に高く、港まちづくり協議会が今後住民にとって有益、もしくは評価される事業を企画する上で重要な指標となりうる。

次に、本調査で併せて得られた「性別」、「年齢」、「居住年数」、「家族構成」といった住民の属性や「小学校区内の出来事への関心」、「地域活動への参加

意向」、「まちへの評価」、「まちのにぎわいへの希望」、「港まちづくり協議会の存在認識」、「資金が公金であることの認識」といった志向や認識に着目し、港まちづくり協議会に対する評価との関連性を考察する。

住民の属性による意識傾向については、「家族構成」、「まちへの評価」、「まちのにぎわいへの希望」、「港まちづくり協議会の存在認識」、「資金が公金であることの認識」の相違は、協議会に対する評価に差異をもたらした。

「家族構成」では、二世代以上の評価が相対的に高く、複数家族の存在により各種事業の受益の機会が多くなることが要因と考えられ、事業目的の基盤となるまちの魅力向上事業や地域活性化効果を重視する傾向がみられた。一方、「単身・夫婦」や公金に対する認識がない住民は、イベント事業といった目に見える活動に対する評価が相対的に高い。

「まちへの評価」では「まちを大好き・好き」と回答した住民はまちの魅力向上事業への評価が非常に高いと同時に、社会教育効果への期待が大きく、港まちづくり協議会の認知度も高い。一方、「好きではない」と回答した住民はイベント事業への評価が高く、④講習や視察をイベントとしてのみ捉えており、まちの魅力向上事業への評価は相対的に低い。

「まちのにぎわいへの希望」では、「来訪者によるにぎわい」を希望する住民は、来訪者を誘致する取り組みによる地域活性化効果への期待が非常に大きい。一方、「にぎわいは不要」と「仕事や生活する人によるにぎわい」を希望する住民は、イベント事業を高く評価すると同時に、期待の中では社会教育効果やまちの存在効果を重視しており、住民への直接的な受益が大きい事業に対する評価が高いと推察される。

「港まちづくり協議会への存在認識」では、「知る」と回答した住民はまちの魅力向上事業への評価が高い一方、「知らない」と回答した住民は期待する役割効果への期待度が高いものの事業への評価に対し事業自体を「知らない」と回答する比率が高い。

「資金が公金であることの認識」では、「知らない」は事業への評価が非常に高い。「知らない」は、財源の存在すら知らなかった回答者と、誤解をしていた回答者とで構成され、住民が予算使途へ関与するといった認識がなく

予算や事業運営に対する評価はされず、実際に目にするイベント事業のみを高く評価していることが示唆される。

　本調査は質問項目も多く、回答者の95％が社会的出来事に関心があると回答していることからも、港まちづくり協議会についてプラス評価もしくは地域に関心のある住民への偏りは否めず、より広範で関心度の低い住民意識の把握や実際の行動との関連を研究していく必要がある。一方、港まちづくり協議会の存在を知らなかった回答者25％はもちろん、資金が公金であることを知らなかった約半数に対しては、アンケート調査の実施が存在の周知や状況説明の機会にもなり、今後のまちづくり事業への関与や資金の活用に幅広い意見が反映される可能性を高めた点で、非常に有効な調査となった。

　以上のことより、特定の地域でまちづくり事業を進めるにあたり、地域別に異なる課題に注目した事業運営が求められ、当該地域の世帯や年代の分布をはじめ地域性や住民満足度を考慮した計画が必要である。同時に、同一の特性をもつ住民であっても情報提供の有無により公共事業の理解度や満足度が異なるという高野ほか（2000）の指摘のとおり、「知らない」「不明」の回答が事業の満足感へ影響を与えていると推測される。事業効果を高めるためには、住民に対する事業自体の周知に加え公的資金が活用されていることやそのしくみをわかりやすく説明し理解を求めていかなければならず、事業目的やその意義を認識できる機会や情報発信および広報のあり方を十分に検討することが不可欠である。ただし、今回の調査で明らかになったように新たなまちづくり事業を模索する段階では、事業運営者は地域住民とのコミュニケーションの機会を設け、事業への関与や関心を高め、まずは地域活動へ参加する可能性や関心度が高い住民に積極的かつ計画的に働きかけることが、事業の質の向上や担い手の拡大といった地域内の力を引き出し、事業運営への支持と協力を得ることにつながるであろう。

4 ▶ まとめにかえて

　最後にこれまで取り上げてきた港まちづくり協議会の事例から住民参加型予算のしくみによる効果や課題を述べる。

まず、住民参加型予算の導入により期待される効果は、第一に、各地域において、地方自治体は実施事業の規模が大きく、自治会・町内会の組織は規模や範囲が小さいため、新たな地域自治組織を設置することにより、地域の課題を実際の事業に位置づけ、適正な事業運営や課題への対応の実現を可能とする。第二は、住民は自身が提案もしくは関与した事業を高く評価する傾向がみられ、事業満足度を向上させる効果がある。第三に、地域内での対立緩和や連携の機会を創出する。地域内での対立や、行政と住民、新旧住民、世代の違い、地域外の住民を含め様々な立場の住民が公的事業に関与することにより、事業目的や方向性の共有化を図る機会につながる。

　一方、住民参加型予算のしくみの存在自体が、住民が担い手としての意識を抱くことへ直結するわけではないため、関心が低い住民に対し協働への参画を図り、多くの住民の意向を反映できる運営のあり方を模索していかなければならない。また、事業運営主体に関わる委員の選出に際して民主性が弱い場合、実施事業に地域住民の多数意見が反映されているかは不明瞭であり、事業の公益性や妥当性の判断が難しい。すなわち、住民参加型予算の運営を推進するために、行政は、住民全員を対象とした公募による参加と予算使途に関与できる透明性の高い意思決定システムの構築、並びに予算の適正な執行やモニタリングをはじめ資金運用に対する公平性や公正性が確保されるシステムの導入を図らなければならない。事業実施者は地域住民の意向把握と行政施策との調整を行い、受益者満足度の高い事業運営を実施していく必要がある。

　さらに、実施事業の目的や内容、実施方法に対する公益性や妥当性などの評価が求められる。国土交通省の都市再生整備計画事業においても、まちづくりの目標とその達成状況を評価する指標を設定し、来街者数、居住者数に加え、満足度など数値化された指標の達成状況の事後評価を行っているが、満足度による評価はアンケートによる定性的な数値にとどまる。事業に対する地域住民の満足度を高めるにあたり、住民による事業評価や期待感、個人の志向や認識、地域特性を考慮し住民意識を定量的に把握し提示することの意義は大きい。こうした評価システムにより、受益者満足度が高い効率的な

事業運営やその事業の存在意義を認識させ、住民参加の促進と事業効果の向上につながるといえる。

(三井　栄)

【引用文献】

1) 東善朗・三井栄「公的な地域振興資金に対する住民の関与～港まちづくり協議会を事例に～」『日本都市学会年報』、No.46、日本都市学会、pp.153-159、2013
2) 高野伸栄・森吉昭博・辻 明希「排雪事業における住民満足度と行政情報提供の効果に関する研究」『建設マネジメント研究論文集』、Vol.8、土木学会pp.45-53、2000
3) 田辺康彦「鳥取県における予算編成過程の公開」『地方財務』、9月号、ぎょうせい、pp.129-140、2003
4) 西尾浩一「鳥取県における予算編成過程の公開について」『都市問題』、第95巻、第10号、東京市政調査会、pp.53-64、2004
5) 松下英子「名張市における「ゆめづくり地域予算制度」」『都市問題』、第95巻、第10号、東京市政調査会、pp.79-89、2004
6) 松田真由美「自治体予算編成過程への市民参加」『TORCレポート』、No.26、地域イノベーション研究センター、pp.155-165、2005
7) 松原明・鈴木歩「参加型まちづくり予算の現状と可能性 ―NPOをはじめとする市民社会組織の役割を中心に」『まちと暮らし研究』、No.13、地域生活研究所、pp.18-26、2011
8) 三井栄・東善朗「地域住民によるまちづくり事業への評価 ―名古屋市「港まちづくり協議会」を事例として―」『地域学研究』、Vol.44、No.1、日本地域学会、pp.123-135、2014

地域特性を十分に取り入れた「まちのバリアフリー化」をめざして

1 ► はじめに

　交通バリアフリー法（高齢者、身体障害者等の公共交通機関を利用した移動の円滑化の促進に関する法律（2000年11月15日施行））に基づき、1日の乗降客数が5000人以上の鉄道駅とその周辺地域を対象とした交通バリアフリー基本構想が各市町村により立案され、交通バリアフリーの実現に向けた事業が各地で進められている。さらに、交通バリアフリー法は2006年にバリアフリー法へと変わり、新たな対象が加えられた。また、段階的・継続的な取り組み（スパイラルアップ）の必要性も取り入れられた。さらに、国の一律的基準だけでなく地方公共団体の条例による上乗せ基準も積極的に導入することができるようになった。

　本稿では、バリアフリー法の主要な方法である「移動等円滑化（バリアフリー）基本構想」（以下、「基本構想」と略記する）を市町村がどのように活用すべきかについて考察する。

2 ► 福祉のための社会資本整備のありかた

　社会資本整備の目標は明治時代より「産業のため」が重視され、高度経済成長が実現できたのも社会資本整備のおかげである。都市の発展は交通体系の充実、資源・エネルギーの供給、人口の集中に加え、情報の集積によってもたらされ、それらを支える社会資本は都市の生命線である。社会状況の変化により社会資本にこれから期待することとして「生活のために」という内容が重視されつつある。

　一方、福祉の概念もいろいろと変化してきている。福祉といえば、従来は「施

設での措置型福祉」であったものが、最近は高齢者も障害者も地域に居住したままで、しかも受けるサービスは契約によって成り立つ「地域での契約型福祉」に変わってきている。地域福祉計画の主要項目として、障害者の就労、就学の促進が盛り込まれている。それを実現するためには、社会資本が多様な人々に活用されるように整備されていく必要がある。

その意味で、現在は「例外なきすべての住民のための社会資本整備を行わなければならない」という考え方が基本である。そのときに使用される用語としては「バリアフリー（Barrier Free Design）」を使うことが多いが、「ユニバーサルデザイン（Universal Design）」という概念や、最近では「インクルーシブデザイン（Inclusive Design）」という概念を併用する方が分かりやすい。

さらに、強調したいことは、社会資本整備などの「ものづくり」においては、どうしても技術が中心になりがちだが、忘れていけないのがソフト面の充実である。「人が人を助ける」という面も合わせて取り組んでいかなければ、せっかくいい「もの」をつくっても、使いにくい状態になってしまっては意味がない。

3 ▶ 個別のバリアフリー対応から都市のユニバーサルデザインへ

これまでは、対象者別の個別のバリアフリー対策に取り組んできたといえる。そこから脱皮して徐々に都市全体のユニバーサルデザインへと発展させていかなければならない。その整備方策の歴史を簡単に振り返ってみる。

[1] 生活福祉空間づくり大綱（1994年）

1994年、建設省（当時）によって「生活福祉空間づくり大綱」が制定され、福祉インフラ整備ガイドライン（1996）も作成された。宮沢内閣が定めた生活大国5カ年計画（1992－1996）に従って生活基盤に多くの公的資金を投入する約束だったが、具体的な整備方法がなく、掛け声だけで終わってしまった印象が強い。しかし当時の建設省の各部局が一緒になってこの大綱を作ったことが後に交通バリアフリー法制定につながったと解釈でき、高く評価

される。

[2] ハートビル法（1996年制定、2002年改正）
　ハートビル法とは、「高齢者、身体障害者等が円滑に利用できる特定建築物の建築の促進に関する法律」の略称である。この法律は、多数の者が利用する建築物等を建築する者に対し、障害者等が円滑に建築物を利用できる措置を講ずることを義務あるいは努力義務として課すものである。

[3] 交通バリアフリー法（2000年）
　交通バリアフリー法とは、その正式名称が「高齢者、身体障害者等の公共交通機関を利用した移動の円滑化の促進に関する法律」であり、公共交通機関の旅客施設及び車両等の構造及び設備を改善するための措置、旅客施設を中心とした一定の地区（これを重点整備地区という）における道路、駅前広場、通路その他の施設の整備を推進するための措置その他の措置を講ずることにより、高齢者、身体障害者等の公共交通機関を利用した移動の利便性及び安全性の向上の促進を図り、もって公共の福祉の増進に資することを目的とする法律である。
　同法が画期的だったのは、まず整備の目標年次を2010年と決め、「何をどれだけ整備する」という完全な数値目標を掲げたことである。もう一つは、当事者間（高齢者、障害者、交通事業者等）による意見調整を実施し、より良い改善を進めることに取り組み始めたことである。

[4] バリアフリー法（2006年）
　2005年に「ユニバーサルデザイン政策大綱」が国土交通省から発表された。そして、「もっと幅広く、建物も含めて地域全体がバリアフリーになるようなルールが必要」ということで、2006年6月に「バリアフリー法」（高齢者、障害者等の移動等の円滑化の促進に関する法律）が成立し、12月に施行された。これは交通バリアフリー法（同年廃止）とハートビル法（同年廃止）とが一体化され強化されたものである。

大きく変わった点を紹介する。交通バリアフリー法とハートビル法では正式名称に「高齢者、身体障害者等が・・・」という言葉が使われているため、「知的障害者、精神障害者を排除している」というクレームが出された。バリアフリー法では、「障害者等」という言葉になり、すべての障害者を対象とするかたちになった。

また、バリアフリー法では、タクシー、路外駐車場、公園、「道路法による道路」でない道路（例えば、林道、農道、堤防道路、臨港道路、住宅団地内の通路等）もバリアフリー化の対象になりうる。

しかし、まだ障害者の多様な行動特性や要望がわからないので、対応については手探り状態である。様々な高齢者や障害者からの要望を聞きながら社会資本整備に取り組む必要があることから、さらに5年後に見直すことになっている。

[5] 移動等円滑化の促進に関する基本方針 (2000年制定、2011年改正)

交通バリアフリー法施行時に出された政令「移動円滑化の促進に関する基本方針」により、2010年までに整備すべき内容が示された。たとえば、1日当たりの平均的な利用者の数が5000人以上の旅客施設(鉄軌道駅、バスターミナルなど)について、「段差の解消」、「視覚障害者用ブロックの整備」、「身体障害者用トイレの設置」等のバリアフリー化が目標として設定された。これは新設時や大改良時には必ずしなければならないものである。2006年のバリアフリー法施行時に「移動等円滑化の促進・・・」という名称に変わり、2011年にその内容がグレードアップされた。新たな目標年次は2020年となり、それまでに1日当たりの平均的な利用者の数が3000人以上の旅客施設のバリアフリー化が求められている。

4 ► 中部地方におけるバリアフリー法制定後の基本構想策定事例

[1] 基本構想策定状況

中部地方の愛知、静岡、岐阜、三重、福井、石川、富山の7県における基本構想策定状況について筆者の関与した事例を中心に述べる。

中部の都市を探る ―その軌跡と明日へのまなざし―

　国土交通省によると、2014年3月末日現在における基本構想策定状況は表1のとおりである。岐阜県や福井県のように対象となる駅が少なく、基本構想策定比率の高い県と、愛知県のように対象駅がもともと多く、策定比率の低い県とに分かれる。しかし、愛知県内の市町村が消極的ということではない。愛知県は「人にやさしい街づくりの推進に関する条例（通称、人街条例）」を1994年に制定し[1)]、建築物、交通施設などのバリアフリー化を促進

表1　中部地方の市町村における基本構想作成（予定）状況
都道府県別一覧（2014年3月31日現在）（国土交通省資料などより筆者が作成）

都道府県	作成済み（国土交通省への提出順（同一県内）に記載）	作成着手済み	2015年度以降概ね5年以内に作成着手予定又は未定	作成予定なし（5,000人／日以上の旅客施設を持つ市町村のみ記載）※なお、駅別にバリアフリー整備状況をみると、既に整備済みの駅もある。
富山県	射水市(旧・小杉町), 魚津市		[黒部市]	富山市, 高岡市
石川県	金沢市			小松市, 白山市
福井県	福井市, 敦賀市			
岐阜県	各務原市, 可児市, 瑞穂市（旧・穂積町）, 岐阜市, 土岐市, 瑞浪市, 中津川市, 羽島市, 恵那市, 笠松町, 多治見市,〈美濃加茂市〉,〈垂井町〉,【多治見市】			大垣市
静岡県	静岡市Ⅰ, 焼津市, 藤枝市, 静岡市Ⅱ, 浜松市, 富士市Ⅰ, 島田市, [富士宮市],〈沼津市〉,〈袋井市〉,〈熱海市〉,〈富士市Ⅱ〉,〈三島市〉,〈伊東市〉,〈静岡市Ⅲ〉,〈静岡市Ⅳ〉,〈静岡市Ⅴ〉,〈御殿場市〉,〈富士市Ⅲ〉		菊川市	掛川市, 裾野市, 磐田市, 伊豆市, 伊豆の国市, 湖西市
愛知県	春日井市Ⅰ, 名古屋市Ⅰ, 岡崎市, 名古屋市Ⅱ, 豊田市Ⅰ, 刈谷市, 名古屋市Ⅲ, 豊川市Ⅰ,〈名古屋市Ⅳ〉,〈豊田市Ⅱ〉,〈瀬戸市〉,〈日進市Ⅰ〉,〈豊川市Ⅱ〉	一宮市, 日進市Ⅱ, 春日井市Ⅱ		安城市, 蒲郡市, 稲沢市, 犬山市, 岩倉市, 西尾市, 常滑市, 知多市, 大府市, 津島市, 知立市, 半田市, 東海市, 豊橋市, 尾張旭市, 北名古屋市, 豊明市, みよし市, 美浜町, あま市, 武豊町, 扶桑町, 幸田町, 小牧市, 江南市, 清州市, 蟹江町, 弥富市, 阿久比町
三重県	津市, 松阪市Ⅰ, 松阪市Ⅱ(旧・嬉野町),〈桑名市〉,〈[亀山市]〉			伊勢市, 鈴鹿市, 四日市市, 名張市, 伊賀市, 川越町

無印：旅客施設の利用者数が5,000人／日以上。[　]：最も利用者数の多い旅客施設の利用者が3,000人〜4,999人／日。
〈　〉：バリアフリー法による作成。【　】：バリアフリー法による見直し。
ローマ数字：当該市町村内の複数の箇所について作成したことを表す。

してきた。よって、国の法律によらなくても県からの補助金を充てて対象駅のバリアフリー化整備は済んでいると考えている市町村も多い。ただし、現行の国の整備基準には合致しないところもある。そのようなところは、スパイラルアップの考え方を前面に出して、再度バリアフリー化を進める必要がある。

[2] 策定事例の紹介

　筆者は、幾つかの市の基本構想策定に関与してきた。2006年バリアフリー法施行後では5地区の策定作業に携わった。その最新の事例について筆者の経験に基づき主観も交えて振り返ってみよう。

　a. 春日井市の事例

　JR春日井駅周辺地区の基本構想は協議会での策定作業（2007〜2008年）は終了している[2]が、国土交通省へは未提出である。春日井市はJR高蔵寺駅地区を対象として基本構想を2003年に策定した。2005年愛・地球博の開幕までに間に合わそうとしたもので、愛知県で最初の基本構想となった。近くに高蔵寺ニュータウンがあり、これも対象地域にできないかと筆者は提案したが、開幕間近という時間制約のために、駅とその周辺の整備計画だけとなった。

　JR春日井駅地区では、JR駅から徒歩20分の距離にある春日井市役所周辺と駅周辺の両地区を同時に計画した。これは2006年バリアフリー法では駅から離れた地区も重点整備地区に組み込められることになったためである。30万人都市である春日井市の市名を冠した鉄道駅の周辺でありながら特に目立った施設はない。春日井のまちの発展が必ずしも駅を中心になされてきたわけではない。江戸時代の街道、門前町などの伝統を引き継ぐまちのバリアフリー化は懸念されるところである。そのようなまちを組み込めたことに大きな意義を感じる。一方、旧街道を継承した国道19号沿いには、春日井市役所（12階建ての立派な建物）、市民会館、国の役所（法務局）、などの施設が多い。そのために市役所周辺も対象地区になった。それならば同様に駅から離れている総合福祉センターも対象にしようという話もあったが

今回は除外された。

　JR春日井駅そのものの改良案について諸々の議論がなされたがまとまらなかった。その一因として橋上駅化するための橋（自由通路）の整備費用負担問題があった。そのころ、全国的に自由通路整備費の負担方法が議論されていた。それまでに鉄道事業者が整備費を負担するルールはなかった。しかし、鉄道会社らよる負担の妥当性の根拠として、自由通路に面して改札口をつけ直し、駅の両側から駅改札を使えるようになるとか、その駅のバリアフリーが完成するとかのメリットが鉄道事業者にある。

　隣のJR神領駅の自由通路は春日井市の負担で作られた（2008年供用）。橋を架けるときに支障となるという理由でJRの既設の駅舎の建て替え費用も市が支出している。この事例を体験した春日井市としては、JR春日井駅整備の際には鉄道側にも費用負担を要望したようだが「前例がない」ということで全額を市が出すことになった。国としても自由通路の整備費負担ルールの見直し中であったので、同市での動向に注目していた。その後の2009年に「自由通路の整備及び管理に関する要綱」が国土交通省により制定され、自由通路の整備費用は鉄道事業者も負担できるという新しいルールができた。

　現在（2014年7月）、自由通路や橋上駅舎の建設工事が約55億円を費やして、2016年3月末供用開始予定で進められている。

b．瀬戸市の事例

　名古屋鉄道（以下、名鉄）瀬戸線の終点尾張瀬戸駅は2005年愛・地球博の開幕前の2001年に駅位置の移設と駅舎の新築をした。鉄道用語で言うところの頭端駅（終点駅）で整備され、すべてのプラットフォームから駅舎や改札口、駅前まで同一平面で行き来ができる。

　一方、瀬戸市は、名鉄と愛知環状鉄道（以下、愛環）をつなぐところを新しいまちの中心にしたいと考え、2009年に「まちなか交通戦略」を作った。近くに公立陶生病院もある。当時、名鉄新瀬戸駅と愛環瀬戸市駅の両方の駅にエレベーターは無かった。愛環のバリアフリー化には大きな問題があった。もともと貨物線で計画されていたものが旅客線へと転用されたが、全て

が立体交差の路線であり、後付で整備された駅は地上からとても高い位置にある。やっとバリアフリー化に向けて基本構想を作るとなったが、エレベーター整備費の3分の1負担を愛環側が嫌がっていた。そもそも愛環は整備費の関係で交通ICカード化もできていない。また、名鉄新瀬戸駅の1日乗降客は5000人以上だが、愛環瀬戸市駅は4600人なので、バリアフリー化の対象駅ではないと主張していた。その状況でまちなか交通戦略を策定した協議会の中に専門部会が設置され[3]、そこが基本構想を策定した。

当初は渋っていた愛環も近い将来に利用客が増えることを前提に瀬戸市駅を対象として加わってもらい、名鉄と愛環の両方の駅にエレベーターが付くことになり、乗り換えもバリアフリーになった。名鉄の線路を跨いで南から北に行く通路は市道とし、ここに付けられたエレベーターは瀬戸市が設置・管理している。名鉄の改札内のエレベーターは名鉄が管理している。なお、基本構想では、都市計画道路整備と合わせたバリアフリー計画が議論され、5年後の事後検証も対象地区全体で実施することが約束されている。

c．豊田市の事例

豊田市は基本構想を既に二つ作っている。ひとつは名鉄豊田線三河線豊田市駅と愛環新豊田駅の両駅周辺地区（2004年）で、もうひとつは名鉄豊田線梅坪駅周辺地区（2009年）である。後者の地区には、豊田市児童発達センター、豊田市地域医療センター、サン・アビリティーズ豊田、豊田市障がい者総合支援センターけやきワークスといった福祉施設が集中している。名鉄梅坪駅は2000年時点には1日乗客数が少なかったので対象外だったが、同地区の区画整理が完成し今後の人口増が期待されることから基本構想が策定された[4]。地区内に存在する多くの建築物（小中学校、医療・福祉施設、公共施設、商業施設など）の整備も特定事業として指定された。また、策定作業に合わせて小学生対象のバリアフリー教室が実際の駅を利用して実施され、公共交通機関の利用方法も含めた総合的な学習が実施された[5]。

興味深かったことは、商業系の施設も対象建築物として是非加わりたいという申し出があったことだ。スーパーマーケットまでの道路をバリアフリー化し、商業者側は店舗出入り口をバリアフリー整備するという約束ができた。

これは大変画期的なことである。

また、この地区は矢作川の河岸段丘となっており、地形上の高低差が大きいので坂道そのもののバリアフリー化は無理である。代わりに、駅から高低差のある施設まではバスでつなぐことで解消した。地形上の問題などでバリアフリー化できないとあきらめているところも、話し合ってやることでいろんな工夫ができて使えるようになることが分かった。

名鉄梅坪駅から名鉄豊田市駅周辺までの地域の連続性も考え、二つの基本構想が連携して一体化した地域としてバリアフリー化が進められた。

d．名古屋市の事例

名古屋市の基本構想は金山駅（JR・名鉄・市営地下鉄）周辺地区（2003年）が最初である。その後、名古屋駅（JR・名鉄・近鉄・市営地下鉄・名古屋臨海高速鉄道・バスターミナル）周辺地区（2003年）と栄駅（名鉄・市営地下鉄・バスターミナル）・久屋大通駅（市営地下鉄）地区（2006年）で策定された。これらは名古屋の交通拠点のビッグ3であり、誰が見てもその地区の重要性は理解されるところである。

ところで、名古屋市は200万人都市である。同市内での基本構想策定は少なくとも20か所ぐらいはやるべきだというのが筆者の見解である。行政区の数（16）と支所の数（6）からみても20か所という数字は妥当であろう。さらに、乗換交通拠点（鉄道結節点、バスターミナル）の数を見ると、約40か所の整備が必要であろう。人口5万人当たり1か所の整備が必要とみてもいい。

名古屋市は2007年度中に新たな対象地区（1か所）を選定し、2008年度にそこの基本構想を策定することとなった。まず、市内の30か所の候補地を選定し、各地区の旅客施設と周辺状況のカルテを作成し、それらを以下の視点から絞り込みを行った。①「乗降者数の多いこと、結節点であること等」、②「バスターミナルや駅前広場のあること」、③「一定規模以上の都市公園に近い」、④「市プロジェクトに関連すること」、⑤「その他」（福祉施設に近いなどの選定委員からの意見）。

最終的に5か所（中村公園駅地区、神宮駅前駅地区、大曽根駅地区、千種

駅地区、鶴舞駅地区）に絞られ、障害当事者も交えた現地調査まで実施された。そして、総合的なバリアフリー化が必要で、市の取り組む施策と関連性が高いところとして、大曽根駅地区が選定された[6]。2006年バリアフリー法では、自治体以外の関係者に協議会への参加応諾義務が課せられていることからも、複数の関係者間での協議が必要な地区でもある。（選に外れた地区の基本構想策定は後回しとなったが、未だに着手されていない。）

　名古屋市は名古屋駅に集中する乗降客をいかに分散させるかという課題解決のために都市計画的に副都心を設定した。それを「総合駅」と呼び、4か所（金山、大曽根、小田井、八田）を設定し、それぞれ、駅改良や駅間の結節機能・乗換機能を改善している。大曽根総合駅はJR、名鉄、市営地下鉄に加え、名古屋ガイドウエイバスの各駅が集積している地区である。複数の交通事業者が関係しているから基本構想策定に適していると選ばれたのであるが、策定作業開始時には総合駅として整備がほぼ終わっていた。

　大曽根駅地区は、東西方向の地下に市営地下鉄、上空に西から名鉄、JR、ガイドウエイバスの各施設がある。しかし、相互間の乗り換えには大きな困難があった。まず、何がどこにあるかわかりにくい。金山総合駅はコンコースが市道なのでそこに各施設の案内サインや案内板がうまく設置されている。

　一方、大曽根駅地区では各事業者の管理地が隣接し、各々の交通機関への案内サイン設置が不十分である。自社の管理地にライバル会社の案内サインは出しにくいのであろうか。また、鉄道駅敷地の高さが食い違っており、その境目にはわずかであるが段差が生じている。視覚障害者誘導用ブロックが敷設されてはいるものの、位置がずれているのでクランク状に連続している。協議なしでの整備には問題が残るという典型である。

　名鉄駅は1983年に高架化された。地上から2階へのエレベーターは存在するが、「駅員の呼びだし」という利用制限がある。駅の2階コンコースから駅前広場へのペデストリアンデッキがあれば、一般利用のエレベーター設置も可能であろう。鉄道会社だけの敷地だけでの対応には無理がある。

　地下鉄駅はどうかというと、地上との連絡エレベーターが2006年に設置されていた。そのエレベーターは大曽根駅西駅前広場の整備（その地下部分

には雨水調整池と地下駐車場が併設）に伴ったもので、地下駐車場との連絡が主目的であり、地下鉄利用者にとって便利の良い動線上の設置ではない。
　上記の状況下での基本構想策定作業であったので、限界も多々あった。各鉄道事業者にとっての義務は、プラットフォームから地上まで行くルートを一つ確保すればよく、乗換のことまでは考慮しなくてもよい。もう少し早くからバリアフリー化に向けた関係者間の協議の機会があったよかったのに、という悔いの残る事例である。
　e．多治見市の事例
　多治見市[7]では、2006年に旧交通バリアフリー法に基づく「多治見市交通バリアフリー基本構想」を策定し、JR多治見駅周辺地区を重点整備地区に指定して、JR多治見駅及び駅から周辺の公共施設へ至る経路についてバリアフリー整備を進めてきた。その後、駅周辺の土地区画整理事業や多治見市民病院の建て直しなどの状況変化に伴い、基本構想の見直しを行った。いわゆる「フォローアップ」作業であり、中部地方での最初の見直し事例である。旧法では取り扱いのなかった公共施設、商業施設、病院、公園なども生活関連施設として積極的に計画に取り入れることができた。今後の取り組みも重点整備地区の特定事業の進捗管理だけでなく、市全域のバリアフリーについてハード施策とソフト施策を策定し、その実施の検証をするために「バリアフリー推進協議会」を立ち上げている。

[3] バリアフリー法の課題
　バリアフリー法について筆者の感じる課題について述べる。まず、旧ハートビル法の内容である特定建築物の指定が難しい。面整備が進行中の地区では効果があるが、既に単体として指定を受けている特定建築物を組み入れることは困難を伴う。次に、知的・精神・発達障害者等の意見反映方法に工夫が必要である。名古屋市では福祉部局が基本構想策定作業を担当したので多様な障害者の関係者の人選と参加が容易であったが、都市計画部局が担当したところではその対応が十分とはいえない。また、多人数による点検作業に知的障害者自身の参加は適さない。意見収集方法の多様化が必要である。さ

らに、スパイラルアップの時間間隔の考察が必要である。一旦、整備・再整備されたまちにおいて、時期を空けない大規模整備は受け入れがたい。バリアフリー化もまちづくりの一環である。適切な整備時期の設定が必要である。

5 ▶ 重点整備地区に準ずる地区

重点整備地区の設定を行うと、移動等円滑化経路協定が締結できるなど、整備内容を高度化できる。しかし、協議会での基本構想策定作業など煩雑な手続きを経なければ重点整備地区は設定できない。

一方で、重点整備地区でなくても交通事業者や道路管理者などが単独でもバリアフリー整備ができる。実際、表1の「作成予定なし」の市町村でも対象駅のバリアフリー整備を完了しているところがある。また、交通事業者にとっては、自治体の動きとは別に対象駅などの整備スケジュールを設定しているところもある。

しかし、対象駅等だけの単独での整備は、周辺との整合性が不十分になる可能性があり、また、利用者の意見の十分な反映も不明瞭となる。

そこで、現行の重点整備地区に準ずる地区設定が考えられないであろうか。簡便な手続きではあるが、周辺地区との移動経路の連続性を確保でき、利用者の意見も考慮できる制度の提案である。住民等からの基本構想の作成提案制度が創設されたが、交通事業者がどの時点で整備を進めるかは住民にはわからない。また、交通事業者と道路管理者との協議、交通機関間の乗り継ぎ経路の協議も必要である。これらを現行よりも簡単な協議の場で調整を図る。

例えば、重点整備地区に代わるものとしてバリアフリー整備地区を類型別に設定したらどうであろうか。その類型を表2のように提案する[8)][9)]。このように類型化された地区は、整備内容の困難さ、協議が必要な関係者の数などによりその重要度が決定される。移動等円滑化経路協定の締結を主目的とする類型（D:経路確保型）も設定したり、他の整備手法による地区整備もバリアフリー整備地区の一種（F:交通安全型、G:避難経路型、H:再開発型、I:区画整理型、J:観光地型）としたり、様々な地区類型を設定しつつ、バリアフリー整備を確実なものとしていく。

ただし、いずれの場合も住民等の利用者（その代表に委託することになるが）も重要な関係者として協議の輪の中にいる必要がある。

さらに、詳細について検討が必要であるが、基本構想の策定が進んでいない状況を打破できる策として提案する。

表2　類型別のバリアフリー整備地区の提案

バリアフリー整備地区の類型	地区の特徴			地区の特徴	
	交通網上，土地利用上の位置づけ	立地施設の種類と集積の大きさ	関連計画等	主な関係者	主な検討項目
A：完全整備型	・交通結節点 ・都心ターミナル ・副都心の大規模ターミナル	・医療福祉系 ・商業系 ・行政系 ・公共施設 ・集積大	・都市計画マスタープラン	・住民 ・交通事業者 ・道路管理者 ・施設管理者 ・都市計画部局	・全体計画の方向性 ・交通機関相互の円滑な乗り継ぎ
B：駅整備型	・周辺部 ・郊外部	・医療福祉系 ・住宅系 ・中程度の集積	・交通事業者の整備計画	・住民 ・交通事業者 ・道路管理者	・駅整備 ・駅周辺道路整備
C：道路整備型	・周辺部 ・郊外部	・医療福祉系 ・住宅系 ・中程度の集積	・道路網の整備計画	・住民 ・道路管理者	・歩道整備 ・交通安全施設
D：経路確保型	・既開発地	・住宅系 ・商業系	・移動等円滑化経路協定	・住民 ・施設管理者 ・都市計画部局	・バリアフリー経路確保
E：再整備型	・既開発地	・医療福祉系 ・商業系 ・行政系 ・公共施設	・スパイラルアップ	・住民 ・施設管理者	・統一した案内サイン ・照度の確保
F：交通安全型	・周辺部 ・郊外部	・医療福祉系 ・住宅系	・安心歩行エリア	・住民 ・道路管理者 ・公安委員会	・交通安全施設 ・交通規制
G：避難経路型	・周辺部 ・郊外部	・医療福祉系 ・住宅系	・防災地区	・住民 ・施設管理者 ・都市計画部局	・避難経路の確保
H：再開発型	・交通結節点	・医療福祉系 ・住宅系 ・商業系 ・行政系 ・公共施設	・再開発 ・エリアマネジメント	・住民 ・施設管理者 ・行政	・歩行者経路の確保 ・統一した案内サイン
I：区画整理型	・新規住宅地	・医療福祉系 ・住宅系 ・公共施設	・区画整理 ・地区計画	・住民 ・都市計画部局	・歩行者経路の確保
J：観光地型	・観光地	・観光系	・景観整備地区	・住民 ・施設管理者 ・都市計画部局	・バリアフリー経路確保

6 ▶ 地域の特性に応じたバリアフリー整備を進めていくためには

　2000年の交通バリアフリー法の制定は、日本のまちのバリアフリー化を急速に進めるという効果をもたらした。やはり、国の法律や制度による規定は強力である。しかし、民間事業者は経営上の理由からバリアフリー化に消極的な面があることも事実である。道路のバリアフリー化は、自動車にとっての円滑性が未だに主要課題であり、歩行者の視点はまだまだ弱い。そのなかで、市町村にとってのバリアフリー化とは何を意味するのであろうか。

　市町村の使命の一つに住民の生活環境の整備がある。そのために、関係者がまず自分のまちの状況を把握する。市町村単位の交通データが揃っていないのが現状であるが、まちの住民がどのような目的で何を使って移動しているのかを把握する努力をする。簡単な調査として役所・役場・病院等への来訪者へのアンケートも有効である。タクシーなどの交通事業者が顧客情報として障害者・高齢者の行動を把握しているかも知れない。

　市町村には、総合計画、都市計画マスタープランなどの骨格となる「まちの方針」があるので、そこで「福祉のまちづくり」などを位置づけておくと、部局を跨いだ計画や官民協調の事業も進めやすくなる。

　最後に、超高齢社会になっても、わがまちがいつまでも暮らしやすいまちであり続けるためには、何が不可欠かを考えてみよう。そのひとつがまちのバリアフリー化であるならば、その必要性が浮かび上がる。バリアフリーは交通事業者や商業者だけの課題ではなく、まち全体の課題である。また、行政だけの課題ではなく、市民の課題である。市民の意識と行動にも地域特性が表れる。バリアフリー化の実現に向けて市民の活躍にも期待したい。

（磯部　友彦）

【注】
1）愛知県WEB：人にやさしい街づくり
2）中部大学WEB：春日井駅周辺バリアフリー整備構想を市長に答申, http://www.chubu.ac.jp/news/detail-651.html

3) 瀬戸市WEB：瀬戸市まちなか交通戦略協議会
4) 豊田市WEB：梅坪駅周辺ユニバーサルデザイン基本構想及び特定事業計画
5) 豊田市WEBホームページ：心のバリアフリー社会の実現に向けて豊田市立浄水小3年生に「バリアフリー教室」を開催します，
 http://www.city.toyota.aichi.jp/pressrelease/1200529_7011.html
6) 名古屋市WEB：バリアフリー基本構想
7) 多治見市WEB：バリアフリー基本構想
8) 磯部友彦：バリアフリー基本構想策定における柔軟的運用法と移動等円滑化経路協定制度の活用法に関する考察，日本福祉のまちづくり学会，第12回全国大会，2009
9) 磯部友彦：バリアフリー基本構想の柔軟的策定方法の提案，第40回土木計画学研究発表会，2009

新しいライフスタイルを実現する郊外駅前居住

1 ▶ 転換期を迎えている大都市圏の都市構造

　戦後日本の都市は、地方からの人口流入とモータリゼーションの進展を背景に、市街地の空間的拡大を続けてきた。しかし、21世紀初頭に人口減少時代に突入し、いかにうまく都市を縮退させるかが大きな課題となっている（矢作 2009）。国の社会資本整備審議会では、従来の拡大分散型都市構造から集約連携型都市構造への転換の必要性が提起されている。拡張を繰り返してきた大都市圏においては、空き家が増加し、都心の空洞化や郊外住宅地での少子高齢化が問題になっている。その一方で、人口の都心回帰現象が発現し、郊外の鉄道駅周辺では住居系再開発事業やマンション建設が活発に行われている。また、全国的にみても地価の最高地点が中心街から鉄道駅周辺へと移動しており（高野 2004）、駅を中心とした市街地構造の再編が進んでいる。こうした現象は、大都市圏の居住地域構造に変化をもたらすものであり、縮小都市の時代における集約連携型都市構造への転換を可能にするものとして注目される。

　集約連携型都市構造への転換の可能性の有無は、郊外駅前地区での住居系再開発事業やマンション建設を機に市街地構造の再編が進み、郊外駅を中心に日常生活圏が形成されるか否かにかかっている。単に住宅を供給するだけでなく、買い物や通院など日常生活に必要な支援機能が備わり、さらにコミュニティが形成されなければ日常生活圏の核にはなり得ない。

　以下では、愛知県春日井市のJR勝川駅周辺を事例として、郊外駅前マンション居住世帯の日常生活行動を通して、今後の郊外での住まい方、暮らし方について考えてみたい。

2 ▶ 駅前再開発に伴う新たな居住空間の創出

[1] 勝川駅周辺総合整備事業による居住環境の改善

名古屋大都市圏の郊外に位置するJR中央線勝川駅周辺（図1）では、1986年度に策定された「勝川駅周辺整備計画」にもとづき、土地区画整理事業、市街地再開発事業、住宅市街地総合整備事業、鉄道連続立体交差事業、地下駐車場整備事業など、「ルネッサンスシティ勝川」をテーマに都市基盤整備のための諸事業が総合的に進められてき

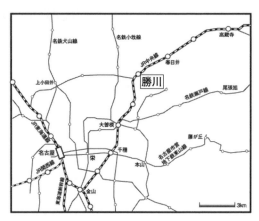

図1　勝川駅の位置

た。事業開始から30年近くが経過した現在、勝川駅周辺の街並みは一新され、都市機能の更新とともに居住環境が大きく改善されている。

当地区の再開発はバブル経済期に計画されたことから、商業・業務施設とホテルの誘致を中心とする好景気下における駅前再開発の典型的な事業として始まった。しかし、事業が進められていくなかで、バブル経済は崩壊し、計画は二転三転した。最終的には、大規模な商業・業務系再開発の継続は困難であると判断し、住居系を中心とする身の丈に合った再開発へと方向を転換した。勝川は名古屋都心に鉄道で約20分と近接しており、この近接性が商業・業務施設の誘致にはマイナス要因として働いた。その反面、名古屋都心への近接性はマンション立地にとっては好条件であることから、バブル経済崩壊後の地価下落とも相まって、低層階に商業・業務施設が入居する住居系再開発事業が実施された。

一般に、大規模な市街地開発事業は合意形成に時間がかかり、事業が進まないうちに地域を取り巻く社会経済情勢が大きく変化し、当初計画がそのま

ま遂行されることはあまりない。勝川地区においても、当初は「複合拠点的中心商業地区」として位置づけられ、商業機能を中心とした機能導入を目指し、商業・業務ビルやシティホテルの建設が先行して行われてきた。しかし、バブル経済の崩壊とともに後続事業が難航し、地区整備の方針は商業系から住居系を中心とした再開発へと転換を余儀なくされた。地元商業者や地権者にとって、収益性が高く、賑わいの創出につながる商業系再開発をあきらめ、住居系再開発に転換することは、受け入れがたいことであったにちがいない。しかし、この決断があったからこそ、新たな生活拠点の形成を実現し、人口減少時代にふさわしい都市整備の方向性を示すことにもつながっているのである。

[2] マンション居住世帯の特徴

勝川駅周辺のマンション居住世帯へのアンケート調査（以下、アンケート調査）によると、回答世帯の家族類型は、「夫婦と子ども」と「夫婦のみ」の核家族世帯が84.1％を占めている（表1）。世帯人員は2.75人で、春日井市全体が2.53人であることから、勝川駅周辺のマンション居住世帯の世帯規模は比較的大きいといえる。単身世帯は13.5％であり、そのうちの約7割が女性である。中でも40歳代と70歳以上の女性単身世帯が比較的多い。

世帯主の年齢については、マンション管理会社のデータによると、入居当時（2006年）の平均年齢は45.6歳であり、2008年住宅・土地統計調査による非木造共同住宅

表1　マンション居住世帯の家族類型

地区		総数（世帯）	家族類型（上段：世帯、下段：％）							世帯人員（人）
			単身	夫婦のみ	夫婦と子ども	夫婦と子ども夫婦	夫婦と親	三世代世帯	その他	
全体		216	29 13.5	62 28.8	120 55.3	1 0.5	1 0.5	1 0.5	2 0.9	2.75
分譲	勝川地区	107	12 11.2	29 27.1	65 60.7	1 0.9				2.84
	松新地区	78	10 12.8	22 28.2	42 53.8		1 1.3	1 1.3	2 2.6	2.78
	小計	185	22 11.9	51 27.6	107 57.8	1 0.5	1 0.5	1 0.5	2 1.1	2.81
賃貸	勝南地区	29	6 20.7	10 34.5	13 44.8					2.41

出典：勝川駅周辺マンション居住世帯アンケート

の推定平均年齢37.3歳を大きく上回っている。また、30歳代、40歳代が世帯主の中心であるとする大阪市や仙台市などの調査結果と比較しても、勝川駅周辺のマンション居住世帯の年齢層は高いといえる（富田 2009；榊原 2003）。

　これらのマンション居住世帯は、春日井市内からの転居世帯が約3分の2、名古屋市からの転入世帯と愛知県内のその他の周辺市町からの転入世帯がともに1割強である。主な住み替えパターンは、1）市内の賃貸マンションの居住世帯が、出産・子どもの成長などを機に、持ち家を求めて駅前の分譲マンションに転居したケース、2）市内の戸建て持ち家や分譲マンションに居住していた世帯がライフサイクルの変化（結婚、世帯分離、老後に備えて）に応じて、分譲マンションに住み替えたケース、3）転勤や結婚のため、近隣市町や県外の賃貸マンションから通勤に便利な駅前の賃貸マンションに転入したケースなどである。中でも、自らの老後に備えて、戸建て住宅や分譲マンションなどの持ち家を売却して住み替えている世帯が4割近く存在していることは注目すべき点である。

　世帯主の通勤先については、名古屋市への通勤者が約半数を占め、春日井市内通勤者と春日井・名古屋以外の県内市町への通勤者がともに2割強である。2010年国勢調査では、春日井市の名古屋市への通勤依存率は26.7％（従業地「不詳」を除く）であり、勝川駅前マンションの居住世帯は市内でもとくに名古屋市への通勤者の割合が大きい。通勤時の交通手段は、JRが50.6％、自家用車が35.7％であり、JRを利用して名古屋市や県外へ、自家用車で市内や周辺市町へという主な通勤形態が想定される。

[3] 複合再開発による生活支援機能の導入

　再開発事業により建設されたマンションのうち、駅前広場に面するマンションの低層階には商業施設、飲食店、サービス店舗、教育文化施設、オフィス、公共施設、貸会議室などをテナントとして入居させるとともに、中層階ではクリニックモールを導入するなど、複合的な機能整備が行われた（図2）。その基本コンセプトは、広域からの集客を図り、賑わいを創出するというも

のではなく、周辺住民の生活の利便性を向上させるための生活支援機能の導入を図るというものである。とくにクリニックモールは、今日のような超高齢社会においては、再開発事業の核施設として注目されている。

図2　JR勝川駅周辺の再開発地区

松新地区のルネッサンスシティ勝川においては、一番街に「健康の森」というコンセプトのもと、1階、2階に美容室、エステティックサロン、ネイルサロン、化粧品、ドラッグストアなどの「健康と美」に関する商業・サービス施設を導入し、3階、4階には内科、小児科、外科、心療内科、眼科、耳鼻咽喉科、歯科口腔外科の7診療科目の医療施設からなるクリニックモール勝川が形成されている（図3）。また、アートスペースやカルチャーセンターなどの文化施設も入居し、日常生活を支援する機能だけでなく、生活の質を向上させるための機能も備えて

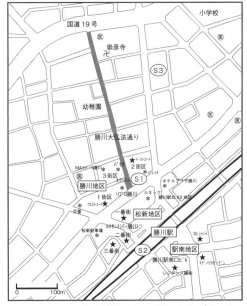

★：調査対象マンション　S1, S2, S3：食品スーパー

図3　JR勝川駅周辺地区の概要

いる。一方、駅南口ビルの1階にはコンビニエンスストア、飲食店、クリーニング店、美容室、薬局などの商業・サービス店舗のほか、皮膚科、内科、

中部の都市を探る —その軌跡と明日へのまなざし—

歯科といった医療施設が入居している。また、2階には子育て子育ち総合支援館が入居し、子育て世帯を支援する機能を担っている。

このような再開発マンションに入居するテナントは、マンション居住世帯や周辺住民による消費が期待されるだけでなく、日平均16,000人近い駅利用者による消費も期待できることから成立しているのである。この点については、各店舗における顧客調査を行わないと明らかにはできないが、駅前再開発マンションは、一般住宅地のマンションに比べ生活支援機能の導入を図りやすい立地条件にあるといえよう。

3 ▶ マンション居住世帯の日常生活行動

[1] 最寄り品の買い物行動

アンケート調査によると、食料品等の最寄り品の買い物に関しては、居住するマンションにより近接した食品スーパーを利用する傾向がみられる(表2)。勝川駅周辺には3つの食品スーパーが立地し、それぞれ営業時間や品揃え・高級化などの面で差別化を図っている。マンション居住者の中には、多少遠くても品質の良いものを求めて、わざわざ離れたスーパーまで買い物に行く世帯も存在する。しかし、そうした世帯は量的には限られており、鉄道線路や幹線道路の存在は大きく、日常的な買い物行動には距離因子が大きく影響している。

また、再開発地区内での買い物には徒歩で出かけるが、地区外へは近距離であっても自動車を利用するというのが現実である。駅南地区の賃貸マンシ

表2 最寄り品(食料品・日用品等)の買い物先

(上段:世帯 下段:%)

	総数(世帯)	勝川周辺					春日井市内		春日井市外		その他	
		商店街の個人商店	駅前の食品スーパー	高架下の食品スーパー	商店街近くの食品スーパー	周辺のショッピングセンター	その他のスーパー、SC	その他の個人商店	市外のスーパー、SC	名古屋市内の専門店、百貨店	生協・通販・宅配サービス	その他
最もよく利用する店舗	218	1 0.5	105 48.0	69 31.7	24 11.0	6 2.8	5 2.3		1 0.5	3 1.4	4 1.8	
よく利用する上位3店舗	218	6 2.8	175 80.3	169 77.5	102 46.8	81 37.2	29 13.3	1 0.5	21 9.6	17 7.8	19 8.7	11 5.0

出典:勝川駅周辺マンション居住世帯アンケート

ョンから駅北の商店街に近接する食品スーパーまで約 500 mの距離ではあるが、自家用車を利用している。鉄道への依存度の高い駅前立地ではあるが、自動車が生活の一部として深く定着している。このほか生協・通信販売・宅配サービスの利用者もいるが、食料品等に関してはそれらの数はごくわずかである。

[2] 買回り品の買い物行動

マンション居住世帯の約3分の2の世帯が「名古屋市内の専門店、百貨店」で婦人服やアクセサリーなどの身の回り品の買い物を行っている（表3）。このほか「春日井市外の大型専門店、ショッピングセンター」で約3割、「勝川周辺のショッピングセンター」と「インターネット・テレビショッピング」でそれぞれ約2割の世帯が買い物を行っている。

年齢層別にみると、60歳代、70歳以上では、名古屋市内の専門店や百貨店での買い物割合が大きく、40歳代や50歳代では、春日井市外の大型専門店、ショッピングセンターの割合が60歳以上に比べ大きくなっている（表3）。これは利用交通手段と関係があり、名古屋市の専門店、百貨店へはJRを利

表3 買回り品（婦人服・アクセサリー等）の買い物先
(上段：世帯、下段：%、複数回答)

	総数（世帯）	勝川周辺			春日井市内		春日井市外	その他		
		個人商店	大型専門店	ショッピングセンター(SC)	大型専門店、SC	個人商店	大型専門店、SC	名古屋市内の専門店、百貨店	インターネット・テレビショッピング	その他
全体	216	1 0.5	19 8.9	42 19.4	31 14.4	5 2.3	62 28.7	140 64.8	42 19.4	5 2.3
40歳未満	5						1 20.0	5 100.0	1 20.0	
40歳代	75		3 4.0	11 14.7	8 10.7	3 4.0	30 40.0	47 62.7	15 20.0	4 5.3
50歳代	69		8 11.6	16 23.2	14 20.3	1 1.4	21 30.4	38 55.1	17 24.6	
60歳代	32		3 9.4	5 15.6	4 12.5	1 3.1	7 21.9	22 68.8	9 28.1	1 3.1
70歳以上	34	1 2.9	5 14.7	10 29.4	5 14.7		3 8.8	27 79.4		

出典：勝川駅周辺マンション居住世帯アンケート

用し、春日井市内および周辺市町の大型専門店やショッピングセンターへは自家用車を利用しているためである。つまり、自家用車を自由に利用できない高齢者は鉄道で名古屋市内へ、自家用車への依存度の高い中年層は市内外のショッピングセンターで婦人服等の身の回り品の買い物を行っているのである。このように、勝川駅周辺は、鉄道と自動車という2種類の交通手段による買い物の選択が可能な居住地である。

一方、家電や家具などの大型商品については、約3分の2の世帯が「市内のその他の大型専門店、ショッピングセンター」で買い物を行っている。このほか「名古屋市内の専門店、百貨店」で3割強、「春日井市外の大型専門店」と「インターネット・テレビショッピング」のそれぞれで2割強の世帯が買い物を行っている。年齢層による大きな差はみられず、大型商品であることから買い物交通手段として自家用車が選択され、その結果、市内外の郊外大型店等が買い物先に選択されている。しかし、70歳以上の世帯の約4割が名古屋市内で買い物を行っており、自家用車を自由に利用できない世帯では、家電や家具などの大型商品をもJRを利用して名古屋で買い物を行っているようである。

[3] サービス利用行動

勝川駅周辺の再開発マンションには、4店舗の美容室がテナントとして入居している。女性の美容室の利用状況をみると、「再開発マンション入居店舗」を利用している世帯が最も多く、全体の3分の1を占めている（表4）。しかし、勝川駅周辺や市内のその他店舗を利用している世帯も2割を超え、また転居前からの行きつけの店舗も1割を超えている。とくに40歳代では利用店舗が分散しており、徒歩、自家用車、JRを利用した多様な選択的行動がみられる。

次に、クリーニングについてみると、再開発マンションには勝川地区と駅南地区にそれぞれ1店舗ずつクリーニング店が入居している。マンション居住世帯の6割以上がこれらのクリーニング店を利用している（表4）。とくに40歳代、50歳代の世帯でその割合が大きく、逆に70歳以上の世帯では、

新しいライフスタイルを実現する郊外駅前居住

表4　普段よく利用するサービス店舗・病院

サービス店舗等の種類	総数（世帯）	再開発マンション入居店舗（病院）	勝川駅周辺のその他の店舗（病院）	市内のその他の店舗（病院）	市外の店舗（病院）	転居前からの行きつけの店舗（病院）	その他
美容室（女性）	205	68 (33.0)	53 (25.9)	41 (20.0)	11 (5.4)	28 (13.7)	4 (2.0)
理容・美容室（男性）	190	19 (10.0)	68 (35.7)	48 (25.3)	16 (8.4)	33 (17.4)	6 (3.2)
クリーニング店	211	134 (63.5)	54 (25.6)	11 (5.2)	1 (0.5)	4 (1.9)	7 (3.3)
病院	209	149 (71.2)	38 (18.2)	13 (6.2)	1 (0.5)	6 (2.9)	2 (1.0)

注）病院の場合は、風邪をひいたときに利用する病院。括弧内の数字は構成比（％）。
出典：勝川駅周辺マンション居住世帯アンケート

勝川駅周辺のその他店舗を利用する世帯も同程度みられる。美容室と同様、クリーニング店の利用においても、全体として入居テナントの利用率は高いものの、高齢者は周辺に立地する店舗を利用する割合が大きい。

さらに、日常生活行動として医療機関への通院がある。とくに通院頻度の高くなる高齢者や子どものいる世帯にとって、医療機関への近接性は居住環境を評価する際の重要な要素となる。勝川駅周辺には、松新地区内の分譲マンションに各種医療機関（診療所）が入居し、クリニックモールを形成している。また、駅南地区のマンションにも診療所が入居し、医療機関は充実している。

アンケート調査において、普段、風邪をひいたときに最もよく利用する医療機関を尋ねたところ、約7割の世帯が前述の再開発マンションに入居している病院（診療所）を利用しており、勝川駅周辺のその他の病院を合わせると、約9割の世帯が近隣の医療機関を利用している（表4）。再開発マンションの利用状況をみると、内科の利用率が約70％と最も高く、眼科、耳鼻咽喉科、皮膚科が40％台でこれに続いている。外科を除くすべての診療科目を3割以上の世帯が利用しており、マンション居住世帯のクリニックモールの利用度の高さがうかがえる。

以上のように、再開発マンションにテナントとして入居している店舗を利用するか、周辺に立地する店舗を利用するかは、それらの各店舗のもつ性格

と深くかかわっている。とくに美容院などの場合、マンションのテナントは比較的若い世帯をターゲットとした店舗が多く、高齢者はマンション周辺に従来からある店舗を利用していることがうかがえる。また、高齢者の通院行動においては、近接性以外に転居前からのかかりつけの医療機関の存在が重要な要素となっている。

勝川駅周辺では、マンション居住世帯の日常生活行動の大半が地区内で完結している。しかし、再開発マンションの入居テナントだけで、生活支援機能を充足させることは困難である。不足する機能を周辺地区で補完できれば、地区全体として日常生活圏の核を形成することが可能となる。

[4] 勝川商店街の利用状況とニーズ

勝川駅前通商店街振興組合に加盟する47店舗の内訳は、物販が22店舗、

表5 勝川商店街への立地を希望する店舗 (上段:世帯、下段:%、複数回答)

		総数(世帯)	肉・魚・米などの飲食料品店	洋服・身のまわり品などの衣料品店	家具・家電などの生活関連用品店	文化・スポーツなどの趣味関連用品店	飲食店	美容室・クリーニング店などのサービス業	陶芸・手芸などの文化教室	書店・レンタルビデオ店	その他	とくにない
全体		218	28 12.8	14 6.4	25 11.5	29 13.3	109 50.0	8 3.7	18 8.3	43 19.7	19 8.7	29 13.3
年齢層	40歳未満	5			1 20.0	1 20.0	2 40.0		1 20.0	3 60.0		
	40歳代	74	12 16.2	5 6.8	8 10.8	14 18.9	38 51.4	6 8.1	6 8.1	14 18.9	7 9.5	9 12.2
	50歳代	69	12 17.4	6 8.7	9 13.0	10 14.5	35 50.7	1 1.4	6 8.7	17 24.6	7 10.1	6 8.7
	60歳代	31	1 3.2	1 3.2	1 3.2		16 51.6	1 3.2	1 3.2	7 22.6	4 12.9	7 22.6
	70歳以上	32	3 9.4	2 6.3	6 18.8	4 12.5	18 56.3		4 12.5	2 6.3	1 3.1	6 18.8
家族類型	単身	29	3 10.3		4 13.8	3 10.3	13 44.8	1 3.4	1 3.4	5 17.2	3 10.3	9 31.0
	夫婦のみ	61	7 11.5	4 6.6	5 8.2	8 13.1	31 50.8	2 3.3	7 11.5	13 21.3	4 6.6	10 16.4
	あなた(夫婦)と子ども	117	18 15.4	10 8.5	16 13.7	18 15.4	64 54.7	5 4.3	9 7.7	24 20.5	12 10.3	8 6.8
	その他	4					1 25.0		1 25.0	1 25.0		1 25.0

出典:勝川駅周辺マンション居住世帯アンケート

飲食店が13店舗、美容室や学習塾などのサービス業・その他が12店舗である。物販の中では、飲食料品店が9店舗と最も多く、呉服店や身の回り品を取り扱う店舗などが混在し、かつての駅前の中心商店街としての性格と現在の近隣商店街としての性格が混在した商店街である。

アンケート調査によると、飲食料品店および日用雑貨店以外の物販店舗はほとんど利用されておらず、銀行、理容室・美容院、クリーニング店などのサービス店舗と飲食店の利用が中心である。勝川商店街に対するニーズをみると、全回答世帯の半数が勝川商店街にさらなる飲食店の立地を希望している（表5）。このことは、商店街が商品を提供する場からサービスを提供する場へと変化しており、とくに飲食サービスに対する需要が拡大していることを示している。一方、「とくにない」と回答した世帯も一定規模存在しており、単身世帯では、3割以上が勝川商店街に新規の店舗立地を期待していないという状況である。

4 ▶ 郊外駅前地区の再生と都市構造の変容

[1] 新しいライフスタイルを実現する郊外駅前居住

郊外駅前居住は、次の3つの点で少子高齢社会、環境共生社会における新しいライフスタイルを実現する居住形態であるといえる。

まず第1に、郊外駅前は「終の棲家」となり得る居住空間である。勝川駅周辺のマンション居住世帯は、世帯規模が比較的大きく、世帯主の年齢層が高いという特徴がある。春日井市内からの転居世帯が3分の2近くを占め、中でも自らの老後に備えて、持ち家を売却してまで勝川駅前のマンションに住み替えている世帯が4割近く存在している。これは、大都市圏郊外の駅前が終の棲家として選択された結果である。

第2に、郊外駅前は都心居住ニーズの受け皿となり得る居住空間である。中心都市名古屋への依存度が低下しつつある中で、勝川駅周辺は名古屋との結びつきが極めて強く、鉄道への依存度の高い地区である。勝川駅周辺では、従来からの医療・福祉、教育、金融などの都市機能に加え、マンション建設に併せて商業・医療などの生活支援機能が導入され、極めて利便性の高い居

住空間が創出されている。都心居住ニーズが高まる中で、名古屋市への時間距離の近さと都市的利便性を兼ね備えた場所として、郊外駅前が選択されている。

　第3に、郊外駅前は多様な選択的行動を可能にする居住空間である。勝川駅周辺は、身近なところに多様な食品スーパーが立地するだけでなく、鉄道による名古屋での買い物や自動車による郊外大型店での買い物など、買い物に関する多様な選択肢が整っている場所である。公共交通と自動車交通の利便性を兼ね備えていることから、多様なライフスタイルの実現を求める人々の居住空間として選択されている。

［2］複合開発の功罪

　住居系の再開発事業を実施する場合、単にマンションを建設し、居住スペースを確保するだけでは不十分であり、そこで生活するために必要な商業施設や医療施設などの生活支援機能を導入することが必要であることは、これまでにも指摘されてきた。勝川駅周辺においても、そうした観点から居住機能と生活支援機能をセットで供給する再開発事業が実施された。結果として、性格の異なる食品スーパーが複数店舗立地し、クリニックモールが誘致されるなど、利便性の高い居住空間が創出された。マンション居住世帯へのアンケート調査結果からも、これらの生活支援機能の利用率が高いことは明らかになっている。しかし、逆に言えば、この再開発地区内ですべての生活行動が完結してしまい、周辺地域への波及効果という点では、あまり期待できない状況を生み出してしまっているともいえる。換言すれば、マンション建設の効果は再開発地区内に限定され、事業区域内と区域外との間に格差が生じているのである（慎ほか1997）。

　しかし、詳細にみていくと、駅前のマンション居住世帯に代表される新住民の世帯特性は多様であり、それらの多様なニーズに地区内ですべて対応していくことは困難である。現に、新しいテナントには若者向けの店が多く、高齢者は周辺の従来店舗を利用するといった傾向もみられる。こうした居住世帯構造の特徴を的確に把握し、地区整備に反映させていくことが必要であ

ろう。

[3] 持続可能な商店街とコミュニティの形成

　商業施設の入れ替わりが激しい中、駅南口ビルのテナントは、入居から10年が経過しているにもかかわらず、1店舗もテナントの入れ替わりがなく営業を継続している。これには、この地区の店舗がチェーン店ではなく、駅南地区の開発整備の際に30歳代の地元の若い経営者が新しく商売を始めた個人店舗であることが深く関わっている。チェーン店ではなく、地元の個人店舗であることから、簡単には撤退することはできず、立体換地ビルの管理者による定期的な経営指導を受けながら経営努力を行ってきた結果である。ここに持続可能な商業地の姿をみることができる。つまり、商業機能を計画的に導入することは難しく、若手新規商業者のビジネスの場として活用できるような仕組みができれば、継続的な商業空間の維持は可能となる。そうなれば、駅周辺地区の生活拠点としての再生の可能性は高まるであろう。

　また、駅前再開発事業を機に駅周辺地区が生活拠点として再生するかどうかは、持続可能なコミュニティが形成されるかどうかにもかかっている。マンションという住居形態は、戸建て住宅地に比べ物理的に閉鎖された居住空間である。こうした中では人々が集まれる場所を確保し、新旧住民による新しいコミュニティを形成していくためのソフトな仕掛けづくりが求められる。勝川駅周辺においても、まずは駅前マンション居住世帯のコミュニティ意識を把握し、日常生活圏の形成に向けた方策を検討することが必要であろう。

[4] 大都市圏の都市構造の変容

　最後に、都市構造の変容について若干述べておく。郊外鉄道駅を中心とした市街地構造の再編の可能性は、マンション建設が今後いかに駅周辺地区に拡大していくかにかかっている。ただし、駅前居住にとっては駅からの距離が重要な要素であるため、限られた範囲内での居住空間の拡大が必要となる。つまり、駅から徒歩圏内にどれだけ新規の居住スペースを生み出すことがで

きるかということである。これはそう容易なことではないが、勝川駅周辺の場合、平面駐車場が散見される駅南地区に空間的余地はある。したがって、そうした場所でマンション建設が進まない限り、勝川駅周辺は生活拠点としては再生したものの、市街地構造を再編するまでの量的な変化をもたらすまでには至らないというのが、現段階での筆者の見解である。この点については、今後も詳細な検討を行っていきたい。

（大塚 俊幸）

【引用文献】
1) 榊原彰子・松岡恵悟・宮澤　仁　「仙台都心部における分譲マンション居住者の特性と都心居住」『季刊地理学』VOL.55（2003年）、87-106頁。
2) 慎　重進・佐藤　滋・斉藤　博・松本光司　「駅前再開発と関連事業の連鎖的展開に関する研究 —その2　再開発事業と商店街環境整備事業の連携関係とその実現プロセスについて」『日本建築学会計画系論文集』第494号（1997年）、179-186頁。
3) 高野誠二　「日本における都市中心部の構造変容 —鉄道駅周辺地区と中心街の関係から—」『季刊地理学』Vol.56（2004年）、225-240頁。
4) 富田和暁　「大都市圏における新時代の居住地選好」『大阪商業大学論集』第151・152号 社会科学篇（2009年）、173-188頁。
5) 矢作　弘　『「縮小都市」の時代』（角川書店、2009年）、17-40頁。

焼き物の歴史と文化が生きる都市空間

1 ▶ 陶磁器生産地から観る焼き物産地への変貌

　焼き物（陶磁器）ほど生活の中で一般に親しまれ、かつまた商品として種類の多い日用品はないのではないだろうか。食器以外に置物、タイル、植木鉢、衛生陶器など陶器や磁器でつくられているものを数え上げたら切りがない。これら焼き物の生産や産業としての歴史は古く、日本国内だけ見ても各地に生産地が存在してきた。近代以降は産地の間で淘汰が進み、主な焼き物産地に生産が集中するようになった。中部地方は九州地方と並んで国内の焼き物市場において大きなシェアを占め、揺るぎない地位を維持してきた。しかも他地方とは異なり、市場は国内に限らず、欧米やアジアなどに対しても輸出が行われてきた。戦前から戦後にかけて、名古屋港からは多くの陶磁器が海の向こうに向けて送り出された。「焼き物」というと伝統的産地のイメージが思い浮かびやすいが、中部の窯業産地では工業的ニュアンスのある「陶磁器」が大量に生産されてきた。常滑・瀬戸・美濃に代表される中部の窯業産地は、「焼き物」から「陶磁器」へと発展し、近年は再び「焼き物」に目を向けた取り組みが行われている。こうした一種の「回帰現象」は、モノからサービスへの経済的移行と軌を一にする動きであり、産業空間や都市空間の変質・再評価をともなっている。

　高度経済成長期に量産化路線にシフトして大いに発展した中部の窯業産地は、近年、その性格を大きく変えてきた。バブル経済崩壊後の長期的な需要低迷に加え、海外から安価な陶磁器が大量に輸入されるようになったため、生産が行き詰まってしまったからである。生き残りを模索する過程で、これまでの量産型の生産スタイルを見直し、多品種少量生産へと路線を転換する

必要性がつよく認識されるようになった。陶磁器はもともと多品種生産を特徴とするが、産地の個性を生かした伝統的製品へ立ち返ろうとする動きが現れてきた。それと並んで浮かび上がってきたのが、焼き物産地を産業観光の視点から再評価し、食器の生産と並んで生産環境それ自体を観光資源としてサービス化する動きである。これは、低迷状態から容易に脱しきれない陶磁器産地を観光サービス化で補い、産業の衰退を食い止めようとする試みでもある。

　陶磁器生産が隆盛を誇っていた頃は、その生産現場をわざわざ外部に見せる必要はなかった。あえて見ようという需要もなかった。ところが、「陶磁器」から「焼き物」へ時代の歯車が戻り始め、焼き物が生み出される生産現場や、かつて生産が行われていた場所それ自体が興味の対象として評価されるようになった。高度経済成長の終焉で成熟化し始めた社会にバブル経済崩壊後の内省化が加わり、人々は身近なところにある歴史的景観や何げない歴史的遺物に関心を抱くようになった。近年、盛んになってきた近代工業遺産を素材や資源とする産業観光は、まさにこのような社会的関心の高まりを背景として成り立っている。当事者である生産者や生活者にとっては日常的にありふれた景観や風景でも、外部から訪れた人々にとっては珍しい非日常的空間に思われる。焼き物（陶磁器）の生産環境やそこで暮らす人々の生活空間も、外から見れば「懐かしい空間」のひとつとして訪れてみたい対象といえる。

2 ► 常滑焼の歴史と色彩を生かした都市空間

[1]「土管の町」から生まれた「やきもの散歩道」

　常滑焼は日本における六古窯のひとつに数え上げられており、その歴史は古い。とくに中世にあっては、国内で最大の窯場として瓶や壺の生産が盛んに行われた。地元に粘土資源が豊富に存在することに加え、伊勢湾内の臨海部に近いことから全国各地へ水上交通によって搬出できた点が大きい。近代になり、明治期は土管の規格化と量産化に成功し、製品は鉄道によって出荷されるようになった。「土管の町」として常滑の名前が知れ渡り始めたのは、この頃からである。大正期になると、タイル、衛生陶器、土管など建築用陶

焼き物の歴史と文化が生きる都市空間

器と、急須、食器、置物などの日用品が主な生産品になった。しかし、土管はやがて塩化ビニール管へ、焼酎瓶はガラス瓶へと変化していく。その一方でタイルは昭和初期に全国の主力企業の上位3社が常滑にあったことからもわかるように、大きな国内シェアを維持していた。1938年（昭和13年）には、衛生陶器の製造技術が確立した。一方、日用品や工芸品の分野では、急須や盆栽鉢、園芸鉢、花器、置物の需要が増えたため、その対応が進められた。とくに急須の生産で有名になり、朱泥をはじめとする茶器が常滑を代表する製品になった。

　全国的に陶磁器生産が減少していくのと軌を一にするように、常滑でも生産額は減少の傾向にある。そうした中にあって、常滑ではかつて陶磁器が盛んに生産されていた場所一帯を「やきもの散歩道」という名称で保存し、内外の訪問者にその雰囲気を味わってもらおうとする試みが行われてきた（図1）。起伏に富んだ地形であるため坂道や擁壁箇所が多い。もとはといえば地元の人々にとっては生産のための道路であり、また生活道路でもあった。お

図1　常滑市中心部と「やきもの散歩道」
出典：常滑市商工観光課のパンフレット（2013年）による。

金をあまりかけずに道路を維持するために、身近にあった製品になり損ねた土管や瓶を用いて道路を「舗装」し、土砂が崩れないように擁壁を固めた。意図してかどうか道路地面に幾何学的な模様が現れ、無数の瓶を積み上げて完成した壁面は独特な雰囲気を醸し出すようになった（写真1）。

「土管の町」として全国に知られるようになった常滑の「やきもの散歩道」を特徴づけているのは、地元産の土管や瓶だけではない。レンガや多孔陶管、エゴロなど一般にはあまり馴染みのない窯業関連の素材も利用されている。また道路や壁面だけでなく、民家の土台や上を取り巻く塀

写真1　やきもの散歩道

などでもさまざまな陶器、磁器の廃品が活用されている。一見、計画的に利用されているように見えるが、なかには「遊び心」を楽しんでいるかのような「作品」にも出会う。意外な発見に来訪者は驚きを隠せない。観光ルートとして「やきもの散歩道」が指定されているのは常滑市栄町である。この一帯は伝統的な焼き物生産地であるが、タイルや衛生陶器など現代的な陶磁器の生産は別のところで行われている。何が来訪者の心をとらえ、魅力ある空間と思わせているか、断定するのは案外難しい。「やきもの散歩道」に指定されて以降、新たに手が加えられて生まれた景観もあるからである。しかし、かつてこの場所で数々の焼き物が焼かれ、全国へ送り出されていったという歴史的事実がもつ意味は大きい。この地で採れた粘土を使って焼いた焼き物それ自体を道や壁に埋め込んでこの場所の歴史を後世に伝える、世界的にもあまり例のない空間がここにある。

焼き物の歴史と文化が生きる都市空間

［2］赤レンガの煙突と黒壁が醸し出す焼き物空間

　常滑焼の産業空間をおもしろくしているのは、土管や瓶が敷き詰められた道路だけではない。生活のための道路とは別に、焼き物が生産された工場の生産設備、あるいは工場を覆う壁が空間に個性を与えている。焼き物に窯や煙突は付きものである。ただし、松材から石炭、そして重油、ガス、電気へと燃料が変化していくのにともない、焼成窯の形態は変わっていった。常滑の場合、石炭が使用されなくなって以降、煙突は不要になった。しかし、いまなお煙突が数多く現存しているのは、廃業した製陶工場が撤去費用を惜しんで結果的に放置されているか、あるいはその歴史的価値が評価されて残されているか、いずれかのためである。なかには崩壊の恐れがあるため、低層化して残されているものもある。いずれにしても、他の窯業産地では見かけなくなった煙突が町中に立っている姿は、ここが焼き物の産地であることを身をもって示す景観以外なにものでもない。

　生産手段としてはまったく役に立たなくなったが、焼き物産地の空間をシンボリックに表象する重要な要素として、煙突は「現役」の役目を果たしている。焼成窯に付随する煙突はレンガを使って組み上げられており、全体としては土管や瓶と同じ濃いめの赤色、すなわちレンガ色をしている。多くは愛知県内の

図2　「やきもの散歩道」周辺の工場・店舗
出典：市田　圭　名古屋地理学会シンポジウム（2008年）の報告資料による。

半田、西尾方面、あるいは名古屋市内で生産されたレンガを使用している。レンガも広い意味では焼き物の一種である。原料や製品の重量が重いため、遠くまで運ぶのは経済的とはいえない。県内産のレンガが使用されているのは、そのような理由からであろう。結果的に、地元に近いところで生産されたレンガを使用した煙突が焼き物の生産に役立った。景観論の分野では「地域色」という概念があるが、特定の地域に産する資源がその地域の産業に生かされ、結果的に都市景観の色調として表出する。まさに常滑の煙突はそのような事例である。

地域色との絡みでいまひとつ忘れてならないのは、黒壁の存在である。「やきもの散歩道」を歩いていて気づくのは、道に沿って建っている事業所や民家の外壁が一様に黒いことである（図2）。この黒の正体はコールタール性のペンキであり、もともとは潮風から建物を保護するために塗布されたものと思われる。しかし目的はそれだけではない。防腐目的以外に、煙突から吐き出される煤煙による影響を考え、たとえ煙で壁が汚れても目立たないようにする目的があったと考えられる。「常滑の雀はみな黒い」という言い伝えがある。かつて常滑には焼き物の町全体が黒色をまとっていた時期があった。1970年代になり石炭からガスへ燃料が転換されて黒煙が出なくなっても、壁は黒く塗られた。すでに常滑の建物の色として定着していたため、あえて逆らうことはためらわれた。かくして、土管、瓶、レンガの赤とともに、黒が常滑を象徴する地域色として認知されるようになった。

「やきもの散歩道」のある栄町だけでも、黒壁スタイルの建物が280棟以上もある。これだけのボリュームをもって傾斜地に工場、民家がぎっしりと建ち並ぶ姿は壮観である。現在は土産物屋や飲食店、喫茶店として転用されたかつての工場や建物も多く、訪れた人々は土管、瓶の敷き詰められた道路を散策し、また焼き物の販売を兼ねた工房やギャラリーに立ち寄る。赤と黒の地域色を基調とする特異な焼き物空間の形成に関わった主体は、時代とともに変わってきた。初期の製陶業者や地域住民から、観光資源に注目した行政、店舗経営者へ、そして近年はこれらに加えてNPOが地域づくりの一環として関わるようになったからである。「意図せぬ日常空間」が「観光対象

の非日常空間」になり、「生産空間」が「癒しのサービス空間」になる空間変容のおもしろさをここに見出すことができる。常滑の沖合2kmに中部国際空港が完成して以降、この希有な焼き物歴史空間はさらに広い範囲から観光客を呼び込むようになった。

3 ▶ 産地名が「せともの」の普通名詞になった瀬戸焼の都市空間

[1] 御用窯の歴史を背負う多角的な焼き物先進地

陶磁器を表す「せともの」が瀬戸焼に由来することからも明らかなように、焼き物の里としての瀬戸の知名度は抜群である。ただし、同じ陶磁器でも西日本で生産されたものは総称して「からつもの」と呼ばれたことがあったため、厳密にいえば陶磁器イコールせとものというわけではない。しかし瀬戸焼産地が西国の有田焼や伊万里焼と肩を並べるほどの生産力をもっていたことは間違いない。陶器はともかく磁器の先進地は西国であり、瀬戸では江戸中期以降に西国から磁器の製法が伝えられ、磁器生産が始まった。磁器生産では後発であるが、江戸と上方の中間に位置する地理的アクセス性を生かし、近世を通して順調に発展していった。近代以降は製品多角化の道を歩み、伝統的な焼き物産地の性格も変わった。近年は、他の焼き物産地が産業観光化の路線を打ち出す中、瀬戸でも焼き物だけで消費者を引きつけるのではなく、産地全体でサービス化を展開して人を呼び込む動きがある。しかし、有田や伊万里のように産地が焼き物に特化したシンプルな構造の都市と比較すると、近隣に競合する産業の多い瀬戸では、都市全体を焼き物一色で塗り込めるのは難しいように思われる。

一般に産業観光が成功する条件として、大都市や大都市圏からあまり遠くなく、リピーターによる再訪が期待できることを挙げることができる。その点で、関東地方の益子焼や笠間焼、北九州の大都市に近い有田焼、伊万里焼、波佐見焼などは条件に合致している。瀬戸は名古屋から電車でわずか30分ほどの位置にあり、こうした条件は文句なく満たしている。実は名古屋にこれだけ近いということが、良きにつけ悪しきにつけ瀬戸焼の性格を決定づけているといってもよい。近世を通して、瀬戸は名古屋に城を構えた尾張藩の

御用窯としての役割を果たしてきた。近代になって尾張藩という後ろ楯がなくなると、熱田沖に築かれた名古屋港をスプリングボードとして海外市場に乗り出していった。名古屋と瀬戸は強い絆で結ばれてきた歴史があり、この関係は現在もなお維持されている。

　瀬戸焼の歴史は古く、尾張藩の成立後、その庇護を受けるようになる以前から焼き物づくりが行われてきた。御用窯になってからは藩の財政を支える有力な資金源として重視された。尾張藩は瀬戸で焼かれる製品をすべて管理下におき、収益の一部を藩財政に繰り入れたからである。江戸中期に磁器の製法を九州の先進地から取り入れて以降、瀬戸焼は隆盛を誇った。有力な藩の後ろ楯があるというプライド意識は、他産地とは異なる風土をこの地に植えつけるのに貢献した。それは技術・販売面での専門性の追求であり、また新しいことにたえず挑戦しようとする進取の気質に富んだ企業家精神である。とりわけ専門性の追求は見事であり、近代以降、ありとあらゆる陶磁器製品がこの地で生産されるようになった。タイル、レンガ、配電盤、ゴミ焼却炉など、食器とは異なる業界へ進出した事業所も少なくない。その結果、焼き物産地・瀬戸のイメージは拡散してしまった。名古屋にあまりにも近く、自動車や機械など近代的な工業が急成長するすぐ近くにあって、古い窯業形態をそのままの姿で維持することは困難であった。

　輸出用のノベルティ（陶磁器製玩具・置物）など瀬戸でしか生産されなかった製品は少なくない。輸出用食器は工業製品として生産されるのが一般的であるため、製造にあたっては厳格な基準が求められる。この点が和食器と違っており、手作り風の味わいが良しとされる和食器の基準は緩い。自ずと瀬戸では高レベルの生産技術が蓄積され、他産地から一目置かれる存在になった。西洋人の魂を揺さぶるノベルティの完成度は芸術作品の域に近く、他産地の追随を許さなかった。しかし、戦前は貴重な外貨を稼ぎ、戦後も加工貿易の一翼を担ってきた瀬戸の輸出用陶磁器も、1980年代の円高以降、新興諸国との競合に巻き込まれ、勢いを失った。輸出用陶磁器の生産が歴史的使命を終えるのと入れ替わるように、和食器を中心に瀬戸の町それ自体を焼き物の里として売り出す動きが起こってきた。

[2] 地形条件に応じて形成された焼き物の歴史的空間

　伝統的な和食器は、瀬戸市東部に広がる台地・丘陵地に築かれた窯場を中心に生産されてきた。尾張藩が窯元から製品を集めて検品した御蔵会所は現在の市の中心部にあたる瀬戸川河畔にあり、この辺りで荷造りされて消費地へ出荷された（図3の中の瀬戸蔵）。現在でも瀬戸川沿いには焼き物を販売する小売店が軒を並べるようにして建っている。名古屋方面から電車で訪れる観光客は、名鉄瀬戸線の終着駅である尾張瀬戸駅で下車し、川に沿って歩き始める。かつては小売店のほかに卸売店も駅周辺に集まっていたが、1980年代に郊外に卸売団地を設けて移転していった。2005年の愛知万博を機に、旧御蔵会所の跡地に建っていた市民会館が「瀬戸蔵」という観光施設に生まれ変わった。歴史的名称を一部引き継いだこの施設は、市中心部で観光拠点の役割を果たすようになった。瀬戸蔵の中には焼き物の歴史をジオラマ風に伝えるスペースもあり、産地の歴史を知るのに好都合である。

　市内には瀬戸川以外に水野川、赤津川、山口川などが流れている。かつては、それらの川がつくった平地やそれに連なる傾斜地に焼き物で生計を営む

図3　瀬戸市中心部と陶磁器に関係する施設
出典：瀬戸市まるっとミュージアム・観光協会のパンフレット（2013年）による。

窯元が多くあった。近代になって石炭窯が普及し、輸出向け製品の割合が多くなると、生産の中心は瀬戸川中流付近の平地へと移動した（名古屋大都市圏研究会編、2011）。現在でもこの付近で生産を続けている事業所はあるが、これらは産業観光の対象とはみなされていない。工業製品としての陶磁器は敬遠され、伝統的焼き物である和食器に関心が集まる。和食器は瀬戸川上流や赤津川、水野川の流域など市の周辺で焼かれている。一般に焼き物産地は丘陵性の地域に多いが、瀬戸焼もその例にもれず、瀬戸川河畔の平地に小売業が集積しているとはいえ、観光対象になりそうな焼き物空間は丘陵地に分散して分布する。

　瀬戸川上流の洞地区には「窯垣の小径」と呼ばれる曲がりくねった道路がある。これは常滑の「やきもの散歩道」と同様、かつては生産や生活のための道路であった。人が一人歩けるかどうかの道幅しかなく、急斜面を縫うようにして続いている。いかに昔は移動するのが困難であったかをよく示す狭隘通路であり、表示がなければ見落としてしまう。崩れそうな斜面を補強するために、常滑の場合と同様、窯の建築材料や不用になった窯業製品が擁壁代わりに使われている（写真2）。本来ならば、花崗岩などの石材を用いて石垣がつくられてしかるべきかもしれない。しかしそうはなっていない。身近な素材を再利用し、あわせて不用な焼き物の組合せから生まれる造形美を楽しもうという精神は、常滑の場合と同じである。小径は地元住民による地域活性化の活動によって守られてきた。付近にはかつて使われていた工場をギャラリーや作陶の場に転用した工房が

写真2　窯垣の小径

あり、訪れる人も少なくない。
　一方、市街地中心部より一段上の丘陵台地に位置する品野地区では既存の窯元群とは別に、焼き物の販売や作陶体験などを目的とした観光施設が設けられている。商業目的に特化したこの種の施設は場所にオリジナリティがなく、歴史的にはあまり魅力があるとはいえない。しかし自動車社会の今日、車で瀬戸を訪れる観光客を引き入れるには広い駐車場が不可欠であり、オリジナリティは二の次と考えられている。ここから中心市街地を眺めることができ、都市の成り立ちを理解するには好都合な場所といえる。品野地区には焼き物の販売をセールスポイントにした道の駅が、最近、設けられた。隣接地には陶磁器とは関係のない機械、電気産業などの広大な工場団地が広がっている。伝統産業の観光施設と大規模な他産業の並存は、現在、瀬戸がどのような位置にあるかを象徴している。

4 ▶ 和食器の量産型産地として発展してきた美濃焼産地

[1] 瀬戸焼の陰に隠れてきた美濃焼の歴史といま

　瀬戸焼が愛知県、昔風にいえば尾張に属しているのに対し、美濃焼は文字通り美濃の国に属している。両産地はかつての国や県を異にするが、地理的には背中合わせの関係にあり、南側の瀬戸に対して北側の美濃、あるいは矢田川（瀬戸川）流域の瀬戸に対して庄内川（土岐川）流域の美濃という関係にある。矢田川は庄内川と合流するため、両者は結局は同じ流域に属しているといえる。このように地理的に近い関係にあるにもかかわらず2つの焼き物産地が区別されるのは、属する行政域の違いから別々の道を歩んできたためである。近世にあっては美濃焼は瀬戸焼の一部と見なされており、雄藩・尾張の御用窯であった瀬戸焼の陰に隠れるような存在であった。第2次世界大戦後の高度経済成長期に、美濃焼は機械化による大量生産で大いに発展し、食器の生産量では瀬戸焼を凌ぐようになった。しかし消費需要が長期低迷に陥り、海外からの陶磁器輸入が増している今日、かつてのような量産モデルは機能しなくなり、美濃焼もまた曲がり角を迎えている。
　美濃焼という名前が全国的に知られるようになったのは比較的最近のこと

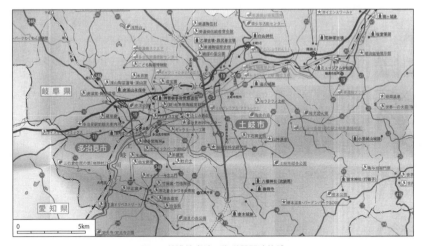

図4 美濃焼産地の陶磁器関連施設
出典：東海環状都市地域交流連携推進協議会のパンフレット（2008年）による。

である。美濃の国は面積が広く、岐阜や大垣のある西濃地方も美濃に含まれる。中濃には焼き物とは無関係の美濃市という自治体もあるため、余計にイメージしにくい。東濃地方の西側半分、ここが焼き物産地としての美濃焼の地元である（図4）。美濃の国すなわち岐阜県に属していながら、尾張の中心地である名古屋に近いため、経済的な結びつきは名古屋との間でより強固である。窯業技術の面では隣接する瀬戸からの影響が強く、新技術が瀬戸からもたらされた歴史がある。近代以降、瀬戸が製品の多角化を図って食器生産のウエートを落としたのとは対照的に、美濃は食器それも和食器の生産に特化してく。こうした路線の違いが生産地の性格を規定し、その違いは都市の構造や景観からもうかがい知ることができる。

　名古屋に近いため高度経済成長期にベッドタウンの性格をもつようになった瀬戸と同じように、美濃でも郊外住宅地化が進んだ。しかし名古屋からの直接的影響は多治見までであり、これより東に位置する土岐や瑞浪では昔ながらの焼き物産地の特徴が維持された。土岐川支流の上流域には、焼き物の種類ごとに生産特化した産地が分布している。生産技術の平準化でかつての

ような地域特化傾向は薄れたが、各産地の特性を対外的にアピールするには、昔ながらの特産品を活かす方が有効かもしれない。駄知地区のどんぶり、下石地区のとっくり、市之倉地区のさかずき、といった具合である。美濃でも大量生産で製品が市場に出て行く時代は終わった。時代は回帰し、手作り風の焼き物を丁寧に仕上げて消費者や観光客に手渡すスタイルへと変わってきた。

［2］地域ブランドづくりやイベント開催による産地振興

　常滑焼や瀬戸焼に比べると美濃焼はまだ生産・出荷量が多い。しかし基本的には長期低迷傾向からは脱しきれておらず、産地では活性化のための試行錯誤が続けられている（林、2010）。ひとつは常滑、瀬戸と同じような焼き物産地のサービス化である。都市から消費者を直接呼び込んだり、イベントを開催して産地の知名度を売り込んだりする戦略がとられている。その仕掛けのひとつとして、たとえば多治見市本町地区では近世以降、産地卸売業が集まっていた街区一帯を修景保存し、歴史的街並みを維持するプロジェクトが行われてきた。街区の拠点には焼き物販売や作陶・情報発信のためのセンターが設けられており、来訪者の観光スポットになっている。道路向かい側の地元銀行支店は外観をそのまま残しながら、内装を一新し洒落たベーカリー・コーヒーショップへと変身した（写真3）。並び建つ交番も周囲との調和に配慮し、歴史的雰囲気を感じさせるデザインになっている。けっして広い街区ではないが、商家の店先や蔵などの連なる歴史的オリ

写真3　オリベストリート沿いの銀行店舗から変身したベーカリー・コーヒーショップ

ジナリティが活かされた空間といえる。

　美濃焼産地では「志野」や「織部」が商品ブランドや地域ブランドの代名詞として多用されている。もとはといえば、安土桃山期から戦国時代にかけて流行した茶道用の茶器スタイルの名称である。美濃地方に縁があり現に生産されていたことから、地域興しのネーミングの素材として用いられるようになった。地元で「オリベストリート」と呼んでいるのは、さきに述べた多治見市本町の街路のことであり、茶人・古田織部に因む。いささか政策的なネーミングではあるが、史実との関係を厳密に問わなければ、観光振興にとって有効といえよう。現地の地理に不案内な来訪者にとっても、そのように名づけられたルートを一巡することで、かつてこの街区一帯で行われていた焼き物の生産・流通に関わる作業の姿を想像することができる。街歩きにはわかりやすさが欠かせない。そのようなガイドとして、こうした地理的情報は役に立つ。

　多治見市内には、本町地区とは別のところにもオリベストリートがある。このことから、オリベストリートは特定の街路をさすのではなく、似たような特徴をもった複数の街路が同じ名前で呼ばれていることがわかる。このあたりは市の観光政策の問題点かもしれない。いまひとつのオリベストリートは、本町地区から南へ3kmほど山の中へ入った市之倉地区にある。瀬戸にも近いこの地区は、産地卸売が集まっていた本町とは異なり、丘陵地を流れる市之倉川に沿って形成された焼き物の生産地である。ここのオリベストリートは50軒ほどの窯元を巡って歩くルートであるが、本町のようにとくに整備が進んでいるわけではない。目玉は、「さかずき美術館」という名前で建設された、さかずきのコレクション展示と焼き物の販売・作陶体験を兼ねた観光施設である。近世以来、営々として生産されてきた陶磁器製さかずきは、地元の特産品である。美術館と銘打ち、単なる土産物施設でないことを強調している。都会からの観光客を意識した施設であり、ギャラリーには焼き物以外に工芸品も飾られている。美術館の館長は隣接する有力窯元の現当主が務めており、伝統的な焼き物に現代的価値を吹き込もうとする新たな試みとして注目される（林、2009）。

美濃にはこれら以外に、行政や業界などが力を入れて設けた焼き物関係の施設が数多くある。常滑、瀬戸に比べるとそれらの分布範囲が広く、面としてとらえる必要がある。実際、産地内には「焼き物街道」という巡回コースが設定されているが、自動車を使わなければ見て回ることはできない。世界的規模で開催される陶磁器の見本市や、毎年、開催される全国的な焼き物まつりなど、イベント主体の地域興しは盛んである。東名、名神、中央道に加えて、2005年には東海環状自動車道も開通した。人気のアウトレットモールも立地する交通利便性を活かしたネットワーク的な地域興しがうまくつながれば、焼き物産地空間はさらに充実すると思われる。

（林　上）

【引用文献】
1）名古屋大都市圏研究会編『図説　名古屋圏』古今書院、2011
2）林　上「美術館を拠点とする文化サービス供給による伝統的陶磁器産地の振興」日本都市学会年報　第42巻　pp.222－227、2009
3）林　上「国際見本市への出展やデザイン開発を重視した陶磁器の地域ブランド形成」日本都市学会年報　第43巻　pp.13－19、2010

多文化共生の制度化と都市のロカリティ

1 ▶ はじめに ─制度化される「多文化共生」─

「多文化共生」はすでに広く認知された言葉であろう。1990年代初頭、在日コリアンの集住地区における草の根市民運動に端を発したこの語は、90年代を通じてまたたくまに市民権を得ていった。公共サービスを提供する地方自治体でさえ、「多文化共生事業」や「多文化共生のまちづくり」に取り組む姿が公式ホームページに掲載される時代である。今日、多文化共生は「制度化されている」といってよい。

自治体の多文化共生推進にとって画期をなしたのは、2006年3月に総務省から報告書『地域における多文化共生の推進に向けて』が公表されたことである。この報告書は、明治大学の山脇啓造氏を座長とする「多文化共生の推進に関する研究会」によって議論されたものであり、中央省庁がはじめて公式に「多文化共生の推進」を掲げたきわめて重要なモーメントと評価されている。もちろん、「地域における」と、多文化共生の及ぶ範囲をローカルな空間に限定するような形容詞がつけられたことは、ナショナル・レベルで多文化主義や移民政策を採用していない日本の国家的立場が如実に反映されたものとして読むこともできる。とはいえ、総務省が地方自治体に向かって一定の指針を示し、多文化共生推進プラン策定の「通達」（総行国第79号、2006年3月27日）を出した意味はかなり大きい。

本章では、2000年以降の愛知県と名古屋市において、実際に多文化共生の制度化がどのように進展してきたのか、またそこにはいかなる背景があったのかを明らかにする。具体的には、まず愛知県と名古屋市における多文化共生施策の展開過程を概観したい（第2節）。次に、名古屋市内の特定地域

多文化共生の制度化と都市のロカリティ

を事例にしてローカルな多文化共生が推進されてきた様子を紹介する（第3節）。全国的な傾向と同じく、愛知県や名古屋市においても外国人住民が集住する地域での取り組みが行政に先行してきた。本章では、名古屋市中区の栄東地区で2000年頃から顕在化した地域住民による「多文化共生のまちづくり」を取り上げ、多文化共生の制度化を取り巻くローカルな都市的文脈（ロカリティ）について考えてみたい。

2 ▶ 愛知県政と名古屋市政における多文化共生の制度化

[1] 愛知県における多文化共生施策の展開

　愛知県が『あいち多文化共生推進プラン』（以下、多文化プラン）をはじめて策定したのは2008年度のことである。現在はその後継として『あいち多文化共生推進プラン2013－2017』が実行されている。一見すると、総務省の通達以後に県の施策が動き出したようにもみえる。しかしながら、愛知県で策定された他種のプランをみると、たとえば2003年度の『愛知県国際化推進プラン』（以下、国際化プラン）には「『多文化共生社会』実現の必要性」が明記され、「外国籍県民とともに生きる地域社会づくり」がすでに掲げられていた（表1）。ここには、1990年代に入って外国人労働者の急増を経験した自治体を多く抱える愛知県で、かれらを「県民（住民）」として迎え入れようとする共生の姿勢が読み取れる。たとえば、愛知県の最も早い時期の取り組みとしては、2002年度から外国籍県民あいち会議（現、外国人県民あいち会議）がスタートし、現在にいたるまで広くかれらの意見が収拾されてきたのである。

　さらに、2006年4月には地域振興部国際課のなかに多文化共生の専門部署である「多文化共生推進室」が設置された（それ以前は県民生活部国際課が担当）。推進室職員への聞き取り調査（2013年12月25日実施）によれば、部署の設立準備は少なくとも前年の夏頃には始まっていたという。この専門部署が上記『多文化プラン』策定の推進母体になってきたことなどをふまえれば、愛知県における多文化共生の制度化はおおむね2000年代前半と想定することができる。

中部の都市を探る ―その軌跡と明日へのまなざし―

表1 愛知県と名古屋市における多文化共生の制度化（2000年以降）

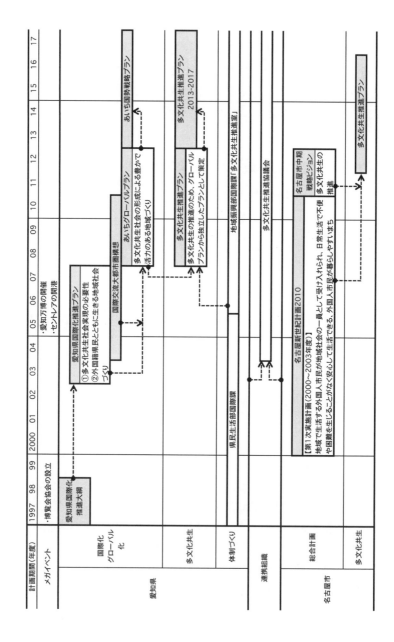

多文化共生の制度化と都市のロカリティ

　以上のような国をやや先取りした愛知県の動きは、いかなる背景によってもたらされたのであろうか。理解の鍵となるのは、愛知県政における「国際化」と「グローバル化」への対応である。たとえば、『国際化プラン』以外にも2004年度に『国際交流大都市圏構想』（以下、国際構想）が策定されるなど、2000年代に入ってからの愛知県では国際社会（あるいはグローバル社会）への意識と対応が加速した。2008年度には『国際化プラン』と『国際構想』を統合するかたちで『あいちグローバルプラン』（以下、グローバルプラン）が、2012年度からはその後継として『あいち国際戦略プラン』も動きはじめた。この背景にあるのは、2005年に愛知県を舞台として開催された万国博覧会（愛・地球博、愛知万博）の影響である。一連のプラン・構想のなかには、グローバル経済の浸潤に対するモノづくり立国・愛知県の立ち位置が明確に主張されているだけでなく、愛知万博への言及が随所にみられるのである。たとえば、『グローバルプラン』の策定趣旨には、万博開催や中部国際空港（セントレア）の開業によって世界と愛知県との距離が縮まった点がくり返し指摘されている。愛知万博開催のための博覧会協会が1997年10月に設立されていたことを勘案すれば、世界各国の客人を受け入れるための下準備として、「国際化」と「グローバル化」、そして「多文化共生」が三位一体となって前景化しても不思議はない。それが2000年代初頭の愛知県を取り巻く地域的文脈なのである。

　以上のように、愛知県における多文化共生の制度化は、1990年代の外国人労働者増加への対応といった製造業経済地域によくみられる現実的問題に加え、他方でメガイベントや巨大公共事業を契機とした国際化ないしはグローバル社会化への要請に応答した動きであったと理解すべきだろう。これがナショナル・レベルの文脈とは異なる愛知県独自のロカリティである。

［2］名古屋市における多文化共生施策の展開
　愛知万博の開催をにらんだ動きという点では、名古屋市政も似たような展開をたどる。21世紀に入って最初に策定された市の総合計画『名古屋新世紀計画2010』（以下、新世紀計画）では、名古屋市の目指すべき8つの「都

市像」のひとつとして「国際交流拠点都市」が示され、その第1次実施計画（2000 〜 2003年度）にも愛知万博の開催やセントレアの建設が具体的事業に盛り込まれていた。第1次実施計画の「部門別計画」における「国際都市」の基本方針をみると、「地域で生活する外国人市民が地域社会の一員として受け入れられ」ることで「外国人市民が暮らしやすいまち」を目指すことが明記されている。この点では、ほぼ同時代の県の『国際化プラン』と足並みがそろっていたといえる。また、2004年3月には愛知・岐阜・三重・静岡・群馬県（後に長野・滋賀県も参加）とともに「多文化共生推進協議会」を設置し、名古屋市も国に対してさまざまな要望を継続的に行ってきた（2014年7月24日、市長室国際交流課職員への聞き取り調査による）。あるいは、市の国際化推進を担う名古屋国際センター（1984年設立）で、特に多文化共生事業に力を入れるようになったのも2000年前後からである（2010年3月9日、センター職員への聞き取り調査による）。やはり愛知県と同じく、名古屋市の多文化共生施策も2000年代に入って大きく進展したといってよい。

　しかし、やや不思議ながら、『新世紀計画』やつづく実施計画のなかに「多文化共生」の文字はあまり登場してこない。むしろ、この語が頻繁に使われるようになったのは、『新世紀計画』の完了を受けて策定された『名古屋市中期戦略ビジョン』（2010 〜 2012年度）中の、目指すべき「まちの姿4」（個性と魅力があふれ、活発に交流するまち）においてである。また、実際に名古屋市で『多文化共生推進プラン』が策定されたのも2012年3月であることに鑑みると、多文化共生の制度化という点では、名古屋市は愛知県に比べてやや立ち遅れてきたのではないだろうか。ただし、すでに言及したように、これは名古屋市において外国人との共生施策がこれまでまったく展開されてこなかったということを意味しているわけではない。

3 ▶ 名古屋市中区栄東地区におけるローカルな多文化共生

[1]「栄東地区」の概観

　本節では、行政に先んじて地域社会で取り組まれた「多文化共生のまちづ

くり」に焦点をあてる。そのなかでみえてくるのは、日本人地域住民による外国人住民を巻き込んだまちづくり活動が、ローカルな多文化共生社会の推進に一定の役割を果たす一方で、「不良外国人」の排除をともなう空間の浄化や「安全・安心」の欲求に根差すポリシング（警邏）活動と一体になってきた現実である。

まず、栄東地区の地理的環境について説明しておきたい。後述する日本人地域住民のまちづくり団体「栄東まちづくりの会」のホームページ（http://www.sakaehigashi.com/）によると、栄東地区は東を国道41号線（空港線）、西を久屋大通、北を広小路通、南を若宮大通に囲まれた1km四方にも満たない、比較的狭隘な夜の繁華街である。住所としては「中区栄4丁目・5丁目」に該当する地区ということになる。ただし、実際に夜の繁華街の様相を呈しているのは池田公園以北の栄4丁目付近であり、南部の栄5丁目では住宅街や古くからの商店街が残っている様子を目にすることができる。

栄東地区にこのような繁華街が形成されたのは戦後のことであった。かつ

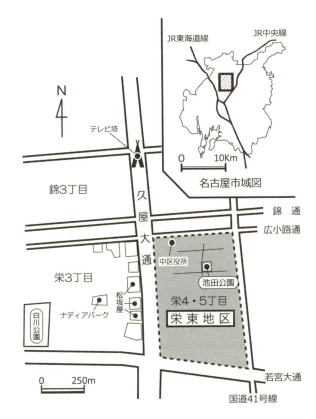

図1　名古屋市中区「栄東地区」の位置

て池田公園と広小路通のあいだに中京女子短期大学（現、至学館大学）のキャンパスがあり、女子大の横丁を中心に飲み屋街となっていったことから、大学が移転した今日でも「女子大小路」の愛称が広く支持されている。現在は、新聞紙上で1987年に公募されて決まった「栄ウォーク街」が公式の愛称である。1970年代がもっとも花盛りだったといわれる女子大小路は、1980年代に入ると衰退の一途をたどり、「栄」という中心繁華街の一部でありながらインナーシティに近い姿となった。その頃急激に数を増やしたのが、フィリピンからの女性エンターテイナーを中心に出演させる「フィリピン・パブ」である。名古屋の夜間経済を牽引してきた高級クラブ・風俗店街の錦3丁目や、デパート街でありながら夜はナイトクラブ・バーの集積地となる栄3丁目に比べて見劣る栄東地区の地域経済を、ながらくフィリピン・パブが支えてきたとみることもできる。

　なお、2005年3月以降はエンターテイナー入国の根拠となってきた「興業ビザ」の発給基準が厳しくなりフィリピン・パブ経済が衰退したこと、2008年にはリーマンショックや世界同時不況が発生して職を失った一部の日系ブラジル人が夜の街を席巻したこと、その後はやや落ち着きを取り戻して現在にいたっていることなどを付言しておきたい。この栄東地区で、日本人地域住民による「多文化共生のまちづくり」活動が盛んになるのは、ちょうど2000年を境にした時期であった。

[2] 日本人地域住民による「多文化共生のまちづくり」
　現在、栄東地区のまちづくり活動を担っている団体は「栄東まちづくりの会」（以下、まちづくりの会）と呼ばれている。2003年4月に設立されたこの会は、栄東発展会・栄レジャービル協会・栄東地域安全推進委員会という、同じ地区に活動地盤をおきながら活動目的がやや異なる3つの組織によって構成されている。会のキーパーソンA氏（現、まちづくりの会会長）への聞き取り調査（2011年3月7日実施）によると、栄東発展会は栄4丁目と5丁目に属する町内会に母体をもち、遅くとも1960年代には存在していた。栄東地区は3つの小学校区の境界線が交差する複雑な地域であり、ふつう学

多文化共生の制度化と都市のロカリティ

　区ごとにまとまる町内会のままでは「栄東」という単位で活動ができない。学区横断的な活動を行っている点に、栄東発展会の活動意義があるという。
　一方、この地区にテナントビルを所有するオーナーらによって、1976年に結成されたのが栄レジャービル協会である。この協会のメンバーたちこそ、フィリピン・パブのような店子の入店によって経済利益を直接享受する人々であるといえる。他方、栄東地域安全推進委員会は3つのなかでもっとも新しく、設立は2000年である。当初からこの委員会の中心人物であったA氏によれば、委員会の設立は中警察署による防犯活動の「指導」の一環であったという（A氏はこれを「中警察マター」と呼んでいた）。ただし、地域安全推進委員会は単に地域の防犯活動を担うだけにとどまらず、それまで主に発展会が主催してきた地域の夏祭り（池田公園夏祭り）に共催として加わるなど、栄東地区のローカル・イベントに大きな役割を果たすようになっていく。委員会は当時「（比較的）若手」のメンバーで構成されており、どちらかといえばまちづくりにおける「遊軍」の意味合いがあったとA氏は述べる。すなわち、町内会を母体とする発展会に経済活動を旨とするレジャービル協会、それに防犯活動を目的とした若手の地域安全推進委員会が合流するかたちで、2003年にまちづくりの会が生み出されたのである。
　それでは、このような地域住民のまちづくり活動が「多文化共生」を掲げるようになったのには、どのような背景があったのだろうか。ここで大きな役割を演じたのが、2000年代初頭の栄東地区をフィールドに地域社会と多文化共生を研究していた社会学者の高畑幸氏（現、静岡県立大学）であった。氏は2002年9月14〜17日にかけ、栄東地区の日本人住民500名に対してアンケート調査を行っている。調査のテーマは「外国人住民が急増した地域社会において、日本人住民と外国人住民との共同はいかに可能か」であった。調査の結果、外国人の増加や治安の悪化に対する厳しい意見が多数ありながらも、回収されたアンケートの3分の2が外国人の町内会加入に賛成し、盆踊りへの参加にいたってはおよそ9割が賛意を示していることが分かったという（2003年3月14日付、中日新聞）。そこで高畑氏は、（栄東地区ですでに同朋向け自助団体を組織化していた）フィリピン人コミュニティをまちづ

図2 栄東地区の中心部にある「池田公園」の風景

くりの会が催すさまざまなローカル・イベント（防災訓練、夏祭り、クリスマス・イルミネーションなど）に誘い、多文化共生のまちづくりがいよいよ始動することになったのである。とりわけ目を引いたのが、毎週木曜日の早朝に日本人地域住民が行っていた池田公園の清掃作業へ、フィリピン人たちが多数参加したことであった。この「一緒に汗」をかく共同作業は、いくぶん美化されながら「地域との共生」の成功例としてメディアにも登場するにいたる（2003年12月9日付、中日新聞）。なお、ここでまちづくりの会の共生相手がフィリピン人コミュニティであったことにはわけがある。それは高畑氏がフィリピン研究の専門家だったことに由来する。後に氏は、一連の調査結果を自身の博士論文としてまとめている（高畑 2006）。

　こうしたローカルな多文化共生の推進に対し、地元行政である中区役所はどのように関与したのだろうか。まちづくりの会は、発足当時の2003年度に名古屋都市センターから「まちづくり活動助成」を交付されている。実は、この助成金へのエントリーは中区役所地域振興課（現、まちづくり推進室）からの提案で実現したものであった。推進室職員への聞き取り調査（2010年11月10日実施）によると、このとき区役所からの直接的な財政支出などはなかったものの、まちづくりの会の立ち上げに対するこのような支援があったという。この助成金の下では、「外国人との共生活動」の一環としてフィリピノ語版ドメスティック・バイオレンス啓発冊子の作成、フィリピン人コミュニティ向け意識調査などが実施された。また同年度、まちづくりの会

は愛知県国際交流協会からも助成金を得て、クリスマス・イルミネーションなどのイベントを実施した。2004年度からはたびたび名古屋市国際交流活動助成も受けている。一連の事業は中区役所から「外国人との交流と共生のまちづくりに係る取り組み」として認知されており、『新世紀計画』の第2次実施計画（2004～2006年度）の「地域別計画（中区）」では「外国人との共生と交流のまちづくり事業の定着」と明記された。2005年に地域振興課がまちづくり推進室に組織再編された後も、夏祭りを中心に会の共生活動に対する支援が継続している。

たしかに、このローカルな多文化共生のまちづくりにおいて、中区役所が中心的な役回りを演じたという事実はない。しかしながら、地元行政とのつながりを重視するまちづくりの会やフィリピン人コミュニティにとって、中区役所からの支援が大きな後ろ盾になってきたことは推測に難くない。その意味で、栄東地区におけるローカルな多文化共生の制度化の端緒は2003年頃にあったと考えてよい。

[3]「ローカル・ガバナンス」としての多文化共生

既述のとおり、1人の社会学者が媒介した日本人地域住民とフィリピン人コミュニティ、そして地元行政によるローカルな多文化共生の推進は、一見うまくいったかのようにみえた。ところが、2003年の年の瀬に早くも暗雲が立ち込める。池田公園の清掃活動に参加するフィリピン人男性2人が、12月17日深夜に池田公園周辺の路上で職務質問中の警察官に逮捕されたのである。かれらはオーバーステイ（超過滞在者）であった。公園の清掃活動に積極的だった2人の男性の逮捕事件は、軌道に乗りかけていた多文化共生のまちづくりに水を差す結果となる。

逮捕事件の直後、高畑氏はまちづくりの会関係者とフィリピン人コミュニティの中心人物らを集めて、すぐさま話し合いを行った。というのも、フィリピン人側に「地域の活動にこれだけ貢献してきたにもかかわらず、仲間が逮捕されたことへの憤りと失望感」が渦巻いていたためだ。そして筆者も、その場にフィリピン人側を支援するボランティアの一人として同席してい

た。しかしながら、はからずもこの話し合いを通じて日本人地域住民の考える「多文化共生」と、フィリピン人コミュニティの抱く「多文化共生」とのあいだに決定的ともいえる「ズレ」があることが浮き彫りになったのである。そのひとつが、地域社会の「だれ」を多文化共生の相手として認定するのか、といった「共生のメンバーシップ」をめぐる問題であった。

　まず、まちづくりの会は、今回の逮捕事件を機に共生相手のフィリピン人コミュニティのなかに少なからずオーバーステイが混じっていることを、いやおうなしに認識することとなった。A氏によると、この事実は実際のところそれ以前から「うすうす感じてはいた」が「不問にしていた」ことがらではあった。しかしながら、警察による逮捕事件というイベントを通じて、オーバーステイの外国人が明白な現実問題となって顕在化してしまったのである。その結果、かれらの主張は「フィリピン人による地域社会への貢献度は評価できるが、オーバーステイは不法行為であり、法治国家の一員としては認められない」というものに落ち着いた。すなわち、逮捕事件まではローカルな地域社会の内部でインフォーマルに解消されてきたメンバーシップの問題が、ひとつの逮捕事件をきっかけにナショナル・レベルのフォーマルな問題（在留資格と法治国家という問題）へと昇華してしまったのである。その結果、法的地位の有無が共生のメンバーシップを決定づける重要な基準のひとつになったのである。

　一方、フィリピン人側にとってみれば、同朋コミュニティの内部にいる限りオーバーステイであろうとなかろうと仲間であることにかわりはない。むしろ、すべてのフィリピン人をコミュニティ活動に参加させることは、ドラッグやアルコールなど退廃的な道へと向かわないよう同朋を制御する意味合いが含まれている。その点で、在留資格にもとづく違法性はかれらのコミュニティ活動にとってさほど大きな意味をなしていない。そのことは、フィリピン人コミュニティ・リーダーの一人が「オーバーステイも含めて、われわれはみなフィリピンからの『経済難民』であって、『犯罪者ではない』」と語る言質にも明確にあらわれている。それゆえ、栄東地区を生活圏とするすべてのフィリピン人に共生活動への参加資格があってよいのである。

多文化共生の制度化と都市のロカリティ

　以上のように、「共生のメンバーシップ」をめぐるズレとは「だれ」が共生の相手にふさわしいのかを決める問題であるが、その許認可権を保有しているのはたいていの場合マジョリティである日本人地域住民の側である。したがってこれ以降、オーバーステイに対する積極的な排除というものがみられたわけではないものの、多文化共生のまちづくりに参加可能なメンバーとそうでない人々とのあいだに、ゆるやかな「選別」が行われることとなった。しかしながら、まちづくりの会はより寛容な包摂の態度をみせることなく、なぜ選別的メンバーシップに傾倒することになったのだろうか。その要因は、まちづくりの会の発足経緯のなかにすでに埋め込まれていた。

　既述のとおり、会の発足やまちづくり活動に大きな役割を果たしたのは2000年設立の地域安全推進委員会である。その一方で「中警察マター」と称されるように、委員会は地元警察の指導の下で結成された地域住民による安全・安心推進組織である。警察庁が2000年2月に制定した「安全・安心まちづくり推進要綱」では、地域住民が地方自治体や地元警察等と協力して「まちづくりのための日常的なコミュニティ活動」を行うことが推奨されている。警察庁から都道府県警にこの要綱の指示が出ていることからも明らかなように、こうした取り組みはこの時期の全国的な傾向に一致していたものと考えられる。

　さらに、全国の警察署では「繁華街・歓楽街を再生するための総合対策の推進」による、犯罪の取り締まり強化と都心再生の取り組みが同時に進められてきた。たとえば、「防犯対策等とまちづくりの連携協働による都市の安全・安心の再構築」(2005年6月犯罪対策閣僚会議・都市再生本部合同会議決定)では、栄を含む全国8都市11繁華街がそのモデル地区に選定されている。こうしたなか、2006年8月に「魅力あふれる栄地区推進協議会」(会長は名古屋市助役)が設立され、栄東地区では2007年2月10日〜3月10日の1か月間、まちづくりの会の協力によって防犯カメラを用いた落書き防止対策の社会実験が行われた(警察庁生活安全局『栄地区の安心・安全で快適なまちづくり計画調査報告書』(2007年3月))。そして2010年4月、まちづくりの会は栄東地区全域の12か所に防犯用ネットワークカメラを導入す

中部の都市を探る —その軌跡と明日へのまなざし—

表2 新聞記事にみる栄東地区周辺部における外国人の取り締まり活動

年	月	被摘発者 フィリピン女性	その他の外国人	監視・摘発活動箇所	監視主体と活動理由 名古屋入管	警察	備考
1997	01	22人(その他国籍含む)	男性7人	新栄1丁目・マンション	入管法違反	風営法違反	周辺住民の苦情
	06	2人	4人	栄・マンション	入管法違反		周辺住民の苦情
	08	14人		栄4丁目・1店舗			
1998	01	—	アジア系女性8人	栄4丁目・2店舗		売春防止法違反	
	01	6人	フィリピン人男性3人	池田公園周辺		入管法違反	路上取締活動
	01	3人		栄4丁目・1店舗		風営法違反	
	03	—	20人	新栄1丁目・ディスコ	入管法違反		
1999	01	フィリピン人男女3人		池田公園周辺		入管法違反	錦3丁目のバー摘発に合わせて
	04	10数人(男性含む)		池田公園周辺		入管法違反	路上取締活動
	06	—	7人	栄ウォーク街周辺		入管法違反	キャンペーン
	07	—	2人	新栄1丁目・ディスコ		入管法違反	周辺住民の苦情
	10	33人		栄4丁目・2店舗	入管法違反		
2000	11	フィリピン人男性1人		池田公園周辺		風営法違反b	「栄クリーン作戦」開始
2001	01	フィリピン人5人(客引き)		栄ウォーク街			「栄クリーン作戦」の一環
	02	56人		栄4丁目・8店舗	入管法違反		「不良外国人の取締り
	02			栄ウォーク街対象		「栄地区環境浄化プロジェクト本部」設置	「栄地区環境浄化プロジェクト」の一環
	03	5人		栄4丁目・1店舗		風営法違反	犯罪防止パトロール
	04	—	12人	池田公園周辺	入管法違反	遊撃隊「SCAT」結成	
	11	12人		新栄1丁目・1店舗	入管法違反		
2002	02	45人(男性含む)		栄4丁目・3店舗	入管法違反		プロダクション4社排除勧告
	09	フィリピン人8人		池田公園周辺			名古屋・大阪入管の合同摘発
	11	フィリピン人人	11人	栄、新栄		入管法違反 入管法違反	「栄地区環境浄化対策」の一環 旅券不所持など
2003	01	14人(男性含む)		新栄など		「来日外国人犯罪集中取締態勢」編成	「不良外国人」の取締
	04		74人	栄・教店舗		入管法違反、風営法違反a・b	
	06	34人(他国籍、男性含む)		栄			愛知県警、名古屋・大阪入管による合同摘発。約570人を投入した栄地区過去最大規模の摘発。
	08					「栄地区環境浄化対策推進本部」	発足1年までの取締成果の発表
2004	12	6人	中国人男性1人	栄4丁目・1店舗	入管法違反		
	03	1人	7人	栄	入管法違反		「栄地区環境浄化対策」の一環
2005	03	11人	中国人男性1人	栄・1店舗	入管法違反		

資料：朝日・読売・毎日・中日新聞および共同通信より作成（新聞横断検索のオンライン・データベースGサーチを利用）
※風営法違反aは風俗営業店の無許可営業
※風営法違反bは路上呼び込み（客引き）の取り締まり
※入管法違反は大半が「不法入国（上陸）」「不法残留」「資格外活動」および「不法就労」

るにいたったのである（栄レジャービル協会『栄レジャービル協会　第40号』(2010年10月)）。これらはすべて、地域のポリシング（警邏）を住民自らに担わせる、いわゆる「ローカル・ガバナンス（ローカルな統治）」の促進である。

　他方、愛知県警においても2002年8月に県警本部に「栄地区環境浄化総合対策本部」が、中警察署にその推進本部が設置された。2004年11月には愛知県安全なまちづくり条例の下、「栄犯罪抑止環境浄化推進地区」も設定されている。表2をみれば、2000年代前半の栄東地区周辺部において、「クリーン作戦」や「環境浄化」の名の下にフィリピン人を含む外国人がかなりの頻度で摘発され、「空間の浄化」が進んだ様子を読み取れよう。以上のように、2000年に入って進展した栄東地区のローカルな多文化共生は、一方で官民一体となったローカル・ガバナンスの実践と同時並行で進行してきたのである。

　まちづくりの会のモットーは「楽しいまち、住みよいまち、住みたくなるまち」であり、目指すべきは「明るく安全で地域の暖かさを感じるまちづくり」である。栄東地区での多文化共生は、これらモットーの下に実践されるローカル・ガバナンスの延長線上に推進されてきたものとして理解しなければならない。そのため、外国人住民は「共生の相手」というよりも最初からあくまで「ガバナンスの対象者」であり、地域社会にとって「不安要素」なのか、それとも「そうではないのか」をつねに問われつづけてきたのである。本章の事例でいえば、共生の活動が始まる前は、増えつづける外国人住民が顔の見えない存在として「不安要素」となってきた。だからこそ、地域社会がおそるおそるも町内会やローカル・イベントへの参加を望んだのである。その際の外国人住民の代表者がたまたまフィリピン人コミュニティであっただけなのだ。当初「一緒に汗」を流すことでフィリピン人たちは少しのあいだ「非不安要素（共生にふさわしい相手）」となり、逮捕事件を機に「不安要素」と「非不安要素」の選別対象に転換してしまった。このように、ガバナンスの対象者は「共生の相手」からいつでも「取り除くべき他者」に逆戻りする不安定な存在なのである。

以上、名古屋市中区栄東地区の小さな事例からみたローカルな多文化共生の制度化は、愛知県政や名古屋市政にみられた国際化とグローバル化への対応にもとづくというより、むしろ夜の繁華街や外国人住民の増加といった独自の都市的ロカリティに起因する、「不安」と「統治」の産物として解釈すべきである。

4 ▶ おわりに ―多文化共生のよりよい制度化に向けて―

　一般的に、多文化共生とはすべての人々が目指すべき理想の「ゴール」であるかのように語られがちである。しかしながら、実際には「どの文化」が「多・文化」の仲間入りをでき、「だれ」が「共生」のメンバーにふさわしいのかということをめぐって、多様なコンフリクトを抱えているものである。本章の事例からは、その一端を垣間見ることができたに過ぎない。本来、多文化共生社会の実現には幾重にも生成するこうしたコンフリクトや「多文化共生観のズレ」をひとつひとつ乗り越える（解消する）不断の折衝が、日本人・外国人双方に求められる。その意味で、多文化共生は目指すべきゴールではなく、作り上げる不断のプロセスであると考えるべきだ。

　こうしたプロセスにとって大切なのは、自己と他者を知る努力であろう。ただしこれは、単に「国際理解」や「自文化理解」を進めるということではない。多文化共生の制度化がいかなる背景や要因によって展開されてきたのか、つまりそれぞれの地域が抱えてきた独自の共生の文脈（ロカリティ）を理解することこそが大切なのである。ただし、多文化共生を論じる空間スケールが変われば、そこにかかわる主体（アクター）が変わり、制度化のロジックも変容する。したがって、ある国で、ある地方で、ある都市で、ある地区で多文化共生がそれぞれどのように制度化されてきたのかを丁寧に紐解くということ、つまりは多文化共生をめぐるロカリティの歴史地理を理解する行為が求められる。多文化共生社会の実現に対して、高畑氏が主張する「文化媒介者」としての研究者の役割が真にあるとすれば、それは多文化共生に制度化をもたらす仕組みとそのロカリティを、地域社会や外国人住民双方にに説明する責任者としての役割なのではないだろうか。　　　（阿部　亮吾）

【引用文献】
1) 高畑　幸　『新来外国人の定住と地域社会への参加―フィリピン人移民を事例として―』大阪市立大学大学院2005年度学位請求論文、2006

東西の大都市圏に比べ余裕のある住宅・居住空間

　欧米に比べると日本の家屋の耐久年数は一般に短いといわれる。温帯モンスーン気候で降水量が多く、とくに木造の住宅は傷みやすいという認識が背景にあるからであろう。住宅の資産価値は経過年数とともに急激に低下し、住宅を売ろうとしてもほとんど土地しか評価されないのがあたりまえというのが常識化している。しかし、少子高齢化と人口減少がともに進み、地球温暖化などの環境問題も考えなければならない現在、住宅は所詮フローであり、耐久性やストックなど考えもしないというこれまでの姿勢に対して反省が求められている。国は長期優良住宅を推進する方針を掲げ、世代を超えて住み継がれていく質の高い住宅が一戸でも多く建設されるよう、新築時に税制面で優遇する政策を講じるようになった。当初は「200年住宅」という名称が用いられたが、イメージが湧きにくいということで、長期優良住宅と呼ばれるようになった。

　2009年6月から始まった長期優良住宅認定制度の適用累積件数を都道府県別に見ると、愛知県が40,305戸で突出して多い。この制度を利用して住宅を新築する場合、長期優良住宅としての基準条件を満たしているか否か審査を受けなければならない。審査に通って新築された住宅は税制的に優遇されるが、そのかわり築後は優良住宅としての質が維持できていることを経年的に報告する義務がある。新築マンションも条件が揃っていれば適用が受けられる。しかし一戸建て住宅に比べると認定数は少ない。認定を受けるか否かは自由であり、全国平均でいえば、この3年余りの間に新築された住宅のうち4件に1件の割合でこの制度が適用された。

　表から明らかなように、愛知県の住宅着工件数が全国に占める割合は6.8%である。これに対し、長期優良住宅の適用累積数の全国比は10.8%である。つまり愛知県民は、全国平均の1.6倍の割合でこの制度を利用している。長期優良住宅の絶対数でも、愛知県は東京都（27,191戸）、神奈川県（23,726戸）などを抑え全国1位である。東京都、神奈川県では、長期優良住宅の全国比は住宅着工件数の全国比を下回っている。大阪府、京都府についても同じことがいえる。このように、耐久住宅への関心の高さにおいて愛知県は際立っているが、実は隣県の岐阜県、三重県、静岡県は愛知県以上に関心が高い。長期優良住宅の全国比を住宅戸数の全国比で除した特化係数を計算すると、愛知県が1.59、岐阜県1.62、三重県1.92、静岡県1.80である。つまり中部のうち東海地方の4県では長期優良住宅に対する関心が軒並み高い。ちなみに、東京圏、大阪圏で特化係数が1.0を上回っているのは、兵庫県（1.23）と奈良県（1.75）

のみである。一般に三大都市圏といわれる3つの地域の間で、長期優良住宅に対する住民の姿勢に大きな違いがあるのは興味深い。この背景には住宅に対する考え方の違いがあるように思われる。

　新築時に長期優良住宅を選べば税制面で有利な扱いを受けるため、そうした恩恵やメリットに名古屋大都市圏の人々はより敏感といえる。しかしそれ以上に注目すべきは、たとえ建設費が2～3割高くなっても、世代を超えて住み続ける丈夫な住宅を希望する気持ちがより強いという点である。もともと余裕をもって住宅が建設できるという空間的条件に恵まれており、住宅を資産として評価する気風も強い。住宅が広ければ住まいに対する関心も高まり、おのずと住宅の質に対する要求も高くなる。実際、愛知県の一住宅当たり延べ床面積（2013年）は94.9㎡であり、東京都（63.9㎡）、神奈川県（76.5㎡）、埼玉県（86.6㎡）、千葉県（89.4㎡）、大阪府（74.8㎡）、京都府（86.2㎡）を上回っている。他の東海地方の岐阜県（124.3㎡）、三重県（115.3㎡）、静岡県（102.4㎡）は100㎡をも上回っている。東海地方における住宅事情の良さは持ち家率（2008年）の高さにも現れており、関東臨海の54.7％、近畿の59.9％を上回る63.5％である。全国平均（61.1％）を2ポイント以上も上回っている。

　東西の大都市圏に比べて住宅条件に余裕があり、持ち家率も60％を超えてマイホーム意識の高い名古屋大都市圏は、住宅を財産として大切にする気持ちがより強い。こうした意識が愛知県をはじめとするこの地域で長期優良住宅を建設しようという高いモチベーションの背景にある。濃尾平野をはじめとする広い平地とその周辺の台地で行われてきた農業から製造業への移行が近代以降に進み、今日いわれるような「ものづくり地域」が形成されていった。人口集積や密度も東西の大都市圏ほど高くなく、自然が近くに感じられる空間の中で人々の生産や生活が営まれている。それが中部の都市空間の大きな特徴といえよう。

（林　上）

表　三大都市圏における長期優良住宅認定の特化係数

大阪大都市圏	長期優良住宅認定戸数の全国比(%)(2009～2012年度)A	住宅着工件数の全国比(%)(2009～12年度)B	特化係数(A/B)	名古屋大都市圏	長期優良住宅認定戸数の全国比(%)(2009～2012年度)A	住宅着工件数の全国比(%)(2009～12年度)B	特化係数(A/B)	東京大都市圏	長期優良住宅認定戸数の全国比(%)(2009～2012年度)A	住宅着工件数の全国比(%)(2009～12年度)B	特化係数(A/B)
大阪府	4.4	6.9	0.64	愛知県	10.8	6.8	1.59	東京都	7.3	15.1	0.48
兵庫県	4.9	4.0	1.23	岐阜県	2.1	1.3	1.62	神奈川県	6.3	8.3	0.76
京都府	1.8	1.8	1.00	三重県	2.3	1.2	1.92	埼玉県	6.2	6.9	0.90
奈良県	1.4	0.8	1.75	静岡県	5.4	3.0	1.80	千葉県	5.2	5.2	1.00

出典：「長期優良住宅認定実績」「建築着工統計調査報告」（国土交通省）をもとに作成。

博物館明治村、日本大正村、日本昭和村の「村」おこしの背景

　現在、日本には市が790、町が745、そして村が183ある。平成の大合併で町や村の数が大幅に減少したが、同じ村でも自治体組織ではない架空の村、すなわち観光目的で「村」を名乗るテーマパークはむしろ増えているのではないか。何となく紛らわしいが、なぜかテーマパークは村を名乗りたがる。町と名乗るだけの規模はなく、歴史的側面を打ち出すには町より村の方がふさわしいのかもしれない。いずれにしても、全国各地に○○村が誕生し、観光客を呼び寄せようと知恵を絞っている。中部も御多分に洩れず「村」の設立に協力しているが、その村の設立過程を調べると、興味深い事実に行き当たる。そこには観光地としてのテーマパークのあり方を考えるヒントが隠されているように思われる。

　この地方で最初に「村」が生まれたのは1965年の博物館明治村で、これは名古屋鉄道（名鉄）の当時、社長であった土川元夫氏の発案によるものであった。近代日本の礎となった明治期の建物が戦後の高度経済成長期に取り壊されていく姿を目の当たりにし、一カ所に集めて残そうというアイデアが生まれたという。都心から離れた郊外に遊園地を設けてそこまで人を運び、運賃収入と入場料の両方で利益を稼ぐ私鉄商法は戦前からあった。明治村が開設された犬山市は戦前からすでに行楽地であった。近くには国宝・犬山城や1960年にこれも名鉄が手がけた日本モンキーパークがあり、犬山周辺を舞台とする名鉄の観光地開発は本格化した。仕上げは1983年に明治村の近くに開園したリトルワールド（野外民族博物館）である。

明治村に移築された旧・帝国ホテルの正面部分

　明治村の開村時に集まった建物・施設はわずか15件と限られていた。しかし入鹿池のほとりに移築された建物は周囲の風景とも調和し、物珍しさも手伝ってか、新鮮なイメージをもって迎え入れられた。現在、建物数は70件近くにまで増え、博物館見学という当初のイメージからイベント参加型の野外テーマパークへと、性格は変わってき

た。しかし、いまでも博物館を名乗る明治村を含め、名鉄が手がけた観光施設はどれも単なるアミューズメント施設にとどまらず、学術的、文化的性格をもっている。日本モンキーパークには京都大学の霊長類研究所・日本モンキーセンターが併置されており、リトルワールドも当初は大阪万博の遺産を継承する民族学博物館として構想された。万博跡地に国立民族学博物館ができたため、リトルワールドは野外民族博物館と名乗らざるをえなくなったが、その敷地の広さを生かし、園内では衣食住を通して世界の民族体験ができる種々の工夫が凝らされている。

私鉄資本による大掛かりな「村」おこしと対照的なのが、岐阜県明智町（現在は恵那市）の日本大正村である。明治村が明治の有名な建物を元の場所とは違うところに集めて展示しているのに対し、ここでは大正期やそれ以前のごく普通の建物を来訪者に見せているにすぎない。きっかけは、木曽路ブームに一役買った文芸写真家の澤田正春氏の村おこしのアイデアに一部の町民が心動かされたことであった。当初から明確なプランがあったわけではなく、廃線が危惧された明知線の存続に結びつけられたらという思いから、ともかくも「日本大正村」という看板を掲げることにした。それがマスコミなどで取り上げられたため観光客が押し寄せるとこ

大正期のモダンなイメージを取り入れた
大正浪漫館

ろとなったが、観光地としての受け入れ態勢は十分とはいえなかった。大正村の前に「日本」をつけたため、全国でただひとつの大正村というイメージが先行したが、実態はともなっていなかった。

明智町は岐阜県の最南端に位置しており、南の三河、東の信州との交易で栄えてきた歴史をもつ。しかし東海道や中山道、東海道線、中央線からも離れており、内陸部の一中心地に過ぎなかった。木曽路の寒村は江戸期の街並を修景保存することで観光地になった。愛知県には明治村がある。昭和も60年以上が経過し、いよいよ大正という時代が遠くなったと思われるようになったその時期がチャンスと、発案者の澤田氏は考えたと思われる。明智町でなければならない必然性はなかったが、ともかくも1988年に、現存の町全体を大正村と名乗ることで、観光地としてのスタートを切った。以後は町民のボランティア精神に火がつき、ほとんど手弁当、無報酬の労働力を

結集した村づくりが始まった。大正時代を象徴する文化的、芸術的遺産は全国各地にある。それらを好意で借り受け、村内に展示することで人を集めるという、いわば素人芸で村の看板を支え続けてきた。たとえ名立たる建物や有名人がなくても、大正という時代のノスタルジーを求めて全国から集まってくる人々に文化的交流の場を提供することで観光地になれるという、開かれた手づくりによるテーマパークの成功モデルを、日本大正村に見ることができる。

　明治村、大正村とくれば、残るは昭和村である。2003年に岐阜県美濃加茂市の丘陵地に岐阜県が設けた日本昭和村の正式名称は平成記念公園である。東海環状自動車道の美濃加茂インターに近く道の駅も併設しているこの村は、これまでの2村とは異なり、場所や建物・施設のオリジナリティーは高くない。昭和30年代の里山風景をイメージした園内には、村役場、小学校、芝居小屋などが配置されており、当時の雰囲気が種々の体験を通して味わえるようになっている。明治村にあるような有名な建物は見当たらない。日本大正村のような出入り自由な空間ではなく、町民ボランティアもいない。一部は県内にあった施設を移築したものであるが、基本的には高度経済成長期以前の架空の村の雰囲気を再現しようとしたテーマパークである。昭和という時代を売り物にした類似のテーマパークは他県にもあるため、いかに差別化して独自性がだせるか、設置主体の岐阜県の責任は大きい。

　観光の原点が非日常空間での体験から得られる感動にあるとして、いかに感動させられるかその仕掛けは実に多種多様である。ほんものであることは最低限の条件と思われるが、世の中には必ずしもほんものでなくてもよいとする人が少なからずいる。テーマパークの「村」それ自体、所詮は架空の存在であり、たとえ虚構の空間であっても楽しめればそれでよいという人も多い。感動したかどうか、人の心の中は外からではわからない。コンセプトや運営の主体、方法が異なる3つの時代村での体験から得られる感動は、それぞれ異なる。ほんもの指向とエンターテイメント重視のはざまにあって、時代が求める観光空間は今後も進化し続ける。

　　　　　　　　　（林　上）

日本昭和村の入口付近

IV まちのたのしみ・まちをあるく
都市の魅力・再発見

　経済のグローバル化が一段と進んだ今日、逆説的ではあるが、都市や地域の場所性やロカリティの意義が再認識されるようになった。グローバル化に対抗するには、単に地域の特殊性に訴えるのではなく、普遍的評価にも耐えうる真の固有性、すなわち「ほんものの個性」を都市の中に見いだすことが重要である。ほんものであるためには、長い年月にわたってそこにあり続け、歴史的蓄積の重みをそなえたものでなければならない。時間をかけて維持されてきたということは、人々の評価に耐えるだけの価値があったということにほかならない。

　こうしたほんものだけが有する価値に気づいたとき、人々はまちあるきの楽しさを実感する。どの都市もその歴史の長さに違いはあれ、固有の生活や文化の積み重ねを表象するものをもっている。あるものは市街地の建物景観として、またあるものは伝統的行事やイベントとして、われわれの目の前にある。そこに価値を見いだして満足感を得るか否かは、ひとえにわれわれの感受性しだいである。感受性を研ぎすまして都市の中を歩かなければ、街角の随所に潜む密かな楽しみにも気づかず通り過ごしてしまう。まちあるきの楽しみは、生活環境のわずかな変化に敏感な人ほど、より多く感じるのではないだろうか。

　普段、暮らしているところとは別の都市や地域でこうしたまちあるきの楽しみを見つけるには、なにがしかの経済的支出が前提となる。一般に観光と呼ばれるのがこれであり、観光で訪れる側と受け入れる側との間でサービスの取引が行われる。取引である以上その規模が大きくなることを望むのは、観光で生計をたてている個人、あるいは利益を求める企業、さらにそこからの税収を期待する自治体にとっては当然のことである。観光サービス市場は国内はもとより近年は海外にまで及ぶようになった。市場競争を勝ち抜くには、素朴なまちあるきの楽しみとは別種のエンターテイメント性が求められる。

　まちあるきや観光という視点から中部の都市を見ると、その対象の多様性において他の都市や地域にひけをとらないといえる。産業の発展とともに形成されてきた個性的な都市が各地にあり、歴史的建造物や文化的行事・イベントなど見る

べきものにはこと欠かない。とりわけ繊維、窯業、木材などの地場産業地域は、往時の勢いを彷彿とさせる歴史的遺産に満ちあふれている。また、地場産業から派生し、近代工業発展のもとになった産業遺産にも見るべきものが多い。今日に至るまでの都市発展の過程で、その礎として大きな働きをしてきた産業関連の遺産は、単なる観光資源以上の価値をもっている。

　観光サービスの取引という側面に焦点を当てれば、いち早く脱工業化し、現在はサービス経済化で産業経済を支えている都市におのずと目が向かう。大都市・名古屋がコンベンションビューローなどを設け都市観光に力を入れている理由のひとつは、他都市に比べて同市のサービス経済化がより進んでいるからである。観光収入は大都市経済を潤す主要な柱になりつつある。いまひとつの理由は、中心都市として大いに発展した過去の歴史があり、その過程で生まれた経済的成果・富を、民間や公共の手による建物・施設・インフラのかたちで残してきたからである。その歴史は古く、名古屋城をはじめとする歴史的遺産、動植物園、都市公園、博物館、水族館など、観光対象は少なくない。

　中部の都市の中には、大都市から遠く離れた周辺部にあって地域中心都市として歴史を積み重ねてきたものが少なくない。現在も地域中心としての役割に変わりはないが、都市の歴史的佇まいには見るべきものがあり、多くの観光客を集めている。これらの都市は、衣食住のうちとくに食の分野で地域を代表する名産・名物をもっており、味覚による観光の楽しみを満足させる。都市の周りには豊かな自然環境が広がっており、都市と自然が融合した一種独特な観光サービス空間が用意されている。

　購買は単独行動として、あるいは観光と連動した行動として、まちあるきの楽しみと深く結びついでいる。歴史的に形成されてきた都市中心部の商業・サービス空間以外に、現代は周辺部に設けられたショッピングセンターやアウトレットモールなどの計画的な商業空間が、消費者や観光客を迎え入れる。地下街、アーケード、公園、露天・屋台など空間を彩る仕掛けも多彩である。場所ごとにまちあるきの舞台や雰囲気は異なるが、いずれも楽しさを感じさせる空間である。

産業文化都市 NAGOYA からの
"観光のまなざし"

1 ▶ 名古屋「観光開眼」

[1] この頃名古屋はおもしろい

　名古屋開府400年祭を機に、名古屋は観光振興へむけて大きく舵を切った。ハード面でみれば、官民あげての都市のアメニティ施設の整備が大きく前進した。2011年には、JR東海のリニア・鉄道館がオープンし、多くの鉄道ファンでにぎわっている。学芸員の生解説が名物であった名古屋市科学館も、世界最大のプラネタリウムを携えリニューアルオープンし、内装のゴージャスさが生解説をさらに魅力的なものとすることによって、名古屋の観光名所として存在感を増している。また、2013年には、2009年に着手された名古屋城復元第一期工事が終了し、玄関・表書院の公開が始まった。さらに、2016年には金城ふ頭にレゴランドが開園予定であり、その受け入れ準備が急ピッチで進められている。今、名古屋では都市型観光施設と歴史・文化資源の整備が着々と進みつつある。

　ところで、観光における非日常の面白さ・楽しさの体験を創り出すのは、施設などハード面だけではない。ソフト面のしかけも必要である。このしかけづくりに今の名古屋のおもしろさがあると言ってもよい。行政は硬直的で大胆な仕掛けを打ち出すのは困難だと思い込んでいる人も多かろう。しかし、そのような観念を見事に打ち破ったのが、2009年11月の観光PR隊・名古屋おもてなし武将隊の登場であった。

　名古屋おもてなし武将隊は、名古屋市が2010年の名古屋開府400年祭を盛り上げる目的で、国の緊急雇用対策の一環である「愛知県ふるさと再生雇用特別基金」に基づき、ハローワークで募集したメンバーを集めて結成され

た。「イケメン武将隊」として人気を博し、後続の武将隊が各地に生まれるなどその貢献度は大きく、当初6ヶ月間の予定であった契約は2012年3月まで延長された。その後、名古屋市から独立して活動し、現在は、二代目武将隊が活躍している。

　また、昨年はじめて開催された「やっとかめ文化祭」も特筆に値する。これまで、「芸どころ名古屋」と言われるわりには、それが「見える化」していなかった。この文化祭には多彩な催しが盛り込まれ、名古屋の歴史や文化を存分に楽しめる構成になっていた。辻狂言など斬新な試みも興味深いものであった。惜しむらくは、開催期間が限られていただけに、いつ、どこの「辻」で狂言を演じるのかに関する情報がもっと容易に入手できる工夫があってもよかったように思う。今年度も継続開催されることになっているが、今後このような活動をつみかさね、栄など交流拠点に行けばいつでもどこかの「辻」で、何かのパフォーマンスが見られるというような名古屋名物をつくってほしいものである。

[2]『名古屋市観光戦略ビジョン』の策定
　2010年、名古屋市は観光振興に本格的に取り組むことを発表した。『名古屋市観光戦略ビジョン』の策定である。その「はじめに」において、このビジョンは「観光部門に関する市の総合的・体系的な計画」であり、「市民と民間事業者と行政が連携したオール名古屋で観光交流を推進するために、名古屋市の観光振興の方向性を提示した道しるべ」であると述べている。「オール名古屋」という言葉には、官民挙げて、とりわけ、多方面で積み上げてきた市民参加・官民協働の成果を踏まえて、という認識がうかがえる。
　また、このビジョンの基本理念は、「飛躍する名古屋の観光〜世界的な交流拠点都市をめざして〜」であり、その目指す姿は、「市民が誇りを感じ、国内外の観光客を惹きつける、多彩な魅力に溢れた"観光まちづくり"を進めます」、「市民・民間事業者・行政が力をあわせて、交流拠点都市の創造・発信に取り組むとともに、裾野の広い観光産業を振興します」、「国内外から多くの観光客を受け入れる、ホスピタリティに満ちたおもてなしの体制を整

えます」となっている。

　確かに、名古屋が「世界的な交流拠点都市」をめざして、都市内や近隣地域の人々を対象としたレクリエーション地から観光地へと脱皮・変貌を遂げることは、社会的・経済的に大きな意義がある。第1には、そこに居住する住民が、世界的な視野にたって、地域に対する愛着や誇りを増大させることである。第2には、世界から集まる観光客との交流が住民のまちづくりに新しい視点をもたらし、それが新しい都市を創ること＝観光まちづくりを促進することである。第3に、観光客の増大は、旅行業、宿泊業、運輸業、飲食業、観光施設、食品業、土産物業などを代表として様々な産業にすそ野広く大きな経済効果を及ぼすこととなる。そして、「世界的な交流拠点都市」となるためには、世界に向けた魅力の発信と、多文化と共生するふところの深さ＝ホスピタリティが必要となる。名古屋は、このような大都市になりたいと宣言したのである。

　翌2011年、名古屋市は『「語りたくなるまち名古屋」の実現をめざして名古屋市歴史まちづくり戦略』を発表し、名古屋独自の歴史的魅力を引き出す「教科書」を作成した。同時に、『名古屋市都市計画マスタープラン「"人・まち・自然がつながる交流・創造都市"』も策定され、以後、2012年『堀川まちづくり構想』、『中川運河再生計画』、2013年『世界のキンシャチ横町（仮称）基本構想』の策定作業が続けられた。こうして、名古屋の新たな時代の都市像とまちづくり構想が示され、その実現へむけて、中川運河・堀川での体験乗船など、市民・NPOなどを巻き込んだ社会実験の取り組みが動き出した。

[3]『名古屋市観光戦略ビジョン』の特徴
　『名古屋市観光戦略ビジョン』の目標年は2020年であり、3期に分けて重点プロジェクトの取り組みが行われる。現在は第2期進行中である。表1に示した4つの視点に基づいて基本理念の実現へ向けた取り組みが行われており、それらが、この頃名古屋をおもしろくしていることは確かである。

　この計画そのものの構成をみた場合、一つの特徴を見出すことができる。歴史的観光資源の活用が都市観光のひとつの構成要素として入れ込まれるの

表1　名古屋市における観光振興への取り組み

視点	取り組み		プロジェクト
1.名古屋らしい魅力の創出	「歴史観光」の推進	○	武将観光の推進
		○	名古屋城本丸御殿の復元
		○	名古屋城の魅力向上
		○	歴史的資産を活用したまちづくり
			地域資源の発掘・育成
	「都市観光」の推進	○	文化・観光拠点の魅力向上
		○	産業観光の推進
			ベイエリアの魅力向上
			イベントの開催・支援によるにぎわいの創出
		○	文化芸術の振興による都市の魅力向上
		○	なごやめし、土産品の魅力向上
			都市機能を生かした取り組み
			都市型エコツーリズムへの取り組み
			医療観光への取り組み
2.観光プロモーションの推進	観光プロモーションの推進と情報発信力の強化	○	戦略的プロモーションの推進
			海外観光プロモーションの推進
		○	東アジアをターゲットとした海外観光プロモーションの推進
		○	WEBを活用した情報発信
			民間事業者と連携した情報発信力の強化
			フィルム・コミッション事業によるシティーセールス
	教育旅行の誘致・MICEの推進	○	教育旅行の誘致
		○	MICEの推進
3.おもてなしの充実	観光案内の充実とホスピタリティの向上	○	観光客のニーズに対応した観光案内の充実
		○	観光客の受け入れ態勢の充実
			ガイドボランティアの育成・活動機会の創出
	観光客受け入れ基盤の充実	○	観光案内版をはじめとするサインシステムの充実
		○	観光客の回遊性の向上
			団体客の受け入れ体制の充実
			国際・広域交通ネットワークの形成・強化
			観光客が安心して快適に過ごせる環境づくり
4.広域観光の推進	広域観光の推進		中部圏の特性を活かした広域観光の推進
			テーマ別観光の推進
			広域連携によるプロモーション
			広域観光における情報拠点機能の向上

（出所）『名古屋市観光戦略ビジョン』2010年、30頁に加筆した。
（注）1.　○印は、第1期（2010～2012年度）重点項目である。
　　　2.　広域観光の推進に関しては、視点1～3の重点項目に包含されている。

ではなく、「歴史観光」の推進という一つの項目として括られていることである。つまり、「名古屋らしい魅力の創出」が、時間軸としての「歴史観光」と空間軸としての「都市観光」という2つの軸を中心に織りなされるように

考えられているのである。

　同計画 31 頁に挙げられている名古屋らしい３つの魅力のうち、「織田信長、豊臣秀吉、徳川家康といった三英傑をはじめとする武将ゆかりの歴史文化」や、「全国的に人気が高い名古屋めしなど」を観光対象として売り出していこうという大きな意欲が感じられる。名古屋市の"観光のまなざし"の行方は、ここにある。その影で、もうひとつの名古屋らしい名古屋ならではの魅力である「世界に誇るモノづくり」の魅力は、「都市観光」の中の「産業観光の推進」という一つのプロジェクトの位置づけに甘んじることとなっている。産業観光を歴史的な産業文化遺産＝産業遺産と切り離し、工場見学レベルを重視して考えるならば、このような位置づけとなるのはやむを得ないことかもしれない。しかし、実際には、トヨタ産業技術記念館の見学も含まれているので、稼働中の工場だけが対象となっているわけではない。産業観光のイメージのふくらませ方に問題があるかもしれない。

　また、「広域観光の推進」については、「中部圏のゲートウェイ都市である名古屋は、他の観光地を訪れる際にも、経由または立ち寄る可能性が高く、広域観光における拠点都市としての役目を担っていく必要があります」（同 41 頁）としつつ、拠点都市としての役割をどのように果たしていくのかという具体的な動きは、この計画文書自体からは見えてこない。

2 ▶ 名古屋における観光の現状

[1]『名古屋市観光戦略ビジョン』第１期重点プロジェクトの進捗状況

　先に見たように、ビジョン策定時における名古屋市からの"観光のまなざし"は、まずは国内観光客の獲得、迎え入れ体制の整備のための市民の意識改革などに重点があったように思える。まだまだ、観光が「業」として営まれる必要があること、また、「業」として営むことができることを示すことに注力する段階であるのかもしれない。

　このような努力の一つとして、名古屋市の外郭団体から公益財団法人へと脱皮した名古屋観光コンベンションビューローが大いに活躍していることを挙げておく必要がある。ホームページの改良や名古屋港ナイトクルーズの広

表2　第1期重点プロジェクト達成度

		策定時	24年度		
			目標値	実績	達成率
視点1	名古屋城入場者数	125万人(20年度)	150万人	147万人	98.0%
	なごやめしの体験意向（インターネット全国調査）	65.4%(20年度)	75%	62.5%	83.3%
視点2	（公財）名古屋観光コンベンションビューローHPアクセス数（日本語版：トップページ）	64.2万件(21年度)	84万件	103.1万件	122.7%
	（公財）名古屋観光コンベンションビューローHPアクセス数（外国語版：トップページ）	4.6万件(21年度)	10万件	4.6万件	46.0%
視点3	観光案内所の利用者数	84.5万件(21年度)	95万人	76.8万人	80.8%
	なごや観光ルートバス「メーグル」利用者数	23万人(21年度)	30万人	30.7万人	102.3%

（出所）名古屋市観光戦略ビジョン第2期重点プロジェクト（平成25～27年度）1頁より。

報支援など、「業」として観光が成り立つように支援体制を強化しそれが成果を生みつつある。それは、表2の第1期重点プロジェクトの達成度にも表れている。

　それはともかくとして、名古屋市による第1期重点プロジェクトへの評価はかなり厳しく、第2期重点プロジェクトの課題としては次のようなものが挙げられている。まず、「都市の認知度は高いが魅力度が低いため、トータルな都市観光イメージの向上が必要」と指摘している。次に、「観光資源の認知度向上のため、メディアを意識した情報発信が必要」、そして、最後に「行政と関係事業者との連携が不十分であるため、官民共同で観光機運を盛り上げる取り組みが必要」であると指摘している（『名古屋市観光戦略ビジョン第2期重点プロジェクト』2014年、1頁）。これら3点に加え、増大する訪日外国人旅行者への対応が第2期重点プロジェクトにおける強化目標となっている。

[2] トータルな都市観光イメージ

　第1の指摘事項である都市の認知度に比べての魅力度の低さは、本ビジョン策定時から課題とされていた。その根拠の一つとされるのは、20代から60代の消費者に対して行われるインターネットによる「地域ブランド調査」

(ブランド総合研究所)の結果である。同調査によると、名古屋市の認知度は 2009 年には第 6 位、2013 年は第 2 位、都市の魅力度は 2009 年が第 15 位、今回は 30 位とさらに下落しているという。この調査は国内向けのものであるので、観光コンベンションビューロー HP 外国語版のアクセス数の低さを加味すれば、確かに名古屋は、国内外の人々にとって都市としての魅力度が低いということになろう。

　そして、第 2 の指摘事項にあるように、観光資源の認知度が低いという点でも、数字がそれを裏づけている。名古屋市市民経済局『名古屋市観光客・宿泊客動向調査　平成 24 年度』(2013 年 10 月)によれば、「なごやめし」の認知度は 72.9％ であるが、史跡や遺産 66.4％、熱田神宮 54.5％、東山動植物園 45.5％ と続き、観光ルートバス「メーグル」9.1％、「名古屋おもてなし武将隊」33.0％、名古屋城「本丸御殿」の復元 30.5％ と低調である。列記したものの中には、食事、観光施設、観光交通手段、観光宣伝隊が入り混じっているが、この中で最もマスコミへの露出度が高いのは「なごやめし」である。「なごやめし」がテレビや雑誌で紹介されるだけでも、名古屋の認知度は多いに上がる。しかし、「食」以外の観光資源の認知度が低いので、都市の魅力向上にはつながっていないのだという指摘である。

　確かに、観光とは、ゲスト社会とホスト社会の間における異文化交流の「体験システム」の総体であり、「点」としての宿泊、「点」としての飲食、「面」としての場所(観光施設等を含むホスト社会全体)、そしてこれらを結ぶ「線」としての交通から成り立っている。この 4 つのシステムそれぞれに、または、その総体に、観光客にとっての非日常が感じられることが必要である。具体的にいえば、その都市だからこそ体験できるおもてなしを工夫した宿泊施設、名物の飲食物、都市のアイデンティティを象徴する施設や地域の人々のおもてなし、その都市ならではの乗り物などである。これら一つひとつが魅力的であること、そしてこれらが有機的に結合してはじめて、都市観光の面白さが紡ぎだされるのである。効果的な宣伝によってそれぞれの認知度を高めることは必要であろう。それに加えて忘れてならないのは、利用者の視点にたったわかりやすさである。とりわけ、観光空間の諸要素を結びつける交通手

段の使い方はわかりにくい。駅名入力式のアプリやマップの活用ではなく、十勝バスのように、行きたい施設や場所ごとの検索ができることが望ましい。また、メーグルバスは始発乗り場がわかりにくい。

[3] 名古屋の「場所の力」

　以上の4つのシステムはどれも不可欠であるが、その中で最も重要かつ異文化交流の質を決定するのは、「面」としての「場所の力」である。この場所で披露されるのは、異文化交流の「体験システム」として体系づけられた都市観光の核、つまりホスト社会のもつ「宝物」＝歴史的建造物、歴史的町並み、文化遺産、産業遺産、現代的な都市の生活文化等である。そして、場所の力とは、この核を中心として都市観光をデザインする力に他ならない。例えば、歴史的建造物などを修復・保存するだけではなく、現代的な都市の生活文化の文脈の中で新たな付加価値を創造するというようなことである。ここに、都市観光の魅力が存在し、観光まちづくりの力量が問われるのである。名古屋には、様々なまちづくり運動の蓄積がある。しかし、それらを都市観光というイメージでまとめあげ観光資源として発信することは、行われていないように思える。

　ところで、名古屋はどのような「場所」として認知されているのだろうか。先にあげた『名古屋市観光客・宿泊客動向調査』の宿泊客の属性調査（名古屋市内における20の宿泊施設でのアンケート調査）によれば、宿泊客の属性は、40.2％が東海地域から、関東が24.9％、近畿が10.6％となっている。旅行・訪問の目的は、「観光施設の見学」、「観劇、コンサート」、「ショッピング」、「イベント」、「飲食」「観光・娯楽」が57.9％、「商用・公用」が11.5％、「帰省・冠婚葬祭」10.5％、「大会・会議に参加」7.9％となっている。

　「商用・公用」が11.5％という数字は、観光庁の『全国観光入込客統計に関する共通基準集計表』から拾った2012年の愛知県への観光入込客数（宿泊者数）のうちの「日本人・観光目的」と「日本人・ビジネス目的」との比率がほぼ半々（5,616,000対5,689,000）であることからすると違和感を与えるものである。ただ、「観光・娯楽」以外をすべてビジネスと見なせれば近

い数値となるかもしれない。いずれにしても、観光の実態を数値から把握することはまだまだ困難であるが、名古屋がビジターズインダストリーの成り立つ都市であることは確認することができよう。ビジネス目的の訪問者が多く、宿泊施設の稼働率も高いのに、それが観光に結びつかない。それは、行政と観光事業者との連携不足があるからだというのが、第1期重点プロジェクトの第3の評価点である。

　名古屋市が観光施設として認識する東山動植物園、名古屋港水族館、名古屋市科学館など都市型アミューズメント施設や名古屋城は、三菱UFJ総研による東海3県主要集客施設年間集客数調査（2013年）でも上位20位以内に位置している。

　また、都道府県別にみると、全国第7位あたりに位置づく愛知県における延べ宿泊者数1,116,730人（観光庁『宿泊旅行統計調査　平成25年度確定値』）のうち、およそ半数が名古屋に宿泊している（中部運輸局2014年4月23日プレス発表数値によれば、名古屋市における外国人宿泊者数は596,010人）ことからすれば、名古屋が一定程度の数の人々を国内外から集客できる都市であることは間違いない。しかし、集客都市と観光都市とは何か異なるように思えてならない。

3 ► NAGOYAブランドの世界への発信

[1] ゲートウェイ・拠点都市としての名古屋の役割

　リニア新幹線やLCCなど高速交通網の発達は、各地域・国間の時間距離を短縮し、空間距離で描かれる地図の形を大きく変えつつある。時間距離を基に描かれた地図上では、名古屋は東京や大阪、その他地方都市とも重なりあって没個性的な「点」に埋没しかねない。今でさえ、東京から大阪まで連担したメガ都市圏の中の一地域にすぎないとも言える。

　ところで、ゴールデンルートの両端では、観光視点に立つ都市政策への取り組みがすでに2000年段階から始まっていた。東京都は「東京構想2000―千客万来の世界都市をめざして―」を発表し、2001年に「東京都観光産業振興プラン」を策定した。都市観光の振興が都市の発展に不可欠なものであ

るという基本的認識のもとに具体的な観光振興施策を展開してきたのである。

　一方、関西では、同じく2000年に関西広域連携協議会が「WELCOME KANSAI 21 ―関西・広域ツーリズム戦略」を策定した。ここでは、大阪を中心とした製造業の落ち込み、関西経済の相対的地位の低下に対する起死回生策として、都市観光が重視されている。しかも、2011年には、近畿産業経済局が全国で初めて「産業観光」に対する外国人のニーズ調査を行った。国や地域等の属性による興味関心、求めるサービス内容についてなど詳細な分析を行い、その後の観光政策に生かしている。「産業観光」提唱の地である名古屋のお株がすっかり奪われた感がある。

　遅れること10年、名古屋市も『名古屋市観光戦略ビジョン』を策定し観光への取り組みを始めた。また近年では、昇龍道プロジェクト推進協議会や中部広域観光推進協議会にも参画し、中国をはじめ東南アジア方面からの観光客誘致にも貢献している。

　しかし、中部がはじめて一つにまとまったプロジェクトと言われる昇龍道プロジェクトにおいて、名古屋はゲートウェイ都市としての地位と役割を確保しているのだろうか。北陸新幹線の開業を控え北陸各地のまなざしは東京へ向けられ、東京へむけた情報発信にやっきとなっているのが現実である。ツアー造成側によって個性ある取り組みをつまみ食い的に旅のパーツとして組み入れられる地方都市にとっては、ゲートウェイがどこであろうと関係ないのであり、より集客力のある大都市との連携に走るのは当然である。

　例えば、黒部アルペンルートを訪れた台湾の観光客は、台湾で人気の「どらえもん」が描かれている高岡の万葉線に乗車する。短い区間を乗車したのち降車地点で待機するバスに乗り込み次の観光地へ向かうので、高岡のまちに直接的な収益が落ちるわけではない。しかし、「台湾から電車に乗りに来るんだよ」と。このことが、住民運動で残した路面電車に活気を添える。まちに話題ができる。地方都市の人々が誇りを取り戻す。台湾人旅行者が、東京からやってこようが名古屋からやってこようが関係ないのである。

　でももし、もしもである。名古屋が地方都市を元気にするために貢献する。

産業文化都市 NAGOYA からの "観光のまなざし"

衰退した周縁地域の自律的発展を支えるのも大都市の役割である。そんな発想で「どらえもん」電車の情報を名古屋から発信していたらどうだろうか。地方から名古屋へ向けられる "まなざし" が変化するだろう。もしも、集約電波塔としての役割を終えたテレビ塔を中心とした久屋大通り公園が、観光圏域としての NAGOYA の情報集約塔・発信基地としての役割をもっと果たすようになればもっと面白いのではなかろうか。

例えば、最近人気が高まっている日本酒情報、各地の地酒とそれらを取り扱っている居酒屋やレストラン情報、各地の食とそれら飲み物とのコラボ、体験イベントの開催など、ここへ来れば、いつでも NAGOYA のミニ体験ができて情報収集ができる。そうなれば、名古屋は本当にゲートウェイ都市・拠点としの役割を果たすことができ、情報だけでなく人やモノも名古屋に集まるのではなかろうか。名古屋は NAGOYA を形成する各地に支えられ、かつ、各地を支えてはじめて、"観光のまなざし" を形成することができる。それは、国における、ともすれば、訪日外国人何人達成というような "観光のまなざし" とは異なるものとなるはずだ。

[2] 地域の強みが観光資源

大都市が観光圏域のゲートウェイ都市・拠点都市としての役割を果たすためには、国際空港やリニア新幹線の駅などのインフラ整備を進めたとしても、また、先に述べたように、情報発信基地としての役割を果たしたとしても、それだけでは、その任を全うすることはできない。その大都市自身が強烈な個性をもっていることが必要である。この点、名古屋はどうであろうか。

2014 年 3 月、名古屋市は『Greater Nagoya Metrovision ～名古屋大都市圏成長ビジョン～』を策定した。Greater Nagoya の圏域は、産業、観光、防災などの分野によって、柔軟に設定されている。

同ビジョンは、名古屋大都市圏の強みを、「ものづくり産業の集積地」、「交通・流通の要衝」、「働きやすい、住みやすい」、「魅力ある観光資源が豊富」とまとめ、それぞれの課題として「ものづくり産業の更なる進化」、「リニアインパクトを都市の活力に」、「国際的に魅力のある都市圏の形成」、「圏域全

体での南海トラフ地震への備え」を挙げた。
　そして、このような課題実現にむけたシナリオの構成は以下のようである。「ものづくりマザー機能を備えた多様な産業クラスターの形成」（コアプロジェクト：①次世代産業の振興・育成、②クリエイティブ産業の創出）、「国内外のヒト・モノを結ぶ交流拠点の形成」（コアプロジェクト：①名古屋駅のスーパーターミナル化、②アジアの交流拠点の形成）、「世界からヒトを惹きつける魅力的で住みやすい都市圏の形成」（コアプロジェクト：①ナゴヤブランドの確立、②都心の魅力向上、「防災・減災力を備えた強靭な都市圏の形成」（コアプロジェクト：①南海トラフ巨大地震に耐える強い圏域の形成、②名古屋都心の防災性の向上）。
　さて、ここでいう「ナゴヤブランド」とは何であろうか。同ビジョン26頁には、「当圏域は、住環境や通勤など様々な面で生活環境にゆとりがあるとともに、観光地や豊かな自然に近接しており、首都圏や関西圏と異なるライフスタイルがあると言えます。さらには歴史や文化、『なごやめし』に代表される独特な食文化などの地域資源も多くみられ、こうした特徴を名古屋のライフスタイルイメージとして定着させるとともに、外国人や女性をはじめあらゆる人々が住みやすい圏域として『ナゴヤブランド』を確立・発信することを目指します」とある。
　このビジョンは、NAGOYAがものづくりから離れないことを高らかに宣言した上で、「住んでよし訪れてよし」の魅力を「ナゴヤブランド」と定義づけている。そして、その一部分としてのみ観光を位置付けているのである。
　観光とは国の光をみせるものであると言われている。都市・都市圏の魅力を発信する切り口である観光という視点からこの戦略を見渡すならば、「ナゴヤブランド」とは、「ものづくり産業の集積地」としての伝統と未来へむけた活力そのものに象徴されるべきであろう。SWOT分析において最も強みとなる部分が、その都市・都市圏の最も強力なアイデンティティであり、その都市のブランドであるはずだ。
　同時期に策定された『名古屋市総合計画2018（案）』も、その計画の策定目的を、「世界のナゴヤ、本物のナゴヤ、ぬくとい市民」とうたっているが、

産業文化都市 NAGOYA からの "観光のまなざし"

ここでの「世界のナゴヤ」「本物のナゴヤ」とは何であろうか。ナゴヤが培ってきた「ものづくりの心」そのものではなかろうか。

[3] NAGOYA ブランドの「見える化」

　「ものづくりの心」は見えない。見えにくい。観光というシステムの中にトヨタ自動車の工場見学を位置づけることは産業観光推進にも大きなハズミを与えるとともに、多くの外国人観光客を惹きつけるだろう。しかし、それだけに頼っていては、「ものづくりの心」を育んだ本物ナゴヤの「場所の力」を観光という視点から「見える化」することはできないのではないだろうか。

　観光には、何よりも楽しさや驚きがほしい。名古屋駅がスーパー・ターミナルとして、高層ビルに囲まれたビジネス中心地へのゲートウェイの役割を果たすならば、国際会議場や熱田地区といった歴史・文化中心地へのゲートウェイとしての金山駅の活用も本格的に検討されてよい。今後開発ポテンシャルの大きな地域である。その金山駅に、巨大なからくり人形が登場するというのもおもしろいのではないだろうか。木製ロボットであるからくり人形と現在のロボットとの共演というのも、あったらおもしろい。"KARAKURI NAGOYA" の象徴である。中部国際空港にも、名古屋駅にも、あってもよいのではないだろうか。

　NAGOYA には日本一多くの山車からくりが残存している。それらは、文化財として登録され、産業遺産とは思われていないようだ。山車文化はそれとして重要であり、からくり文化は、産業文化としても意義がある。そして、産業そのものも文化である。

　「からくり」とはメカニズムのことであり、ロボットや自動車生産につながる制御技術の考え方の端緒は、からくり人形にみることができよう。ものづくりが、imitate から improve へ，そして innovate へと進むことは広く知られている。からくり人形は、この過程を経て造り出されたものである。NAGOYA においてこの技術が受け継がれ発展していったのは、江戸開府のための名古屋城の築城とそれに伴う職人集団の集積、圏域から供給される豊かな水や木材といった自然資源、エンジェルと呼ばれる豊かな商人資本の存

在があったればこそであろう。このものづくりの土壌が、豊田佐吉の自動織機の発明へもつながっていくのである。まさに、名古屋は産業文化都市なのであり、それを可能にしたのは NAGOYA の「場所の力」である。

　このようなストーリー性の中で、NAGOYA のものづくりを世界へむけて発信することが必要なのではないだろうか。「からくり人形からロボットまで」というのは、今や、合い言葉のように使われている感がある。金城ふ頭における『モノづくり交流拠点構想』にも、『名古屋市総合計画 2018（案）』にも登場する。そして、上記のストーリー自体も、しばしば語られるところである。これこそが、「場所の力」がつくりあげた地域の光なのではないだろうか。都市という空間をつくりあげた、その原動力に対して、産業発展という時間軸の視点からまなざしを注ぎ込むことが、この地域ならではの観光のあり方を模索し大都市圏の魅力発信・地域の誇り創出の源となると考える。

　もちろん、江戸から明治、明治から現代への技術の継承性については、技術論論争の経緯を踏まえて検証していく作業が必要であることは心得ている。しかし、本稿ではひとまず、名古屋大都市圏の観光の核として、地域の光として、"KARAKURI NAGOYA" の「見える化」を提案してみたかったのである。

（森田 優己）

地域振興策としての地域探検ゲーム
〜ゲーミフィケーションの活用〜

　近年、地域振興策として、来訪者の誘客を目的とした街角でのジャズフェスティバルやアートイベントなど、各地で様々な取り組みが行われている。中でも、社会的課題へのゲーミフィケーション（Gamification）の活用が増えており、本来ゲームが持つ意欲を高め持続させるという要素を他のサービス開発に導入することで課題解決への貢献が見られる。そこで、本章ではゲーミフィケーションに注目し、社会的課題の解決に貢献できる可能性を探る。また、岐阜県御嵩町で鉄道の利用促進とまちの賑わいづくりを目的とした地域探検ゲームの導入事例を取り上げ、参加者アンケートや実施協力者へのヒアリング調査をもとに、その成果と役割について考察する。最後に、地域振興策にゲーミフィケーションを活用する利点と導入する際の課題を言及する。

1 ▶ ゲーミフィケーションの概況

[1] ゲーミフィケーションの社会的役割

　ゲーミフィケーションは2010年頃から使われ始めた造語で、ゲームのデザインやメカニズムを利用する取り組み全般のことを指す。深田浩嗣（2011）は、保有マイルによってサービスが異なる航空会社のマイレージプログラムや、食べ終えたお皿でオリジナルグッズ入りカプセルが当たる回転ずし店のルーレットゲームを紹介しており、来店や購買意欲を喚起するポイントカードやスタンプカードなども該当する。また、楽しみによるサービスの利用促進に限らず、難解なゲームを通した挑戦や学びで成長を促す研修プログラムの事例もあり、ゲーム要素により一層のやる気向上とリーダーシップ養成が

期待でき、民間組織での活用が広がっている。

　社会的課題解決へのゲーム活用として、ゲーミフィケーションより10年程先行して、シリアスゲームの研究開発が進められた。藤本（2014）によると、シリアスゲームは社会への有益性や公共性に軸を置く単体のゲームであり、教育や健康など社会の諸問題解決に役立つ。具体的には、任天堂の「脳を鍛える大人のDSトレーニング」や健康維持のための「Wii Fit」があり、それぞれ進捗記録や達成度を競う中で楽しく続けられるゲームである。社会問題では、廃棄物処理における社会的ジレンマの理解を目的とした「廃棄物ゲーム」杉浦・広瀬（1998）や、辛く苦しいリハビリへの積極性と持続性を楽しみながら高める「樹立の森リハビリウム」松隈ほか（2012）が開発されている。また、世界銀行研究所がインターネットで公開した「EVOKE」（マクゴニガル（2011）参照）は、食糧危機・エネルギー問題・災害救助・貧困など世界的問題に対し、各国プレイヤーと情報交換して解決策を示し、他プレイヤーからの支持で得点が得られる。

　現時点におけるシリアスゲームとゲーミフィケーションの明確な違いは、前者ではプレイヤーが目的を達成することに重点が置かれているのに対して、後者ではゲーム提供者がプレイヤーのゲームに夢中になる心理を課題解決に活かそうとすることである。例えばMaxis社の「SimCity」（1989）は、地価・人口・税収・犯罪率が刻々と変化し、加えて災害も不定期に起きる仮想空間において、市長となって道路や公共施設の設置・産業政策など都市経営を行い、町を発展させるという楽しみを提供する単なるコンピュータゲームとして販売された。次のエレクトロニック・アーツ社とGlassLabの「SimCityEDU」は、プレイヤーに都市政策の理解向上をもたらす学習ツールとしてアレンジすることで、教育目的のシリアスゲームに進化した。更に政策提供者がこうしたプログラムを一般の人々の政策理解度を高めるために用いることにより、ゲーミフィケーションの役割を果たす。また、本章で扱う地域探検ゲームは、ゲーミフィケーションの活用により、来訪誘客や消費喚起を要する地域振興策として適役である。

[2] 社会的課題解決へのゲーミフィケーション事例

オバマ大統領の選挙支援

　アメリカ大統領選挙において、オバマ氏への支援を活性化するため、実際に行われた事例であり、webサイトを通したゲームとして選挙活動に参加する仕組みである。オバマ氏の勝利という大きなゴールを目指し、支援者が献金集めや戸別訪問などの小課題遂行のためにルールに沿って取り組み、その結果がポイントやレベルとしてフィードバックされる。参加は強制ではなく、あくまで個人の自発的参加によって活動が行われる（藤本（2012）参照）。選挙本部から出される小課題は、メールで友人を誘うようなミッションが選択肢に並び、労力を要する内容ほど加算ポイントが増える。30万人に電話するユーザー参加型イベントをはじめ、個々の行動を大きな動きにつなげることにより、ネット献金だけで5億ドルを調達し、米国初の黒人大統領登場に貢献した。

宝探しゲーム

　2003年設立のRUSH JAPAN株式会社は宝探しゲームの専門会社であり、昔から楽しまれてきた宝探しを企画からプロモーションまで一貫して提供している。青壮年に認知度の高い「ロールプレイングゲーム（役割を演じて楽しむゲーム）」としてのストーリーと、ミッションやデザインを備え、来訪客増加やリピート獲得などをもたらす。賑わいづくりを課題とする各種の団体や自治体が地域振興策として採用しており、ゲーミフィケーションの導入が地域課題の解決に役立っている。施設内や商店街を舞台に常設企画とする形式もあり、中部地区では犬山市の「博物館明治村」に活用されている。

　以上のような宝探しゲームは、ストーリーを日常空間で展開しており、代替現実ゲーム（Alternate Reality Game；以下、ARG）の代表的な事例である。ARGは、架空のストーリーに沿って現実の空間をフィールドとし、本章の地域探検ゲームの重要な要素になっている。

ポーカーラリー

　自動車やバイクを利用してフィールドに設置されたチェックポイントにあるトランプカードを探しあて、制限時間内に集めた手札を用いてポーカー勝負を行う。日本では長野県池田町で 2008 年より毎年開催され、マウンテンバイク（自転車）を移動手段とすることで、環境保全への理解と地域振興を目的とした里山活用イベントである。

　以上の 3 事例に加え、ゲームの活用を広める動きがあり、NPO 法人 Educe Technologies（2003 年設立）ではシリアスゲーム開発ワークショップを開催している。また、株式会社アソビエ（2012 年設立）では世の中の「むずかしい」や「つまらない」を解消しより多くの顧客満足と市場機会を生み出したり、Power of Games ゲームのちからで世界を変えよう会議（2011 年設立）ではゲームのもたらすポジティブな効果の利用支援や研究実践を行っている。

2 ▶ 中部地区におけるゲームを活用した取り組み

　本節では、社会的課題の解決に活用されているゲーミフィケーションのうち、中部地区で既に取り組まれている事例を紹介する。まず、防災・減災について 3 つの事例を紹介し、従来の防災訓練では参加への抵抗感や内容のマンネリ感が否めないことへの改善策としてのゲーム活用を示す。加えて、まちづくりや社会的課題への関心を促す 2 事例を紹介する。

[　] to HOME（カッコ トゥー ホーム）

　「もしも観光地で、もしも見知らぬ土地で、もしも見知らぬ人同士で、避難しなければならなくなったら……」と始まる避難体験ロールプレイングゲームとして、株式会社 R-pro が提供する防災プログラムを、2014 年に名古屋市の港まちづくり協議会が実施した。［名古屋港水族館付近］をスタートし、ゴールとなる近くの避難場所まで逃げる訓練に、1）初めて会う人とグループをつくり避難する、2）グループ内に視界が狭くなるゴーグルや関節固定サポーターによって災害時に援護が必要な人を演じる者を含む、3）途

中で「津波避難ビルの場所で写真を撮る」「災害時伝言ダイヤルを活用する」、4）携帯アプリやまちの人を頼りに事前に知らされていない避難場所を見つけ出すという4点のルールを課したロールプレイングゲームである。ゲーム仕立ての訓練を通し、災害時における行動の擬似体験が得られ、自助・共助の大切さが理解できる。更に感想から「助け合いの大切さと難しさ」といった、共助の課題認知への貢献が見られる。

イザ！カエルキャラバン

　楽しみながら防災を学ぶことをテーマとした「防災のお祭り」をプロデュースするNPO法人プラス・アーツが、2012～13年に豊橋市で実施したイベントである。特徴は持ち寄りおもちゃの交換会「かえっこバザール」で、各種体験プログラムへの参加にて獲得できる「カエルポイント」により、欲しいおもちゃを得る仕組みである。イベントの最後に、人気のおもちゃのオークションを行うことで、子ども達に最後まで会場に滞在することを誘発する。子ども達はおもちゃを落札するためのポイント欲しさに、保護者を巻き込んで積極的に防災プログラムを体験することで知恵や技術を身に着ける。体験プログラムは、非常持ち出し袋のクイズや、ジャッキアップゲーム、毛布で担架タイムトライアルなど多彩であり、自らできることへの気付きと技の習得を促した。

災害想像ゲーム（Disaster Imagination Game；以下、DIG）

　岐阜県防災課では図上訓練として自治会や学校などを対象に、自衛隊の指揮所演習ノウハウを応用した、災害対応のためのゲームを推奨している。手順は以下の通りである。1）災害の映像を見て、自分や家族の場合を想像する。2）まちの災害耐性を把握するため、大きな地図を囲んだグループ毎に、進行役が示す小課題を制限時間内に進める。小課題は、昔の自然条件・都市の構造・役立つ人物・災害弱者など、災害対応の検討要素を手分けして書き込む。3）ハザードマップからの被害予想を書き込む。4）訓練用に示される仮想状況への対応策を考える。5）対応策の実行可能性を議論し、普段の備

えの必要性を再確認する。
　筆者が実施に携わった、都市部や山間部、老人や小学生など、様々な地域や属性を対象としたDIGにおいて、二つの成果を確認している。一つは、参加動機が自発的でない場合でも、手始めに自宅や地形情報を地図に書き込むことでゲーム内では自発的に行動する傾向があり、楽しく進める中で個人や地域の課題を認知し、解決について話し合う機会となる。もう一つは、DIGを契機に、地域特性を踏まえた「我が町ハザードマップ」の作成をはじめとする自助・共助の担い手育成であり、行政のみでは難しい課題解決を補うための住民活動や交流機会への参加が促されている。

名城線リアルすごろく
　2010年にNPO法人大ナゴヤ・ユニバーシティー・ネットワークが、名古屋市内唯一の地下鉄環状線「名城線」を実寸大のすごろく盤に見立て、参加者自身が駒となるダイナミックでリアルなすごろくを実施した。全15チームが一周というゴールを目指し、各駅に配置された課題をクリアしながら駒を進めた。団体の目的は名古屋を面白がることであり、参加は自発的であった。まちの魅力を再発見する楽しみに加え、参加者同士やスタッフ、まちの住民など、人的交流の楽しさが参加者に評価されている。ゲームによって通常のまち歩きよりも能動的にまちを認識するため、愛着や誇りの創出、まちの現状と将来の課題の周知につながった。

長良川クエスト
　パブリック・ハーツ（株）が「長良川おんぱく2013」の体験プログラムの一つで、長良川沿いの治水神社や木曽三川公園などをフィールドとして実施したファミリー向けの探検ゲームである。公共事業である長良川河口堰に対する多様な立場や意見に触れる機会づくりの役割を持ちつつ、レジャーとしての自発的参加を促しており、筆者は企画運営に携わった。最初に取り組むクロスワードクイズは公共事業の影響と受益に関する事柄や様々な意向を題材とし、ヒントカードがフィールドに散在する。カードのありかは絵地図

で示されているため、宝探しの要素も含む。更に、河口堰閘門を通過するための小舟に乗船し、川を下りながら手元の写真と景色の間違い探しクイズに取り組む。これらの小課題を順序や制限時間といったルールに従ってクリアすることでゴールを目指す中、ヒント獲得時にはゲーム内通貨が手に入り、チーム対抗の得点競争となる。

3 ▶ 名鉄広見線沿線（岐阜県御嵩町と可児市）における地域探検ゲーム

　本節では筆者が携わった御嵩町における地域探検ゲームを紹介する。名鉄広見線（新可児～御嵩駅間）は、利用者減少による存廃問題に直面しており、2008年より沿線市町の自治体や商工観光団体、学校関係者、住民等によって名鉄広見線対策協議会を構成し、事業者の名鉄に対して財政支援することを決めた。その後、組織は名鉄広見線活性化協議会（以下、活性協）に移行し、財政支援とともに利用促進に取り組んでおり、通勤・通学利用を呼びかけると同時に、教育機関の遠足利用や「乗って残そう」などのイベント利用が行われている。一方、地域外の来訪利用者への働きかけは弱く、促進策として2010年に電車の利用促進と中山道御嶽宿の賑わいづくりを目的に、ゲーミフィケーションの導入の試みが始まった。当初は「オヤコ・クエスト」として、その後「ミタケ・クエスト」に変更し、4年間続いた。ゲームの実施内容及び参加者と実施協力者による評価について言及した上で、地域探検ゲーム導入の役割を考察する。

[1] 地域探検ゲーム「ミタケ・クエスト」（2010-2013年）の実施内容
　本ゲームは、子ども連れを対象として、まちなかでのリアルな探検を提供し、地域資源を活かした来訪誘客を促す目的で行われた。顧客を絞り込んで推奨するため、親子にコミュニケーション能力を育む機会を提供するロールプレイングゲームとして参加者を募集した。ここでは、ゲームの主な要素であるゴール・ルール・フィードバック・自発的参加の4点に沿って実施内容を示す。具体的にはまず、参加者が図1のチラシや専用ホームページ画面により、悪の怪人ピーマン兄弟が作ったコンピュータウイルスによって、町

が密かに侵略されている仮想のストーリーを知る。怪人を退治してまちを守るため、事前に用意されたインターネット上のページを訪れると、退治に必要な暗号の入力画面が確認できる。そして参加者は、まちを救う勇者として現実のまちに訪れ、暗号の獲得という「ゴール」を目指す探検を行う。

　まちなかや商店・家屋の軒先をフィールドとして、まちの歴史・自然・商店に関するクイズや、路地裏での宝探しなど、小課題を「ルール」に沿ってクリアする。クイズや宝探しの多くは、ネット検索や来訪者だけの力では到底解決できない難題であり、住民に尋ねることが必須となる。また、探検中は難易度に応じた小課題をクリアすることで小判カードを獲得し、より多く集める動機付けの「フィードバック」としている。

　4年間のゲームの要素と実施状況の変化を表1に示す。初年度前半は、実施中にゲーム内容の更新を頻繁に行い、来訪者を飽きさせないようにした結果、年度後半には最大6回のリピート参加があった。また、1日の受け入れ人数として、100名以上の参加を試行した際の住民負担が大きくなりすぎた結果、10組50人を目安とした。2年目はリピートと口コミで募集直後に定員が埋まり、3年目はあえてゲーム内容を変えずに初参加を促した。2〜3年目は競争要素として、探検中に獲得できる小判カードの総額ランキングをホームページ上で毎週更新し、優勝者への産品プレゼントによるゲームの盛り上げや、活性協ホームページの閲覧増加を企図した。尚、2年目以降は、活性協の事務局数名と限られた経費で運営するため、開催期間及び頻度を縮小してゲーム更新を行わず、効率的に参加者を呼び込んでいる。

　地域資源を活用した賑わいづくりの点では、半日以上の滞在を伴うことから飲食の売り上げが見られ、協力店商品券として100円券の配布を導入した年は、小さいながらも店舗売り上げ促進が確認できた。また、同じ場所を何度も通る回遊によって、「通り過ぎるだけのイベントよりにぎわいがある」との住民の指摘もあった。電車の利用促進に関しては、電車に乗ることがゴール到達に必要不可欠となっていることもあり、赤い単線列車がアトラクションとして機能し、子どもたちを楽しませていた。ゲーム提供者が、まちづくりや公共交通の存続を目的としていない家族連れのゲームに夢中になる心

地域振興策としての地域探検ゲーム ～ゲーミフィケーションの活用～

図1　2012年「ミタケ・クエスト2」チラシ解説部分

表1　4年間のゲームの要素と実施状況

年	ゲーム要素							協力店商品券	実施時期(月)	開催日数(日)	参加者(人)	電車利用数(人)	備考
	ゴール	ルール（従って進める小課題）	フィードバック	自発的参加	競争	レベル	更新						
2010	退治のパスワード	RPG ・町人との勝負	・小判カード ・ヒントカード	子どもの参加希望	小判賞品	難問クイズ	○	×	7～9 9～11	17 16	214 855	2,520	土日祝
2012		・町の謎クイズ			小判ランキング	ボーナスステージ		○	2～3		192	444	土曜のみ
2013		・路地裏宝探し					×	○	3～4	6	216	494	
2014	施設到着	オリエンテーリング	ボーナス点	×	×	×					207	828	

理を、課題解決に活かすゲーミフィケーションであった。

[2] 地域探検ゲームへの参加者と実施協力者による評価

　電車の利用促進と賑わいづくりの両課題に不可欠な関係者として、ゲーム参加者と実施協力者が挙げられる。まず、2012年度参加者アンケート（有効回答数170）によると、次があったら「やりたい」が82％、誰かに「教えたい」が73％と、ゲームに対する評価は高く、中でもリピーターと口コミによる参加者からは肯定的な意見が多かった。主に保護者を対象とした2010年度参加者アンケート（有効回答数281）をもとに、参加者満足度の要因を探るため、東・三井（2011）は参加者評価の潜在因子を抽出し、属性による差異の検証を行った。参加者の潜在意識では、レジャー的魅力や娯楽という要素に対する評価や期待が最も大きく、教育的要素は2番目に留まった。鉄道の存廃問題、広見線、御嵩町の認知度については、それぞれ67％、31％、18％であり、ゲーミフィケーションの手法を導入した結果、楽しさの中でそれらが認知されることとなった。

　次に、2013年の事前調整を要する協力者21名によるヒアリングからは、住民が来訪者と交流する中で自分達のまちへの再認識や誇りを生むことが分かった。加えて、ゲームに盛り込まれた地元高校生や歴史愛好会の提案する地域資源を来訪者に発信する機会となった。

　本ゲームの実施による最も大きな成果は、住民のゲーム実施への協力促進にある。ゲーム実施期間におけるまちなかでは、多数の住民が登場人物としてゲームに関わり、子ども達の探検を見守った。事前調整を要する協力者は、開始時の3軒から徐々に拡大し、2013年には21軒まで増えた。その背景には、運営側が、実施協力者に対しどの程度であれば無理なくご協力いただけるかを模索しながら提案するようになったことと、実施協力者が子ども達の笑顔を対価として捉えはじめたことにより、新たな協力を引き出したことがある。図2に示したとおり、実施協力者の対応は時間や準備を要するものから当日話しかけられたことへの対応まで協力の程度には段階があり、具体的な手間の程度を説明することにより、協力内容を理解していただくことに有

効だった。

また、ゲームを継続的に実施する中で、事前調整の不要な協力においても、協力者はゲームを肯定的に捉え、賛同や協力の輪を広げると同時に、より積極的な協力者となる可能性を有し、実施協力者の拡大につながる。

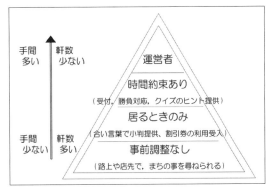

図2　地域探検ゲームへの協力の段階

実際、2013年の協力理由は、約4割が「鉄道存続という課題は別として良いイベントだと思ったから」や「子どもに元気をもらえる」など地域課題への貢献ではなく、個々にとっての有用性を挙げている。さらに「参加者との挨拶や会話」を良かったと実施協力者の大半が評価しており、今後のゲームへの協力にも前向きであった。すなわち、ゲーミフィケーションの手法を導入した結果、地域振興という課題への共感や賛同を切り離した形で、住民が地域振興策の担い手になったと言える。

次に、実施状況と評価を踏まえ、本ゲームの特徴と、導入の役割を述べる。

[3] 地域探検ゲーム導入の役割

地域探検ゲームの実施における成果として、地域振興の担い手育成と社会的課題の啓発の2点について述べる。

地域の協力を引き出すリアルコミュニケーションゲーム

地域探検ゲームの特徴は、従来の「まち歩き（地域探検）」となりロールプレイングゲームとして役になりきって探検を行う点であり、「宝探しゲーム」との相違は小課題の内容が全て「地域資源」に関連している点と移動中に出会う登場人物の多くが事前に「調整（仕込み）されていない住民」で成

立している点である。特に、道や地域資源を尋ねるべき登場人物は住民自身であり、多くの実施協力者は生活の許容範囲内で「演技ではなく」尋ねられた内容に対応している。更に、ゲーム進行に必要な対応が求められる（仕込まれた）店舗や民家では、「どこからきたの？」といった質問や「お祭りの時にまたおいで」と再来訪を促すなど、参加者と積極的に対話する姿も見られた。現実空間でゲームを実施する際に、住民を登場人物として巻き込むことを仕掛けておくことにより、鉄道存続への共感や賛同を前提としない協力が創出されることとなり、地域振興策の担い手を育成する役割も担ったと言えよう。

ゲーム実施による課題啓発

地域探検ゲームにおいて、教育的な価値や地域資源活用を題材とすることで、社会的課題の提示と解決への模索のきっかけとなる。例えば、ゲーム参加者の募集において、企画段階から県教育委員会の後援を得て、最も負担が軽く安定的に反応の得られる「小学校でのチラシ配布」に限定したが、地域資源との接触や発見・公共交通の課題認知といった学びの価値があることに教育現場からの共感が得られた。このようなゲームの参加者募集は、通常の広報ルートとは異なる経路で地域に対する取り組みを発信することとなるため、参加者に限らず地域課題を周知する機能がある。さらに、本ゲームでは、報道されることを見込んで新聞やテレビ取材の受け入れ時に鉄道存続を課題として伝えることや、県境を越えて沿線にチラシを配布することも含め、自治体区域に限定されない啓発活動としての役割を果たしている。

4 ▶ まとめ

最後に、地域探検ゲームの事例を通して、地域振興策にゲーミフィケーションを導入する利点と課題についてまとめる。

まず、ゲーミフィケーション導入の利点は3点挙げられる。第一に、賑わいづくりであり、来訪者をゲームプレイヤーとして募ることで、地域内の回遊時間を結果的に長くし、公共施設や商店の利用促進につながる。第二に、

社会に対する課題の発信となり、地域外から訪れる参加者は課題の存在を知り、地域内住民もゲームに関わることで課題を再確認する機会となる。第三に、地域振興策の担い手を育成する機会になり、地域住民は協力者としてゲームを肯定的に捉え、賛同や協力の輪を広げる。これらの利点は、ゲーミフィケーションの導入において地域特性に合わせた仕掛けを組み込むことで、地域振興策の成果として期待される。

次に、課題はゲーミフィケーションを継続していくことである。参加者を惹きつけるためには、ゲーム内容の更新・難易度やコミュニケーション量の調整が必要である。同時に、地域住民に継続的な実施協力を促すためには、割引券配布をはじめとする店舗売り上げにつながる仕組みや住民の要望をゲームに反映させる工夫が求められる。

ただし、ゲーミフィケーションを導入し、進化させる過程は決して苦しいものではなく、楽しい取り組みであると述べておきたい。内容を検討する会議は、如何にして面白くするかが主題であるため、総じて盛り上がるものであり、自身が楽しめることがゲームの成立要因とも言える。事実、実施後の運営者には、「次もやろう」「次は○○しよう」といった、その場限りのイベントで終わらせたくないという姿勢が見られた。また、進化させる過程は、従来とは異なる担い手を協力者として巻き込む機会として有益である。

(東 善朗)

【引用文献】
1) 東善朗・三井栄 「地域振興イベントに対する参加者満足度の定量的把握－岐阜県御嵩町地域探検事業を事例として－」『日本都市学会年報』、VOL.45、pp. 70-76、2011
2) ジェイン・マクゴニガル 『幸せな未来は「ゲーム」が創る』早川書房、2011
3) 杉浦淳吉・広瀬幸雄 「廃棄物処理における監視と罰則のジレンマを理解するための廃棄物ゲーム」『シミュレーション&ゲーミング』、VOL.8、pp.51-56、1998

4）深田浩嗣　『ソーシャルゲームはなぜハマるのか　ゲーミフィケーションが変える顧客満足』ソフトバンククリエイティブ、2011
5）藤本徹　「サービスとしてのゲーム」『情報の科学と技術』、VOL.62、pp.502-507、2012
6）藤本徹　「シリアスゲームとゲーミフィケーション─これまでの展開と今後の課題」『交通技術』、VOL.68、No.5、2014
7）松隈浩之・東浩子・梶原治朗・服部文忠　「超高齢化社会におけるリハビリ用シリアスゲームの意義」『情報の科学と技術』、VOL.62、pp.520-526、2012

なんだろう？なるほど！が楽しい まちあるき・納屋橋編

1 ▶ はじめに

　最近は、「まちあるきが好きです」と言っても一般的に受け入れられるようになり、「何がいいの」などという質問を受けることはなくなってきたが、もうずっと前、私が市役所入庁時の面接で、「まちをぶらぶらして何かを発見するのが好きです」と話したら、「それの何が楽しいのか？何のためになるのか？」と聞かれたことがある。なぜ伝わらないのかともどかしく、「例えば、そこで名古屋のまちらしさを発見できたらスゴイじゃないですか！」と言葉足らずに応え、面接官には多分理解されずにそのやり取りが終了したと記憶している。それ以来、様々な分野の方とお話しする際、まちを歩く楽しさをどう伝えたら、「それはいいね」と感じてもらえるのかと試行錯誤している。この章では、いつもとは違うこんな視点で観察しながらまちを歩くと、「楽しくていいね」と思ってもらえるのではないかと思う手がかりのお話と、今、私が最もお勧めする納屋橋のことをお伝えしたいと思う。読み終わった後、「納屋橋のまちを歩いてみたい」とウズウズしてもらえたら、スゴーク嬉しい。

2 ▶ まちあるきの楽しみ方

　まちを楽しむためのまちあるきには約束事がある。まちを歩く時には目的地だけを目指して直線的に行くのではなく、広く周りを見回してぶらぶら歩くことをお勧めする。さらりと見るだけでは得られないまちの「なんだろう？」を探してみてほしい。例えば、どうしてここにこんなものがあるのか、この道は何故くねくねしているのか、「なんだろう？」を見つけると答えが

知りたくなり、分かれば「なるほど！」の感動につながる。こうした体験は人に語らずにいられなくなる。自分だけの発見や感動を自慢気に人に語りスゴイねと言われると、まるで広報大使にでもなったように力説したくなり、語っているうちにさらにそのまちを好きになる。そして、次の「なるほど！」をみつけたくて、またまちを歩く。聞いた人もそこが気になり行ってみたくなる。

　つまり、私がまちあるきって楽しいなと思うポイントは、まちの独自の雰囲気や他との違いを「なんだろう？なるほど！」で体験し、誰かに伝えたいことを見つけることである。そのまちにしかない「なんだろう？なるほど！」の体験は、まちの歴史や人々の暮らし、郷土の食などのまちの独自性を発見して心動かされることである。まずは、あちこちに潜んでいる「なんだろう？なるほど！」を体験するための手がかりのお話をしよう。

[1] 駅前の表通りを逸れて奥に行こう

　遊びや仕事で初めてのまちに訪れることが決まった時、ワクワクするかどうかは重要だ。おいしいものやこれは見ておかねば、と思わせるものがまちにあるかどうか、地名だけではヤッター感もワクワク感も湧いてこず、事前の下調べもしないままに訪れることになる場合も多い。しかし、まちには多彩な表情が潜んでいる。ジワリと滲み出すワクワクもある。駅についたら、周辺地域をぶらぶらしてみてほしい。整備された駅前の少し先のエリアには駅前とは雰囲気の違う「なんだろう？」が隠れていることがある。JR岐阜駅前には真新しい再開発ビルとロータリーとデッキ、金色に輝く信長像があるが、私はきれいな駅前よりもデッキを降りた向こう側にある、何かしら古さを感じる建物の佇まいやコンバージョンされた店が点在するゴソゴソした雰囲気のまちが興味深い。新しさと古さの境界にトキメキ、これは「なんだろう？」との出会いにグラッとくる。名古屋駅からほんの数分歩いたところにも、古民家を改装した店舗が並び路地のある界隈や、昭和な雰囲気と生活感の漂う商店街、中央市場の魚の匂いが残る街区などガイドブックにも載っていない個性ある地域がある。なぜ古民家が残っていたのか？何が昭和な雰

囲気を醸し出すのか？ここに市場がある経緯は？とここには「なんだろう？」が一杯だ。各地の駅前で、近代的なビルの建ち並ぶ駅前の表通りと、その奥に開発のあまり進んでいない地域が混在している様子を見かけるが、開発の進んでいない周辺地域には個性的で隠れ家的な雰囲気を持った店舗、連綿と続いてきたその土地の暮らしぶりやまちの成り立ちが潜み、「なんだろう？なるほど！」を体験し自分発見できるネタが詰まっている。後ほど紹介する納屋橋もその一つだ。さあ、駅前の表通りを逸れて奥に入ってみよう。

[2] 食にまつわる背景をみつけよう

　まちあるきに食は外せない。場所の記憶をたどる時、豊川稲荷へ行ったでしょう？では思い出せなくても、豊川稲荷門前町でいなり寿司を食べたでしょう？と問われれば、様々な具入りやいなりバーガー等、店舗毎に工夫したいなり寿司を面白がって食べ歩いた門前町の屋台の風景が鮮明に甦る。商品や店のつくりが全国統一されているチェーン店ではそれはできない。食は土地の記憶を鮮明にあぶり出す恐るべきツールなのである。地域で生産された素材を使った料理、地域特有の味付け、食にまつわるエピソードのあるもの、地域産業との関わり深いものをどんどん食べよう。名古屋に来たら、味噌を使った濃厚ななごやメシがおすすめだが、高温多湿な気候が味噌や醤油、酒等の発酵食品を育み、豆と塩だけで作られる赤味噌は保存がきき、戦国時代の兵糧食にもされていた等、土地の気候や地理的条件、地域の主要な産業や人々の生活、習慣、食にまつわる背景まで知って食べる食の記憶は、土地の記憶と重なり体の中に浸み込んでいく。

[3] 交差点では細い道を選ぼう

　道はまちの成り立ちをあらわしている。名古屋のまちは戦災復興をはじめとした区画整理で整備、拡大してきたため、広くて整然とした道路が特徴的だが、細い道が迷路のようにある地域も市内には随所に残っている。そんな地域に遭遇したら、迷わず、交差点で細い道へ進もう。個人宅の庭に思わず入り込んだり、手入れされた路上の花壇に出迎えられたり、屋内の話し声が

漏れてきたり、歩いているだけで暮らしぶりが伝わってくる。熱田神宮近くで神宮小路という看板を見つけた時、長屋の小さな飲食店が両側に並び、通路に堂々とはみ出す店の看板や植木鉢、洗濯物を見て、人の家に勝手にお邪魔するような居心地の悪さを感じつつも振り切って奥に進むと、奥にもお店があり共同トイレがある、時代に取り残された昭和感漂う雰囲気に嬉しくなった。いつからあるの？どうしてこの地に？ここにはどんな日常があるの？と次々疑問と興味が湧いてくる。車が入れない路地のような空間には、人々が行き来し、出会い、話し、商売する等の暮らしぶりを想起させる小物やパーツが散りばめられており、想像しながらまちを歩く楽しさを教えてくれる。

[4] 坂に萌える。地形を感じながら歩こう

あるまちあるきに参加した時、見学地点で標高が説明されるのを聞いて感心したことがある。自分の立っている地点は先ほどの地点より高いのか低いのか、地形を感じながら歩く。名古屋のまちは徳川家康によって築かれた名古屋城と城下町が骨格となっており、名古屋台地の上に武家地、寺社地、町人地を有する城下町があり、台地の下には港や市場跡等の川や水際の記憶がある。台地の西端に沿って堀川が開削されたため、川から東西を見通すと名古屋城から象の鼻のように南に伸びる名古屋台地を体感することができる。特に古渡、東別院から南にかけての鼻の部分の幅は1kmに満たない。ここを歩くとこんなウンチクを語れる

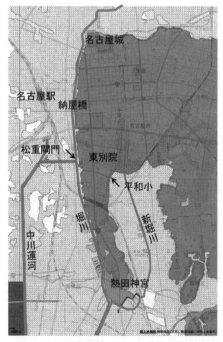

図1　国土地理院の数値地図25000（土地条件）に筆者が一部加筆

ようになるはず。「松重閘門から東向きに坂道を上がると信長が元服をしたといわれている古渡城跡の公園がある。そこから熱田神宮の方角に南下する時、交差する道路の東西を見通すとどちらも下り坂。東にある平和小学校の3階建て校舎の屋上が真横に見えるほど地形がガクンと落ち込んでいる。まさに名古屋台地の象の鼻部分を歩いていることを実感！地形をこんなに感じられる場所ってスゴクない？」地形はまちの成り立ちに大いに影響を与える。坂の上と下が持つ意味合いに思いを馳せながら歩くと坂の辛さも気にならない。急坂ほど、この坂は何なんだ！と燃えるのだ。

[5] 人々の暮らしを支える水辺の産業を探そう

　人々の暮らしと水の関係は切り離せない。大水や洪水からまちや家を守りながら生活に必要な水を得る。灌漑用水を整備して農業のための水を必要な場所に引く。陸上交通の整わない時代には川は重要な物資輸送の大動脈となり人々の暮らしや産業発展を支えてきた。時には花見や舟遊びを楽しむ人々の憩いの場や祭りの舞台にもなる。都市基盤が整ってくると川は下水道の役割を果たした。なかでも人工的に土地を開削して造られ物流機能を担う運河は、産業の進展や都市の発展に大きく寄与した水辺である。

　名古屋のまちなかにある堀川と新堀川は庄内川水系の河川だが、元は中川運河と同じく人工的に掘られた運河である。堀川が最も古く、木曽川の上流から供給される良質な木材を城下町に運ぶ役割を担い、そこには木材加工職人が集まり、和時計作りの技術がからくり人形、精密機械製作へと名古屋のものづくり産業の礎になっている。堀川の水上輸送機能を補うためにできたのが中川運河と新堀川である。運河沿いには材木町、塩町、水主町等水運と関わりの深い町名や店や倉庫の集積の跡があり、水位調整をする閘門、荷を揚げるクレーン、道路を跨いで荷を運ぶ線路など水運の歴史を物語る遺構がある。

　まちの活力は産業によって支えられ、産業の移り変わりは人々の生活に影響を与える。運河沿いには暮らしを支えた水辺と人々の関わりの歴史が垣間見える。

[6] 分からぬことは聞いてしまうのが一番！
　「なんだろう？」に出会ってもその疑問が解明できないと心地悪い。そんな時、難解な郷土本や歴史本に頼る前に手軽に分かりやすく教えてくれるのがまちの情報誌やなんでも答えてくれるまちガイドだ。まちあるきの最初には地元の人々が運営しているようなまちの案内所を訪ねるといい。地元で頑張っている人がいるまちは「なんだろう？なるほど！」体験やワクワクの仕掛けがたくさん散らばっている。まちのマップを入手し、見どころはどこか聞いてみよう。地元の人が通っているような、あるいは、手作り感あるまちのマップに名前が載っているような、地域に馴染んだお店を見つけたら、店の人にまちのどこに行くべきか、何を見て、何を食べ、何を買うべきかを聞いてみよう。1を聞いたら10を教えてくれるような地元通な人やマップにも紹介されていない新しい情報、思わぬ発見に出会えるかもしれない。地域のことを熱く語る人を発見できれば、「なんだろう？」の謎を深掘りし、自分だけが語ることができる「なるほど！」情報を得られる確率が高くなる。

3 ▶ 私の「なるほど！」まるあるき・納屋橋編

　ここからは、今、私が最もお勧めする納屋橋についてお伝えしようと思う。納屋橋は、名古屋の中心を縦断し名古屋城と熱田神宮を結ぶ堀川にかかる橋である。名古屋駅から栄の方角に向かって寸刻歩いたあたりにある。十数年前までは風俗店が並ぶ猥雑な雰囲気もあったが、現在は川沿いが整備され、洒落たオープンカフェもある。新しさと古さ、表通りと路地の雰囲気が混在し、地域の産業発展や都市の近代化を支えた水辺空間や建造物が残る地域である。ここでは、納屋橋そのものの持つ魅力や界隈に残る歴史の記憶、川沿いの水辺空間が生み出す豊かさ、まちを想う人々の活動などを中心に、「なるほど！」体験の一端を紹介する。

[1] 納屋橋の欄干はあたたかい？
　納屋橋の欄干が好きだ。2013年（平成25）にレトロな雰囲気の鋼製アーチ橋となり100年を迎えた納屋橋で橋を掃除しようという取り組みがあっ

た。路面の隙間に生える雑草を抜き、デッキブラシで汚れを洗い流し、欄干を雑巾がけした。屋外にある橋の欄干を拭く経験ははじめて。拭きながら手の込んだ重厚なデザインを真近にジッと見て100年前の製作者へ想いが至る。名古屋城築城と時を同じくして開削された堀川に江戸時代から架けられていた七つの橋のひとつが納屋橋である。1913年（大正2）に笹島に設置された名古屋停車場と市街地を結ぶ広小路通を拡幅した際、名古屋港への舟運拠点としても重要なこの地に当時の技術とデザインの粋を集めて橋が架け替えられた当時からの欄干である。橋は1981年（昭和56）に架け替えられたができるだけ旧橋の姿を残そうと欄干を再利用しバルコニーやアーチ部のデザインも残された。その欄干を製作したのは中島鉄工所の中島彦作氏。東京や大阪の業者に受注させたくないとの思いから超安価で落札し、採算を度外視した贅沢な装飾の欄干を製作し借金がかさみ会社が倒産する。それほど力を注いだこの欄干を橋に設置する時、愛しいわが子を送り出すように完成した欄干に触れたのではないだろうか等と考えながら拭き掃除。熱い想いのこもったこの欄干に感動ジーン…。橋の中央バルコニー部分の欄干に『製作　中島鉄工所　中島彦作』と刻まれているのを見つけたらその心意気を感じてほしい。

[2] 橋がつなぐものは?

名古屋の代表的な橋として親しまれ、レトロな雰囲気のアーチ橋完成から100年目を迎える2013年（平成25）を前にして、納屋橋の四隅の関係者を中心にしてレトロ納屋橋100年実行委員会が設立された。1913年（大正2）5月に橋の完成を記念した渡り初め式があり、当時、橋の西側にあった饅頭店とうどん店の三世代夫婦二

写真1　レトロ納屋橋100年目の渡り初め

組が長命な家系として選ばれ先導役を務めたことから、100年目の2013年（平成25）5月に100年前の渡り初めを現在風に再現した「ゴンドラウェディング＆レトロ納屋橋100年目の渡り初め」を実施することにした。堀川に浮かぶゴンドラに乗船し川岸や納屋橋から祝福を受けながらのウェディングクルーズと挙式後の新郎新婦による橋渡り式である。なんと公募により選ばれた新郎新婦は100年前に橋の施工をした栗田組の子孫の方で、他に100年前の渡り初めで先導役を務めた納屋橋饅頭、長命うどん、欄干を製作した中島鉄工所など縁の深い方たちが新郎新婦の後に続いて渡った。企画を実施するために実行委員会メンバーが関係者を訪ね、渡り初めの話をすると皆さんが納屋橋への100年間の想いを語ってくれたという。こうした人の縁に感じるのは、納屋橋は単に川を渡るだけの場ではなく、100年の時を超えて川の両側のまちをつなぐ、人の縁をつなぐ、過去と現在の歴史をつなぎ、100年後もこうありたいと願う未来へ想いをつなぐ、つなぐ場なのだということ。

　さて、この橋は自分と何をつなぐのだろう？などと物思いに耽って橋の上に立ってみてはどうだろうか。川沿いの遊歩道から見上げた様子は殊の外、絵になる情景で思わず写真を撮りたくなるはず。

[3] 古地図で発見する納屋橋

　納屋橋の100年を振り返り、現在のまちに歴史の証跡として存在するものを探すまきあるきワークショップを開催したことがある。居住者の記載された1926年（大正15）、1929年（昭和4）の『名古屋市居住者全図』に現在の地図を重ねてまちを歩く納屋橋の100年の歴史探しワークショップである。古い地図に載っているこの会社って何屋さん？今はどこにあるの？えっ、ここに水産

図2　昭和4年当時の納屋橋付近
「名古屋市居住者全図より」

市場があったの？路地の形は変わってないね！など疑問と発見のオンパレードだ。戦禍と高度成長期を含むこの 100 年間はまちの姿を随分と変えてしまったが、随所にそのままあるいは形を変えて残っていた。いくつかをご紹介しよう。

旧・旧加藤商会ビル

1929 年（昭和 4）の地図には、納屋橋北東橋詰めに加藤商会ビルがある。同じ場所に今は名古屋市が所有する旧加藤商会ビルがあるがこの建物は 1931 年（昭和 6）に建築したものなので、それ以前のこの地図にあるのは貿易商加藤商会が 1916 年（大正 5）に最初に建てた本社ビルである。「大正の名古屋－世相編年事典－」によると、この頃、名古屋市内の自動車は計 16 台。物資輸送には主に鉄道や船が使われていた。1913 年（大正 2）にモダンなアーチ橋に架けられたばかりのこの地は鉄道も船の便もよく、商社の拠点として地の利が良かったのだろう。外米を扱う商社だった関係で昭和 10 ～ 20 年までタイ領事館が置かれていた歴史的経緯から現在は 1 ～ 3 階にはタイ料理レストランが入り、川沿い遊歩道に面した地下 1 階には堀川ギャラリーが入っている。堀川ギャラリーには地上 3 階地下 1 階建てレンガ造の、現在のビルによく似た旧・旧加藤商会ビルを背景に加藤商会の人々が写った写真が飾られている。改めて写真を見ると、規模もデザインもよく似たビルをどうしてたった 15 年で建替えたのだろう？と気になって仕方がない。

納屋橋とカブトビール

1926 年（大正 15）の地図には納屋橋南東にカブトビールの文字がある。カブトビールといえば、今も知多半島の半田市に赤レンガ建物が残り復刻版が売り出されている。1929 年（昭和 4）の地図には同じ場所に日本麦酒鉱泉支店とある。1896 年（明治 29）に常滑市出身の盛田善平が叔父の中埜又左衛門の命を受けて丸三麦酒株式会社を設立、その後、加富登麦酒株式会社、日本麦酒鉱泉株式会社と改称した。1906 年（明治 39）に船と鉄道の便の良い納屋橋の南東に名古屋支店を開店したものが地図に載っているのだ。宮崎駿監督の映画「風立ちぬ」は大正から昭和の時代の名古屋各所を多く描いているが、現在の笹島にあった名古屋停車場から自動車に乗り移動する主

中部の都市を探る ―その軌跡と明日へのまなざし―

人公の背景に栄三丁目行きの市電とカブトビールの看板が見え隠れする。映画はまさに納屋橋のある広小路通のこの地図の時代を描いたものなのだ。納屋橋付近にはカブトビール以外にも中埜氏、盛田氏との縁あるお店が現在も残っている。そんな様々なご縁を感じながら、納屋橋で半田のカブトビールを飲んでみたいというのが私の妄想だった。しかし、その妄想が今秋（平成26）、実現することになった。納屋橋でカブトビールを飲もう！要チェックですよ。

堀川沿いの東松家の謎

納屋橋の2つ北にある橋が伝馬橋。1957年（昭和32）の地図には伝馬橋南西に東松の表示があり、1929年（昭和4）の地図には同じ場所に川崎貯蓄銀行と書かれている。川崎貯蓄銀行の前身は1896年（明治29）に設立した株式会社堀川貯蓄銀行。銀行もやっていた堀川沿いの東松家と聞いて、ある場所の建物と結び付けられたら、相当な歴史的建

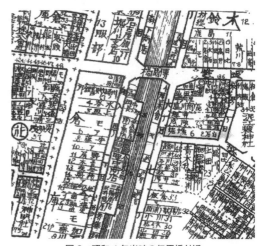

図3　昭和4年当時の伝馬橋付近
「名古屋市居住者全図より」

造物マニアだと思う。そう、犬山市にある博物館明治村に展示されている東松家住宅である。明治20年後半まで油問屋を生業とし昭和初めまで堀川貯蓄銀行を営んだ東松家の建物は1901年（明治34）建築で1962年（昭和37）まで当地にあり道路拡幅のために解体されて博物館明治村に移築された重要文化財である。堀川沿いの舟運を利用した商家で間口の狭く奥行きの深い典型的な町屋が50年前までこの場所にあり、今も明治村に残されている。現在は駐車場になっているこの地に明治村の建物の記憶を重ねてみる。伝馬橋を渡りこの地で北上する美濃路の往来賑やかな様子と、通り沿いに建つこの建物に人が出入りする様子を空想してニンマリする。

モの謎

　1929年（昭和4）の地図には、納屋橋から伝馬橋あたりまで堀川の二本西側の通りに「倉庫」や「モ」が並んでいるのが目立つ。地図の凡例によるとモは倉庫、物置と書いてある。この通りを北上すると四間道と呼ばれ石垣の上に漆喰壁の蔵が並ぶ地域がある。堀川の水運を利用して運ばれた米や塩、味噌や酒などを城下町に供給する商家が軒を連ねたところである。川

写真2　伝馬橋付近に残る蔵の建物

沿い商家の蔵が並ぶ四間道と同じように、堀川水運による荷を揚げ、間口の狭い奥行きの深い敷地の最奥に配置された蔵が並ぶ景観が伝馬橋から納屋橋あたりにもあったようだ。先述の明治村にある東松家住宅も奥のちょうどこの通り沿いにあたる場所に蔵がある。地図の凡例にあった「倉庫」や「モ」は蔵のことだった。建物に気を付けて通りを歩いてみると一見した限りでは改修され分かりにくいが、今も蔵や石垣の残る場所がある。自分の足で歩いて探してみてはどうだろうか、まるで大人の宝探し。

　是非、堀川ギャラリーに置いてある「納屋橋100年歴史紐解きマップ」を片手に未解明の納屋橋を紐解いてみてほしい。

[4] 川面に浮かぶ白鳥の旅

　納屋橋から下流を望むと川面にプラスチック製の白鳥が2羽浮かんでいる。見慣れた人には既に当たり前の風景になっているが、初めての人が見ると「なんだろう？」である。実はこの白鳥、沿川店舗の先代名物店主が堀川の再生を願い、川に目を向ける市民が増えてくれればとの想いで店の前に浮かべ始めたものである。先代の遺志を継いだ現店主によると、「自分の物心がついた頃から浮かんでいるから35年以上」ここにいるそうだ。川岸とつ

なぐ糸が切れて何度も、川を行き来する潮の流れに乗り名古屋城や熱田の方へ旅に出ている。旅に出たまま戻らなかった白鳥も数多く、現在は約 250 代目。戻ってこないと特別注文し大量にストックしてある在庫品から次の白鳥の出番となる。堀川を流れるごみの量が減り、ごみに引っ掛かって流されることは減ったが、とはいっても年に 8 羽程が新しく繋がれている。姿勢よく浮かんでいられるようにと、一羽一羽のお

写真 3　白鳥と納屋橋

腹の下に重りをつける細工が施されている、想いのこもった白鳥なのだ。

[5] 水辺のとっておきスポットはどこ？

　納屋橋下流西側に 1884 年（明治 17）当時の姿で建つ料亭得月楼の建物がある。江戸期の詩人、頼山陽が店を訪れた際に詠んだ「水近きところ必ず月を得るの高殿あり」の詩から命名された。文化人のサロン的な場で、若い頃名古屋で過ごした坪内逍遥は得月楼の 2 階から川面に浮かぶ舟と月あかりを見て、得月の名に納得したという。現在の護岸と遊歩道ができるまでは、川端にせり出した座敷で川や行く舟を見ながら食事のできる水辺スポットだった。得月楼は 1944 年（昭和 19）まで営業を続けた後、建物をそのままに別の店が営業していたが 2014 年（平成 26）3 月に閉店となっている。

　現在の得月楼ともいえるのが、

写真 4　遊歩道のオープンカフェ

川沿い遊歩道から出入りできる水辺にこだわったカフェやギャラリーではないだろうか。2005年(平成17)の社会実験での取り組みから規制緩和が進み、納屋橋付近の河川敷でオープンカフェやイベントができるようになり、年々、川側を向いた店舗が増えている。店内から川や樹木の緑が見える場所は特等席。川面を吹き抜ける風と広い空を感じられ、都心にありながら開放的で爽やか、通りの車や雑踏の喧騒も遠く、まったりと過ごせる水辺のオープンカフェは、ゆったりと時間が流れ、思わず長居してしまう居心地の良さである。

[6] 納屋橋初心者におススメは、なやばし夜イチ

　月に一度、納屋橋付近が人混みと赤ちょうちんとウキウキな空気感で一杯になる日がある。納屋橋と1本北にある錦橋の間の川沿い遊歩道でナイトマーケットが開催される、毎月第四金曜日の「なやばし夜イチ」がある日だ。アジアのマーケットのイメージをここに重ね、賑わいと熱気の場所にしたいと若い主催者が2010年（平成22）から始めたもので、当初は集まる人も少なかったが口コミで人気が広がり、今は仕事帰りの人や近所の親子連れまでもが集う納屋橋恒例の夜イチである。遊歩道は人でごった返し、

写真5　なやばし夜イチ

広場では思い思いの場所に陣取ってワイワイと飲食をする。ところ狭しと人や店が出ている雰囲気はまさに賑わいと熱気のごった煮状態。最近は日本酒やビール、カフェ等のテーマを冠し期間と規模を拡大して開催する月もある。主催者が育てた麦からつくられた夜イチビールや市内のこだわりのカフェが並ぶ。桜の季節の日本酒祭りは、土曜日の昼間から川沿いの桜を見つつ、ぐい飲みを持ち歩き、各地の日本酒を飲み比べられる。開放的な川沿いの空間や異国的な雰囲気は、他の場所では決して味わえない、超おススメの納屋橋

である。納屋橋に行ってみたいとウズウズしてきた方は、まずは、なやばし夜イチへ来てみてほしい。

4 ▶ おわりに

　まちを歩く時には、表通りを逸れて奥へ。路地や界隈では妄想を膨らませ、運河沿いの産業遺産を巡り人々の暮らしを知る。地形を感じて歩くことでまちの成り立ちを知る。地域に縁のある食と地元の人との会話を楽しむ。そんな風にテーマを持って「なんだろう？」と観察しながら歩くと、馴染みのまちの当たり前と思っていたものが持つ別の意味を知り、「なるほど！」の発見につながる。まちあるきって楽しいでしょ、というお話と、その応用編として、私自身が納屋橋で見つけた「なるほど！」体験の一端を紹介した。他にも新たなまち発見の手がかりはたくさんあるし、伝えきれていない納屋橋の話もたくさんある。

　まちの個性や惹きつけられる魅力は、その地の歴史の深みと本物の良さ、その地ならではの空間が生み出す豊かさや快適さ、その地を想う人々の活動に由来するものである。私が納屋橋に心惹かれるのも、まちを想う人々が地域にイキイキとした変化をもたらしているからである。

　自分たちのまちを「つまらなくて案内する場所がない」と地元の人が言うのを聞くと、どこの地域にも必ずあるはずの、そうした自慢できるお宝に気づかず活かせていないことが残念でならない。日常の当たり前の風景にこそ、視点を変えて「なんだろう？」と関心を持ち、「なるほど！」と新鮮な発見をして欲しい。それまで気づかなかった自分のまちの個性を知り、まちのステキを発信したい！と思う人が増えて欲しい。個性際立つ地域をたくさん包含する都市は、多面的で奥行きがあり、多様な人を呼び込む力を持っている。私の好きな名古屋や納屋橋もそんなまちであり続けたいと思う。

（井村 美里）

名古屋の都心空間の変容と地域まちづくり

1 ▶ はじめに

　都市は一様に空間変容するのでなく、時代とともに変化する地域としない地域が積み重なるモザイク状で変容する。そこにまち独自の文化的表情が作り出され、魅力が凝縮して宿るのである。

　本論では名古屋都心を対象に、1610年からの名古屋築城・町割りと清須越しによる都市形成から今日に至るまでの時代的変容の枠組みを押さえる。そのうえで、最近の都心空間について、各地域の立地的（歴史的）条件と主体的条件との関係性から、空間変容の要因分析をおこない、魅力ある都心形成にむけた展望を提示するものである。

2 ▶ 都心空間変容の時代的枠組み

[1] 江戸期

　名古屋のまちは名古屋城の築城・町割りと清須越しなどによる城下町の形成から始まるとされる。清須越しで113寺社、町家約2,700戸が移転、他に初代藩主徳川義直入府とともに駿河越し、京都越しもあった。名古屋城下町の町割りの特徴は正方の碁盤割であり、諸説あるが、1つの街区は50間（京間6.5尺＝1間）×50間の方形を3〜4間幅の往還（街路）が囲み、99街区（11×9）の町人地がまちの中心に置かれた（一部武家地を含む）。

　江戸時代の空間変容の契機は「火事」である。万治の大火（1660）では町屋2,247軒、武家屋敷120軒、30寺社が消失したため、3間幅の堀切筋を15間に広げて、火除地の役割を担う広小路が整備された。さらに、元禄の大火（1700）では町屋1,649軒、15寺社が消失し、3間幅を4間に拡幅した四間

道が整備されている。拡幅された広小路では出茶屋、見世物、芝居等で人々は繰り出し、にぎわいっていた。碁盤割の町人地も通り（南北）や筋（東西）により、特徴ある商店を構成していた。5間幅を持つ主要通りである本町通には、格式ある商家が軒を並べ、越後屋、大丸屋、伊藤呉服店が商売を競い合っていた。魚の棚筋は魚屋や料理店が、京町筋には呉服屋や薬種商が、袋町の骨董屋、杉の町の古着屋が集積していた（表1）。

[2] 明治・大正・戦前期

江戸から明治に転換するに従い、名古屋も近代化が進められる。特に都市基盤の整備がまちの姿を変えて行った。

1887年に東海道線の名古屋停車場（名古屋駅）を笹島に開設するのに合わせて、広小路通は名古屋駅まで延伸された。広小路通沿いには愛知県庁や名古屋市役所、名古屋商業会議所、日本銀行名古屋支店などの官庁街を形成し、1910年にはいとう呉服店が百貨店を営業、翌年には小売賃貸用商館として中央バザールも開設されている。明治中頃には伝馬町や茶屋町に集積していた銀行・保険会社も大正から昭和初期にかけてほとんどが広小路に移転している。このように広小路が商業・金融の中心軸になり、西洋風の景観と相まって、近代化の象徴軸となっていった。

南北軸は本町通（5間）が主要通りであったが、1908年に栄町から熱田町を結ぶ13間幅員・延長8.8kmの大津通が整備されたため、こちらが主要通りとなって繁栄した。大須も交遊の場として繁栄し、芝居小屋、映画館、飲食店・料亭、さらには古道具、古建具商が集積していった。

1898年に名古屋電気鉄道の電車が拡幅された広小路通の端から端（名古屋駅～県庁）2.2ｋmを走った。順次、新会社が設立されては電車が縦横に走行し、1922年に市が鉄道会社を買収して市電となった。1911年には瀬戸から堀川まで瀬戸電気鉄道が開通する。1937年には東海道線に加えて、関西鉄道、中央線、臨港線が乗り入れたため、手狭になった名古屋駅舎（笹島）から現在地の名古屋駅が移転新築され、あわせて桜通も完成する。新駅前は旧態として道路が狭隘なので、公共施行の都市計画土地区画整理事業が実施

された。名古屋駅の近代化が昭和初期に進められた（表1）。

[3] 戦災復興期

名古屋は、戦前は軍需都市であったため、徹底して空襲を受けた。計38回に及ぶ空襲により、罹災面積は3,858haと主要市街地の半数以上が焦土と化し、死者は7,800余人に達した。戦後いち早く名古屋市は「大中京再建の構想」を公表し、200万人都市の建設（当時の市域）を目指すべく、戦災復興都市計画土地区画整理事業3,452haを実施した。多くの戦災復興事業が緊縮財政（ドッジライン）のもとで事業規模の縮小を余儀なくされたが、名古屋市は事業が進捗（仮換地指定が約4,400haの90%）していたため、後戻りできず、いくつかの経緯を経て、その施行面積となった。

事業実施にあっては、100m道路（久屋大通1.74km、若宮大通4.12km）、50m道路9本を格子状に、また碁盤割エリアに残存する狭隘な3間道路を20m道路と15m道路を交互に通すことで道路アクセスの向上を図った。さらに墓地の集約移転として92haの公園区域（平和公園）へ、278ヶ寺の約

表1　主要都市インフラの整備年表

年　号	事　項
1610〜	築城開始と碁盤割城下町の形成（清須越し等）　一般3間道路　本町通5間 東西「筋」、南北「通」毎の特色ある土地利用　本町通がメインストリート
1660	万治の大火　広小路の整備（堀切筋3間を15間に拡幅）
1700	元禄の大火　四間道の整備
1887	名古屋停車場の整備と広小路の駅までの延伸
1908	栄町〜熱田町を結ぶ13間8.8kmの大津通の整備
1910頃	広小路がメインストリートとして都市機能集積
1911	瀬戸〜堀川　瀬戸電気鉄道開通
1922	民間鉄道会社を買収し、市電として開通
1937	名古屋駅移転新築（現在地）と桜通整備　名駅前区画整理
1945〜	戦災復興事業に着手（100m道路2本、50m道路9本）、施行面積3,452ha、都心内碁盤割エリアは15mと20mの交互幅員で整備、墓地の集約移転
1957〜2011	地下鉄の整備（別表参照）
1957〜1978	地下街の整備（別表参照）
2004	あおなみ線開通

＊高速道路関係は除いている。

187,000基の墓を移転することで、土地利用の高度化を促進することとなった。清須越しにより113ヶ寺の移転が行われたが、それよりも大規模であった。

このように、戦災復興事業は都心部での土地利用転換、すなわち都心空間の変容を促進し、戦後名古屋の発展の起点となった（表1）。

[4] 戦後～今日

①屋台………戦後の混乱期に、名古屋市内には最盛期で約1,000軒、広小路通の納屋橋～栄間に300軒が並び、庶民の生活支援機能の役割を担った。しかし、道路整備の支障になること、美観上好ましくないこと、食品衛生上問題があること、出店の権利関係が生じていること等の理由により、行政は1957年に屋台を減少させる要綱を定め、人々が集まる名古屋駅前や桜通・錦通で禁止し、広小路通でも戦災復興による道路整備開始までの期限限定とした。1965年には市内全廃の方針のもと、1973年3月までに全廃された。このプロセスは困難を伴うものであったため、近年のオープンカフェの導入にあたっては、屋台の復活をいうイメージで捉えられがちで、抵抗があった。

②日曜遊歩道………南大津通（0.7km）で1970年に市の主催による日曜遊歩道の社会実験を開始し、翌年から本格的実施に移行し、翌々年には道路交通法が改正され、警察主導となった。しかし、道路上でのイベント禁止や利用者の減少、ゴミ等への批判、周辺道路への交通混雑が顕著になったため、1984年に地元商店街から中止の要請が出され、中止された。当時は地域として公共空間（道路等）を管理する能力は未熟であった。後述するが、17年ぶりに2011年9月から歩行者天国として再開されることになるが、ここでは地域関係団体が結集して運営委員会を立ち上げ、自らの力で実施している。

③地下鉄整備と市電廃止による都心空間の変容………都心では郊外と結ぶ地下鉄等が順次整備され、他方で市電が廃止されるなかで、都心空間は変容していった。地下鉄駅周辺では地価が上昇し、住宅地は商業業務地へ転換

名古屋の都心空間の変容と地域まちづくり

表2　高速鉄道（地下鉄）等の整備状況

路線No. 路線名	区　間	整備期間		キロ程	駅数
1号線 東山線	高畑駅－藤が丘駅	1957.11 1969.4	名古屋～栄 全線開通	20.6	22
2号線 名城線 （環状線） 4号線	金山駅－栄駅－大曽根駅 （4号線とともに相互直通運転）	1965.10 1967.3 1971.12	栄～市役所 栄～金山 当時の名城線全線開通	26.4	28
	大曽根駅－八事駅－金山駅 （2号線とともに相互直通運転）	1974.2 2000.1 2004.10	金山～新瑞橋 栄～砂田橋 全線開通		
2号線 名港線	金山駅－名古屋港駅	1971.3	金山～名古屋港	6.0	7
3号線 鶴舞線	上小田井駅－赤池駅 （犬山～豊田市名鉄相互直通運転）	1977.3 1993.8	伏見～八事 全線開通	20.4	20
6号線 桜通線	中村区役所駅－徳重駅	1989.9 2011.3	中村区役所～今池 全線開通	19.1	21
7号線 上飯田線	上飯田駅－平安通駅 （犬山～上飯田3セク相互直通運転）	2003.3	平安通～上飯田	0.8	2
名鉄瀬戸線	栄町駅－瀬戸駅	1911.11 1976.2 1978.8	堀川～瀬戸　全通 堀川～東大手　廃止 栄町～東大手　開通	20.6	20
あおなみ線	名古屋駅－金城ふ頭駅	2004.10	名古屋～金城ふ頭	15.2	11

＊1～7号線は名古屋市営高速鉄道

資料：名古屋市交通局等

表3　名古屋地下街の形成史

名　称	設置年月	延面積（約㎡）	店舗面積（約㎡）	駐車場面積（約㎡）
名古屋駅地区				
サンロード	1957・03	11,347	4,867	427
新名フード地下街	1957・07	708	327	―
メイチカ＊	1957・11	2,944	1,385	―
ダイナード（閉鎖中）	1963・03	897	549	―
ミヤコ地下街	1963・09	3,608	1,059	―
名古屋近鉄ビル地下街	1966・11	69	64	―
ユニモール	1970・11	27,364	6,183	8,954
エスカ	1971・12	29,180	6,123	9,816
テルミナ地下街	1976・11	7,228	1,804	―
合　計	―	83,345	22,361	19,197
栄地区				
栄森の地下街＊	1957・11	12,998	4,867	―
サカエチカ	1969・11	13,577	327	―
セントラルパーク地下街	1978・11	56,624	1,385	24,441
合　計		83,199	549	24,441
（参考）オアシス21	2002.01	4,500		
その他地区				
伏見地下街	1957・11	2,712	4,867	―
金山地下街＊	1967・03	428	327	―
上前津地下街＊	1977・12	1,286	1,385	―
合　計		4,426	549	

※＊印は地下鉄地下街（市交通局所有）　「千種地下街」「今池地下街」は、2014年3月31日付けで廃止
※面積は、各地下街管理会社調査による2012年4月1日現在の面積
出典：名古屋市HP　地下街の概要より一部加筆修正

中部の都市を探る —その軌跡と明日へのまなざし—

し、また産業構造の転換も土地利用の高度化を促進していった。地下鉄の主要駅では商業空間である地下街や地下駐車場と合わせて整備されることが多い。名駅には2.2haの地下街（店舗）と1.9haの地下駐車場が、また栄地区にはそれぞれ2.1ha、2.4haに及んでいる。名駅も栄もほぼ同規模の地下街を形成した（表2、3）。

④問屋街の機能転換………下図は繊維系、医薬品系、菓子系、木工系の問屋街の分布状況であるが、一部問屋機能を残しながらも、用途転換が進んでいる。例えば木工系や医療系の問屋街ではマンションの供給がなされ、繊維系では既存ビルを活用した商業施設が導入されてきている。菓子系でも福祉施設やマンションが入り込んできている（図1）。

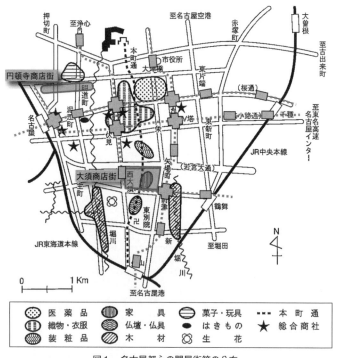

図1　名古屋都心の問屋街等の分布
＊名古屋市「産業の名古屋」2006年版に地下鉄と二つの商店街を加筆

⑤商店街………都心周辺の商店街は交通網の整備や都心部での商業施設の集積状況によって盛衰の波を受けてきた。名古屋で代表的な商店街と言えば、大須商店街と円頓寺商店街である。それらはどのような変貌を遂げてきたのかを整理する。

■大須商店街………大正〜戦前に名古屋随一の繁華街・歓楽街がここに形成された。映画館14〜20館へと増加するほどであった。しかし、戦後は立地環境が「陸の孤島」化し、衰退の一途を辿った。その理由の一つは若宮大通の整備により都心（栄）と分断されたこと、二つに映画産業が斜陽化したこと、三つに市電の撤廃あわせて栄・名駅が商業地として発展したこと、があげられる。しかし、1967年には名城線が、1977年には鶴舞線が開通し、集客のためのアクセスが確保された。1978年から今や恒例の大須大道町人まつりが開催され、一大イベントに成長した。1980年代は秋葉原（東京）、日本橋（大阪）、大須が日本の三大電気街の一つに数えられるようになる。そして今や電気街からサブカル・ファッションの集積商店街へと転換しつつあり、サブカル系店舗は60を超え、フィギア（20店）、トイカ等（11）、メイド喫茶（10）、コスプレショップ（6）、同人誌等（5）、ゲーム、CD・DVD、その他（それぞれ3）が立地している。名古屋の都心は戦災復興事業により、いわゆる横丁や路地をなくしたため、すべてが表通りになり、空間的多様性に欠けているが、ここ大須はアーケードのある主要商店街通り、サブの商店街通り、裏通り、露地といた多様性を担保できるフラクタルな空間を構成し、1200を超える店舗が集積している。それが魅力を創出し、今では平日でも多くの人々で賑わい、日本で有数の繁栄している商店街となっている。

■円頓寺商店街………戦前まで芝居小屋、寄席、映画館等が集積する名古屋の一大歓楽街であった。第二次大戦で焼け出されるものの、すぐさま再建されていった。1955年から円頓寺七夕まつりが始まり、1964年に可動式の本格アーケードが導入された。1960年前後に名古屋駅で地下鉄の整備と併せて地下街が整備され、百貨店が立地し、1970年代初期に市電押切線が廃止されたことを主な理由として、とくに1980年代は客足が遠のく

立地環境が形成され、人通りの少ない商店街となっていった。その後、商店街周辺の環境がかわり、歴史的町並みを残す四間道が注目され、産業技術記念館やノリタケの森などの産業観光施設が2000年前後に開館していった。円頓寺商店街は大須商店街に比べて、店舗の広がりの幅が狭く、回遊する楽しみがない。目下、再興にむけて様々な取り組みがなされている。夏の七夕まつりに対し、秋のパリ祭など集客するために多様なイベントを開催してきている。また地域の若手と外部人材による活動的組織が立ち上がり、それが中心となって魅力ある店舗を積極的に誘致している。

3 ▶ 都心空間の変容と展望

[1] 基本的視点

① これまで

　名古屋城下町の碁盤割を枠組みとして、江戸期は火災を契機に往還（道路インフラ）を拡充してきた。明治以降になると近代都市の実現にむけて、鉄道が整備され、鉄道駅が玄関口となり、あわせて道路が拡充することで、メインストリートが本町通から広小路や大津通へと大きく変化した。そのインフラに誘導されて沿道に金融・商業が集積した。第二次大戦で名古屋都心は焦土と化したが、いち早く戦災復興に取組み、碁盤割をベースに100メートル道路や50メートルの広幅員道路、そして地下鉄等の都市インフラが整備（市電の廃止）されることで、都心空間の変容を加速していった。このようにこれまでは都市インフラ整備に先導されて都心空間が変容するインフラ・オリエンティッドな時代であった。

② これから

　名古屋都心は栄と名駅の2極を構造としていたが、21世紀に入り、JRセントラルタワーズがオープンして以降、集客力は名駅が栄を上回るようになっていった。名駅は広域鉄道網の結節点（JR東海・市営地下鉄・名鉄・近鉄・あおなみ線の乗車客57.8万人／日＜2012＞）であるのに対し、栄駅は名鉄瀬戸線が乗り入れているとはいえ、市内鉄道網の結節エリア（栄・栄町の乗車客12.5万人／日、広義の栄として久屋大通・矢場町を加えても17.4万

人／日 <2011>) である。名駅と栄（広義）ではその指標で 3.3：1 の開きがある。特に最近ではミッドランドスクエア等の魅力ある商業施設が名駅に立地することで、人々が名駅から栄に移動する動機付けが弱くなっている。さらに 2027 年開通を目途にリニア中央新幹線が整備されるが、それに伴い名駅周辺開発が進み、一層名駅のポテンシャルが高まることが予想される（図 2、3）。

③そして　－都心空間の変容力－

名古屋都心については、名古屋駅周辺のリニア中央新幹線関連のインフラ投資以外では、新たなインフラ投資が行われる予定はなく、これまでのようなインフラ・オリエンティッドで都心空間が変容していくことは期待しづらいといえる。

他方で、地域自身による「地域まちづくり」*が数多く展開する時代になってきた。つまり、土地需給が逼迫している時代でなく、土地需要を喚起しながら利用促進する、地域自身のまちづくり力が都心空間の変容を左右する時代となってきている。その動向について、次項で見てみよう。

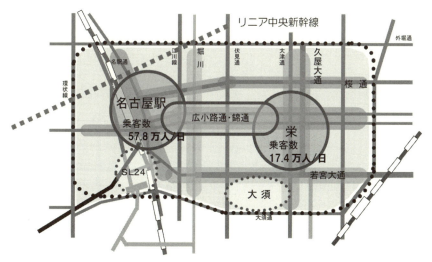

図2　名古屋の都心構造
名古屋市「都心部将来構想」H 16.3 の「めざすべき都心構造」に加筆・修正

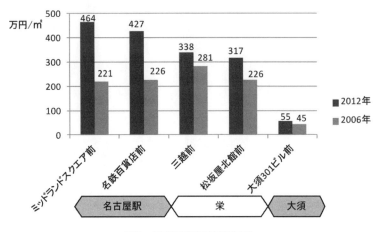

図3　固定資産税路線価の変化

＊「地域における良好な環境や地域の価値を維持・向上させるための、住民・事業主・地権者等による主体的な取り組み」をエリアマネジメントと定義（国土交通省）しているが、ここでは多くの地域関係者が協働しながら地域の総力でまちづくりを進めていくイメージが想起しやすい「地域まちづくり」を使用していく。

[2] 都心と地域まちづくりの展開

　名古屋都心部における地域まちづくりの活動状況を次頁にまとめた。主要な組織をリストアップしたが、数多くの地域まちづくりが展開されていることがわかる（図4、表4）。それらをタイプ分けすると、地域力（土地需要ポテンシャルの高低）とまちづくりの担い手力（事業所・住民のポテンシャルの大小）を2軸とした分類であり、代表的な例を示した（図5）。

図5　地域まちづくり類型の枠組み

名古屋の都心空間の変容と地域まちづくり

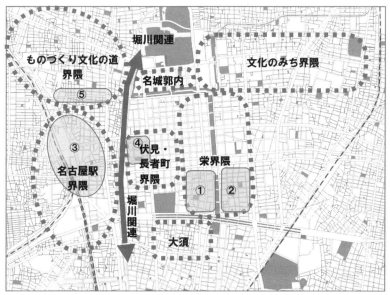

図4　都心部における「地域まちづくり」の取組み状況

表4　主要地域まちづくり団体一覧表

地域	組織	地域	組織
栄界隈	・栄中部を住みよくする会 ① **栄ミナミ地域活性化協議会** ・錦三丁目地区の都市景観を良くする会 ・栄東まちづくりの会 ② **栄4〜5丁目散歩廻** ・久屋大通発展会 ・久屋大通オープンカフェ推進協議会 ・NPO久屋大通コンソーシアム ・NPO久屋エコ・まちネット ・名古屋芸術の杜をみんなでつくる会	堀川関連	・堀川まちづくり協議会 ・堀川1000人調査隊 ・堀川文化を伝える会 ・堀川とまちづくりを考える会 ・NPOゴンドラと堀川水辺を守る会
		「ものづくり文化の道」界隈	・円頓寺商店街連盟 ・西区「ものづくり文化の道」推進協議会 ・四間道・那古野界隈まちづくり協議会 ⑤ **那古野下町衆（ナゴノダナバンク）** ・那古野一丁目まちづくり研究会 ・屋根神フォーラム
名古屋駅界隈	③ **名古屋駅地区街づくり協議会** ・ささしまライブ24まちづくり推進協議会 ・名古屋駅太閤通口まちづくり協議会 ・名古屋駅南地区まちづくり研究会 ・金シャチ商店街	「文化のみち」界隈	・白壁アカデミア ・NPO橦木倶楽部 ・東区まち育ての会 ・東区文化のみちガイドボランティアの会
伏見・長者町界隈	・広小路セントラルエリア活性化協議会 ④ **錦二丁目まちづくり協議会** ・㈲長者町街づくりカンパニー ・NPOまちの縁側育くみ隊	大須・その他	・大須商店街連盟 ・名城郭内処理委員会

＊ゴシック・下線はタイプ別の事例で、①〜⑤は上図の番号と対応している

Ⅰ 需要誘導型大手事業所による地域まちづくり
　例▶名古屋駅地区街づくり協議会（2008.3〜）
Ⅱ 地域活性化型地域事業者による地域まちづくり
　例▶錦二丁目まちづくり協議会（2004.3〜）
　例▶栄ミナミ地域活性化協議会（2007.2〜）
Ⅲ 需要掘起こし型地域協働による地域まちづくり
　例▶那古野下町衆（2007.3〜）
　例▶栄4〜5丁目散歩廻（2006.〜）

[3] 需要誘導型大手事業所による地域まちづくりタイプ
　これは都市インフラの整備に伴い都市開発需要圧がある地域で、その圧力を上手くコントロールすることによって良好な都心空間を誘導・形成していくタイプである。名古屋都心では唯一名古屋駅界隈がこのタイプに該当する。
　名古屋駅周辺では、2000年頃からいくつかの超高層ビルが建築されてきたが、2027年開通目標のリニア中央新幹線の整備が行われるため、さらに多くの超高層ビル群が建設されることが予想される。
■名古屋駅地区街づくり協議会は2008年3月に設立され、構成メンバーは地域内でビル等を所有する地権者企業、または比較的規模の大きいテナントなど、現在51社（2014年10月現在）を正会員として活動している。すでに名古屋駅周辺には商業振興を図る団体（名古屋駅地区振興会）はあったが、大きく変貌を遂げてきている名駅の将来像を明らかにし、開発を誘導する街づくりガイドラインを策定（2011年4月策定、2014年10月改訂）することで、都心（空間）機能のレベルアップや特色のある良好な景観の形成、環境負荷の軽減などを計画的に実現しようとするものである。現在も超高層ビルが3棟建設中であり、後述するようにリニア中央新幹線のインパクトによって開発圧力が一層高くなると予想される。このエリアは、今後も都市インフラ（リニア）整備の影響を受けて都心空間が大きく変容していくが、その圧力をガイドラインに沿ってうまく誘導する地域まちづくりの組織力が求められている（図6）。

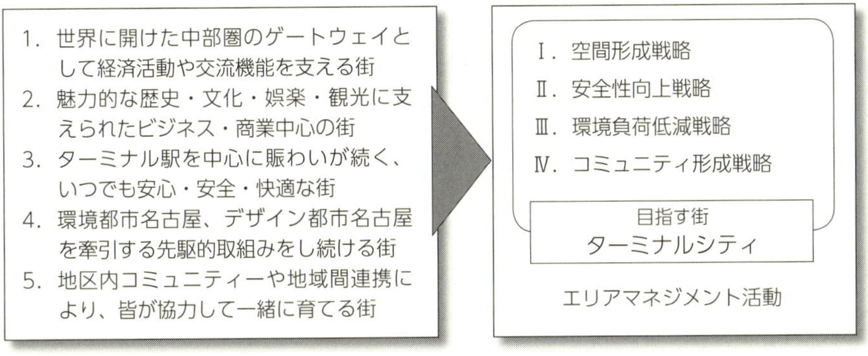

```
┌─────────────────────────────────┐    ┌─────────────────────────────┐
│ 1. 世界に開けた中部圏のゲートウェイと  │    │  Ⅰ．空間形成戦略           │
│    して経済活動や交流機能を支える街    │    │  Ⅱ．安全性向上戦略         │
│ 2. 魅力的な歴史・文化・娯楽・観光に支  │ ▶  │  Ⅲ．環境負荷低減戦略       │
│    えられたビジネス・商業中心の街      │    │  Ⅳ．コミュニティ形成戦略   │
│ 3. ターミナル駅を中心に賑わいが続く、  │    │ ┌─────────────────────┐   │
│    いつでも安心・安全・快適な街        │    │ │    目指す街         │   │
│ 4. 環境都市名古屋、デザイン都市名古屋  │    │ │  ターミナルシティ   │   │
│    を牽引する先駆的取組みをし続ける街  │    │ └─────────────────────┘   │
│ 5. 地区内コミュニティーや地域間連携に  │    │   エリアマネジメント活動  │
│    より、皆が協力して一緒に育てる街    │    │                             │
└─────────────────────────────────┘    └─────────────────────────────┘
```

図6　街の将来像2025と実現のための4つの戦略
＊名古屋駅地区街づくりガイドライン2014

[4] 地域活性化型地域事業者による地域まちづくりタイプ

　これは開発需要がさほど強くはなく、活性化を図ることが課題となっている地域で、ビル所有者や事業経営者を中心に、地域関係者と協働しながら多様なイベントを開催することで集客力を高め、建替え等の開発需要や新規テナント誘致を喚起するタイプである。都市インフラの整備は完了しているが、そのインフラの利活用を図る地域経営力を発揮しているタイプである。

　代表例として、錦二丁目まちづくり協議会（2004.3～）と栄ミナミ地域活性化協議会（2007.2～）を取り上げる。

■錦二丁目まちづくり協議会は繊維問屋街（長者町繊維街）を形成する都心内16街区（4×4）で構成される地域で活動している。問屋の廃業やビルの老朽化・空室化、コインパーキング化が進み、その歯止めと地域活性化が課題となっている。2000年にシャッターペイントとクリエイターのフリーマーケット等の長者町50年祭でまちに活気を呼び起こし、さらに2002～2005年には問屋ビルの空室対策として主に商業テナントを入居させて、1棟単位でマネジメントする「えびすビル」をPART1からPART3まで供給した（供給にあたり関係者で有限会社を設立）。2010年、2013年は芸術祭である「あいちトリエンナーレ」の会場となった。2011年には2030

年を目指した「まちづくり構想」を発表し、3つのまちづくり方針のもとで7つのプロジェクト（2014年時点）を掲げ、着実に実績を積み上げている（表5）。NPOや大学研究室、民間コンサルタントなど外部の知識と人的パワーを上手く取り込みながら、自らの力で活性化していくプロセスは、地域まちづくりの一つのモデルになっている。

表5 「まちづくり構想」の方針とプロジェクト

3つのまちづくり方針
①にぎわい元気経済　②くらし安心居住　③つながり共生文化

7つのプロジェクト（2014年時点）
▶ 公共空間デザインプロジェクト－長者町の再整備プランづくり
▶ 都市の木質化プロジェクト－おもてなしベンチやストリートウッドデッキ
▶ 長者町家プロジェクト－シェアハウスによる定住人口の増加
▶ 耐震プロジェクト（新設）－地区全体の耐震性の強化
▶ 低炭素地区会議－環境にやさしいまちづくり
▶ 産業振興プロジェクト－マルシェや観光など新しい産業の育成
▶ アートとまちの融合－あいちトリエンナーレを契機としたまちづくり活動

■栄ミナミ地域活性化協議会は、代表的な繁華街の一つである栄住吉地区にあり、1970年代後半ごろの悪質な客引き、ぼったくりバー、不法駐車といった環境悪化に対して治安改善活動を行う町内連合会「栄中部を住みよくする会」を核として、名古屋駅前で集積してきている高層ビル群による栄の地盤沈下に対処するため、2007年に生まれた組織である。町内会と商店街・発展会を構成メンバーとするこの協議会では、「歩いて楽しい栄ミナミ」のまちづくりを展開している。1996年に地域シンボルとなる複合商業施設ナディアパークが地域中心に建設され、南に隣接する矢場公園と一体的に活用することで、春夏秋冬のイベントを実施している。春は音楽祭（2007～）、夏は盆踊り（2008～）、秋の名古屋メシの祭典NAGO-1グランプリ（2011～）、冬のスケートリンク「ナゴリン」（2009～）、南大津通りではウィンターイルミネーション（2003～）がそれである。また、27年ぶりに歩行者天国（2011～）を南大津通りで再開した。

この組織は協議し提案した内容を、補助金に頼らず実践するノウハウとパワーを持っている。イベントを通じた集客力の向上は栄ミナミ全体の商業ポテンシャルを高め、ビルの建て替えやリニューアル、テナントの入れ替えを促し、活性化に貢献している。イベント・オリエンティッドな地域経営力が都心空間に変化をもたらしている。

[5] 需要掘起こし型地域協働による地域まちづくりタイプ
　これはテナント需要が強くはなく、地域の衰退に歯止めをかけ、さらに活性化を図ることが課題となっている地域で、地域と信頼関係を築いてきた主体が、建物オーナーと新規テナントを結びつける役割を担い、きめ細かな対応によって空き店舗を埋めながら、地域の特色づけを行うタイプである。ここでは地元の目と地元外の目の複眼的視点でアプローチしているところが重要である。代表例として、那古野下町衆（2007.3〜）と栄4〜5丁目散歩廻（2006.〜）を取り上げる。

■那古野下町衆は、衰退していた円頓寺商店街界隈（那古野界隈）にあって、商店街関係者と外部の事業体（設計事務所やまちづくりコンサルタント等）を構成メンバーとし、イベントの企画運営および誘致や空き店舗対策、マップの作成や情報発信を積極的に行っている組織である。提言するだけでなく、それを実践することを特徴とした部隊でもある。那古野地区の空き店舗に対して、需要者と供給者の求めに応じてマッチングして、条件等を合意形成にもっていく「ナゴノダナバンク」がこの組織のもとで活動している。家主はテナント誘致の素人であり、賃貸しにあたっては不安が大きいため、また多くは店舗の2階に居住しているため（店舗を通って出入りするケースが多い）、空き店舗のまま放置されることが多い。「ナゴノダナバンク」は家主の貸与条件と店子の賃借条件を第三者の立場で上手く調整して、入居させる役割を担う。家主と店子の双方からの信頼関係があり、また双方の納得があって初めて実現できる。2010年から今日（2014年10月）まで地域活性化に貢献する13店舗をオープンさせている。地域へのきめ細かな対応が地域を徐々に変えていく力となっている（図7）。

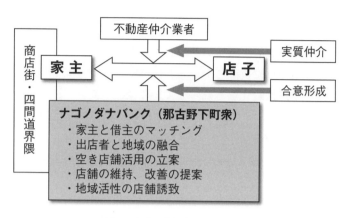

図7 ナゴノダナバンクの仕組み

■栄4～5丁目散歩廻は、商業（ファッション等物販や飲食等）・事務所・居住の機能が複合し、新店と老舗が混合する地域にあって、店舗オーナーやスタッフ、ここを拠点にしながら活動を続けるアーティスト、利用者などによって構成される、地縁的側面と目標共有的側面の両面を併せ持つ組織である。いわゆる繁華街から少し外れた下町的雰囲気のある場で、そこに目的的に集まる人々を組織している。構成員のプラットフォームとしてブログによる情報発信や店舗紹介マップづくり、清掃活動を行っている。その中心的リーダーは活動を通じて地域関係者（町内会や商業者、ビルオーナー）の信頼を得、また、ファッションや飲食の出店希望者からの相談も多く、地域内の空き物件の情報と地域外の出店希望の情報をマッチングして、アートテイストの強いテナントを集積させてきている。ここには従来の町内会やまちづくり団体もあり、それらと連携しながら特色あるテナント誘致を通じた需要掘り起こしを展開している。歴史ある下町と若いクリエイターがうまく融合して、創造に満ちたまちづくりが期待される。

4 ▶ まとめ

　これまで都市インフラの整備が都心空間を変容させる原動力であったが、リニア中央新幹線整備のインパクトを直接受ける名古屋駅周辺を除いて、インフラ整備はほぼ終息している。地域における需要圧をコントロールする時代から既存ストックを活かして需要を創出する時代に変わってきている。地域は多種多様であり、地域の立地条件や土地利用条件のもつポテンシャルに合わせて、地域実情に詳しい主体が、きめ細かくまちづくりを進めていくことで、都心空間が変容していく時代となろう。

　ここでは、今後の都心空間の変容タイプを3つに分け整理した。

①リニアインパクトを直接受ける地域では、商業・業務等の需要が膨らみ、そのポテンシャルを地域実情に合わせて誘導し、負の遺産を解消しながら新しい都心空間を形成していく

②多くの都心地域では、名古屋駅と比較して相対的に地盤沈下するため、都市機能の更新が期待され、テーマ性のあるイベントやプロジェクトを展開することで、情報発信力と集客力を高めながら地域を変えていく

③空き店舗等が目立ち、このままでは衰退していく地域では、地域実情に応じたきめ細かな対応を図ることで、特色あるテナントを誘致し、地域ポテンシャルを高めて活性化していく

　そこでは地域の実情をよく知った多様な主体が地域ポテンシャルを高めながら、まちづくりを推進していくことになろう。都心空間をつくり変えていく地域主体の「まちづくり力」をより強化するためには、地元関係者だけでなく地域にしがらみのない外部人材との連携、および公共空間の活用を図るために行政との連携が不可欠である。

　少子高齢化が進みながら人口減少していくこれからの社会では、コンパクトシティの実現や歴史観光等の新しい産業育成、さらには南海トラフ地震等にむけた減災福祉まちづくりが都心空間に求められることになるであろう。

（井澤　知旦）

消費者マインドからみた
中核都市の中心商業の価値と課題

1 ▶ 消費者は価値あるものを求める

　かつての中心市街地は、「まちにお出かけする」こと自体に価値があったので、物販やレジャー施設などが集積していれば、ある程度の集客が可能であった。

　時代は変わり、満ち足りた生活の中で、消費者は、必要なもの、自分にとって価値があるものしか買わないようになり、全体的な消費意欲が減退してきた。さらに、お出かけ場所の選択も大きく広がったので、お出かけ先に明確な価値を感じないと出かける動機が生まれにくくなってきた。消費者は、万人向けの場所でなく自分向きの場所を求めるので明確な価値化をしていない中心商業から遠ざかっていった。

　中部の代表的な中心商業地である栄地区も、名古屋駅地区に押され気味ではあるものの勢いがあまり衰えていないが、その例外ではなく、人口減少時代に突入してマーケットが縮小する中で、新たな取り組みをしていかないと一気に衰退する可能性がある。

　名古屋に大型ショッピングモールが出店しはじめた頃、ある業務のインタビューで2歳の子を持つ30代の母親がモールについて「私たちの小さな栄」と表現していたことが強烈な印象として残っている。彼女たちは、モールについて「家の近くにあり駐車場が整備されているので気軽に出かけられる」「通路が広く専門店が多数あるのでベビーカーを引きながらウィンドウショッピングができる」「小さい子どもとレストランやフードコートで安心して食事ができる」という点で支持していた。

　ショッピングモールの出現は、小さな子どもをもつ母親が栄地区には気軽

に出かけることができないという不満を解消させた。ただし、当時の彼女たちにとってのモールは、あくまで栄の代用という意識であった。それが最近では、物販面では栄の代用ではなくなり「お気に入りのお店がある」「自分向きの買い物場所」といった明確な支持でモールを利用している。物販のショップ揃えをみると、かつては中心商業でしかみられなかった専門店がモールにも積極的に出店している。物販面では中心商業が差別化できないので、中心市街地に来街する動機が弱まっている状況になっている。

"まちのかお"である中心商業の魅力度低下は、まち自体の魅力度低下につながる。地方都市ではその現象が顕著に表れており、栄地区も例外ではない。

ここでは、最新の消費者マインドをリサーチし、栄地区を例にとって、消費者視点からの中心商業の課題を捉えて、中心商業の今後の方向性を考察する。

2 ► リサーチ概要

アンケートは栄地区とショッピングモールを対照させた内容として、対象を名古屋市在住の既婚女性に絞って実施した。

【リサーチ概要】
調査方法：インターネット調査（マクロミルモニタを使用）
調査対象：名古屋市内在住の20歳から69歳の既婚女性
調査時期：2014年6月
回収数： 208サンプル
　　　　年代別回収数は予め均等になるように回収した。

表1　アンケート：年代ごとの回収数

合計	20・30代	40代	50代	60代
208	52	52	52	52

【標本構成】

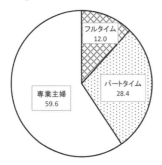

図1　アンケート対象：就業状況 N＝208　　図2　アンケート対象：世帯年収 N＝208

　今回実施したアンケートの標本構成は、インターネットアンケートのモニター特性でもあるが、就業率が低く、世帯年収が高い傾向がみられる。

3 ▶ 物販面での栄の魅力

　栄地区とショッピングモールの支持理由について、栄地区の評価をアンケート対象者全員（208サンプル）、ショッピングモールの評価をモールに行く習慣がある人178サンプルに絞った結果でマインドを比較した。

　まず、「さまざまなショップがあり楽しい」というテナント揃えの評価をみると、栄では「とても当てはまる」が33％で「モール」を上回っているが、「まあ当てはまる」まで含めた肯定的な評価は、栄とモールの差がほとんどない。

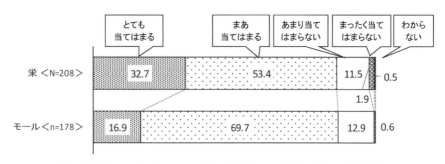

図3　栄とショッピングモールの「さまざまなショップがあり楽しい」回答結果

次に、「お気に入りのショップがある」は、栄で「とても当てはまる」が21％とモールを上回っているが、「まあ当てはまる」まで含めた肯定的な評価はモールの方が高い。

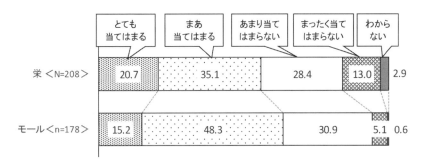

図4　栄とショッピングモールの「お気に入りのショップがある」回答結果

「ほしいものを探すときに十分に満たされる」は、栄で「とても当てはまる」が15％とモールを上回っているが、「まあ当てはまる」まで含めた肯定的な評価は、モールの方が高い。この3点からみると、物販面における栄の優位性はみられない。

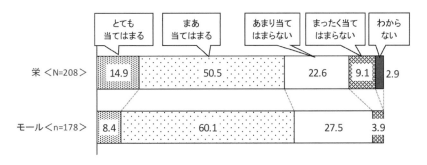

図5　栄とショッピングモールの「ほしいものを探すときに十分に満たされる」回答結果

週末、栄では「H＆M」「ＧＡＰ」「ユニクロ」といったファストファッションのショッピングバッグを手にする人が多くみられる。下図で示したアンケート結果でもみられるように、今やファストファッションはどの年代層からも支持されている。

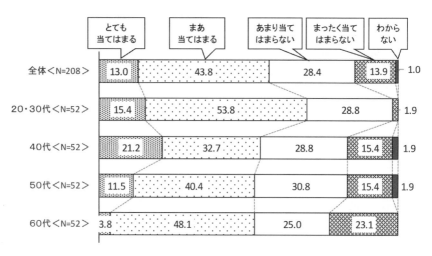

図6　「H＆Mやユニクロなどのファストファッションを利用している」年代別結果

　勢いづく海外ファストファッションの出店状況をみると、売上世界第二位の「H＆M」は2012年4月に松坂屋名古屋店にオープンさせた後、「イオンモール熱田」「イオンモール名古屋茶屋」に出店した。世界第一位のスペインの「ＺＡＲＡ」は、2013年に名古屋店がオープンした後に、「モゾワンダーランド」や「イオンモールナゴヤドーム前」に出店し、また、セカンドブランドである「ストラディバリウス」が「イオンモール大高」に出店した。いち早く進出していた世界第3位の「ＧＡＰ」も、セカンドブランドである「オールドネイビー」とともに、栄にもモールにも出店している。
　一方、国内のファストファッションの雄である「ユニクロ」は、かつては郊外への出店が中心であったが、栄、モールともに出店。その他、「ライトオン」

「無印良品」などの国内の有力チェーンストアも、同様に栄とモールのどちらにも出店している。

物販面で栄に優位性があるのは、「ルイ・ヴィトン」「グッチ」といったプレミアムブランドが存在している程度で、栄の物販面での魅力はモールの出店によって明らかに弱まっている。

アンケートの中で、50代女性は「車で少し行けば同じブランドのものが手に入るので、最近はわざわざ栄に出かけなくてもいい」と回答しており、栄の物販面での位置づけは、この回答に集約されている。

4 ▶ ショッピングモールと比較した栄の強み

ショッピングモールの出店により、栄の優位性が見出しにくい状況で、栄について支持が高いものは、「名古屋らしさを感じる」「最新のスタイル・流行を感じる」「魅力的なディスプレイが多い」である。

「名古屋らしさ」つまりローカルイメージは、地下街や久屋大通、テレビ塔といったロケーションなどの漠然とした空気感が一つの要因として挙げられよう。

「名古屋らしさ」を栄の強みとして確立していくためには、「自分が住むまちにこの場所（栄）があることを誇りに感じる」印象を高めていく必要がある。名古屋市民の名古屋に対する愛着は強いので、市民が誇りに思えるイメージを具体化する取り組みが現状では不足しているといえよう。

「最新のスタイル・流行を感じる」といったイメージは、百貨店やプレミアムブランドを中心とした「魅力的なディスプレイが多い」ということが一つの要因として挙げられる。

ディスプレイは、店前を通る人から注目されるために流行のスタイルやカラーを配して他の店との違いを表現するものであり、各店で力を入れている。価格訴求が強くなる傾向が強いモールの専門店のディスプレイに対して、栄地区のディスプレイはＶＭＤ（ビジュアルマーチャンダイジング）の理に適ったものが多いので、流行をより感じやすくなっている。

また、栄の印象を「おしゃれをして買い物に行くところ」（60代女性）、「少

中部の都市を探る ―その軌跡と明日へのまなざし―

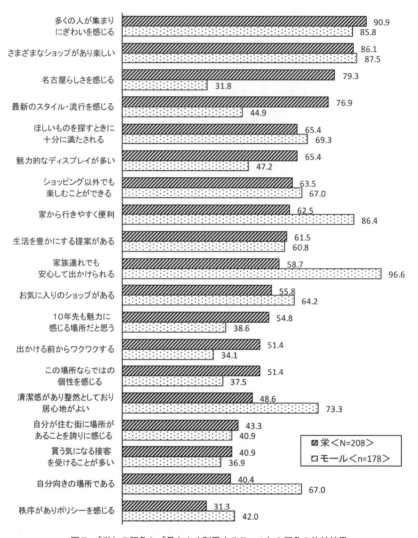

図7 「栄」の印象と「最もよく利用するモール」の印象の比較結果

しおしゃれをして歩きたい場所」(50代女性)と回答しており、まちを歩く人がおしゃれをして、おしゃれをしている人を見ることができることも「最新のスタイル・流行を感じる」の大きな要因である。

「ファッション性」を強みとして確立していくためには、最新のスタイルを感じ、来街者が競っておしゃれをして出かけたくなるようなまちのイメージづくりが必要である。間違っても、普段着でも出かけやすい雰囲気をつくっていくべきではない。

モールとの比較視点での栄の強みは、ローカル性とファッション性(情報発信)のみとなり、結果として、栄への来街頻度は低下している。もちろん、低下の要因は、名古屋駅地区の隆盛、消費の低迷などの要因もあるが、モール出店の影響は大きい。

5 ▶ ショッピングモールと比較した栄の弱み

栄とモールの支持要因を比較して、栄の支持が低いのは「家から行きやすく便利」「家族連れでも安心して出かけられる」「清潔感があり整然としてお

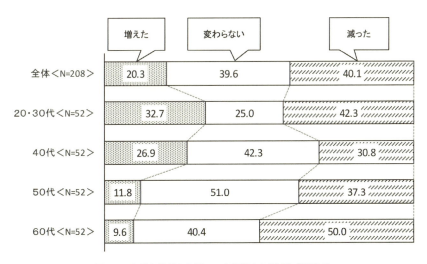

図8　5年前と比較した栄への来街頻度の増減年代別結果

中部の都市を探る ―その軌跡と明日へのまなざし―

り居心地がよい」である。

「家から行きやすく便利」は立地の問題なので、どうにもならないが、距離の遠さというハードルを上回る魅力があれば、集客に結びつく。

「家族連れでも安心して出かけられる」や「清潔感があり整然としており居心地がよい」の肯定的評価は、年代が低い層ほど低い。具体的には「子どもが生まれてから行きづらくなった」(30代女性)、「にぎやかなところだが、子どもを連れて行きたくない」(30代女性)という回答がみられ、小さい子どもを連れては行きにくいまちになっている。また、「古い建物が多く、雑多で清潔感があまりない」(60代女性)、「買い物する場所だが、夜は出歩きたくない」(30代女性)といった居心地の悪さも指摘されている。

まちに出ることの喜びを幼児体験でもつことが大人になってからの行動に影響を及ぼすこともあるので、まちの集客を将来に向けて持続させていくために、子ども連れでも安心して出かけられると母親が感じるような取り組みが必要である。

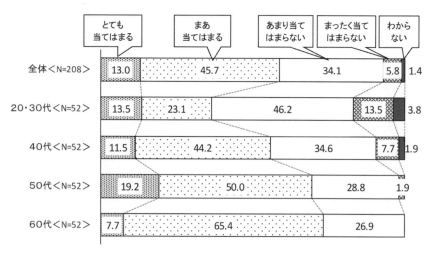

図9　栄についての「家族連れでも安心して出かけられる」年代別結果

最近は、雑然・猥雑といった面も中心市街地では求められる時代もあったが、まちに安全性や快適性が求められる。したがって、取り組みは、倫理観や秩序正しいといった「エシカル」がキーワードになってくる。

6 ▶ 生活意識におけるニーズへの栄の対応

既婚女性の生活意識の中では、「自然環境と共生する生活を求めている」の肯定的支持（とても当てはまる＋まあ当てはまる）が57％に達しており、自然の中で癒されて生活したいというニーズが強くみられる。

栄の印象の中には、「緑も多くてなかなか良いまち」（40代女性）、「緑豊かな公園や美術館などホッとできる場所が多い」（50代女性）という回答がみられ、栄は自然の中で癒されて生活したいというニーズにある程度対応できており、緑の存在は栄の大きな強みであるといえよう。

久屋大通にある緑を背景としてテレビ塔やラシックなどの施設を眺めると、栄ならではの象徴的な光景を感じる。これは、ショッピングモールや名古屋駅地区では味わえない栄の固有性ある価値である。

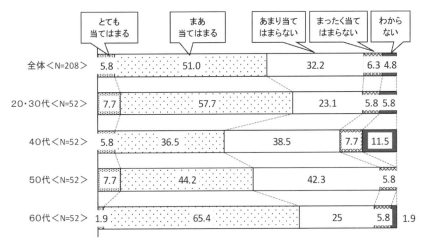

図10 「自然環境と共生する生活を求めている」年代別結果

一方で、雑多な空間といったネガティブな印象も強いので、こういった緑豊かな空間を活かしきっていないのも事実である。この緑多き場を安心して過ごせる憩いの場とするソフト面での取り組みが望まれる。

「文化・歴史に関心がある」は、肯定的支持が51％を占めており、具体的には「愛知芸創センターや中日劇場で文化鑑賞ができる遊び場」(60代女性)、「美術館や音楽ホールといった文化施設のあるところ」(60代女性)、「美術館や科学館、白川公園など小さい子どもを連れても楽しめるところ」(20代女性) といった印象がみられる。

栄には、「愛知県芸術文化センター」「名古屋市美術館」「松坂屋美術館」「名古屋市科学館」「中日劇場」などの多彩なミュージアム・劇場などがあり、文化施設の存在も消費者のニーズに適った栄の大きな強みである。

「お祭りやイベントに出かけるのが好き」は、肯定的支持が57％と高く、低い年代層ほど支持率が高い。

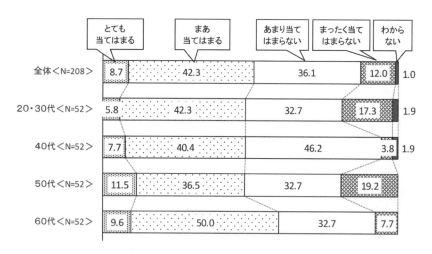

図11 「文化・歴史に関心がある」年代別結果

栄地区におけるイベントは、若者、ファミリー、シニアなど、さまざまな層が魅力に感じる内容で実施され、「久屋大通」「オアシス21」「栄南地区」などの各所で、毎週末に行われている。また、「名古屋まつり」「にっぽんど真ん中祭り」などの大規模な祭りの拠点でもあり、栄≒イベントが盛んというイメージが定着化している。
　ただし、お祭りやイベントは、まとまって情報が発信されていないので、一部のスポット的な効果にとどまっている。お祭りやイベントによって、栄地区全体の回遊を強化させ、集客さらに消費に寄与するような取り組みが望まれる。

7 ► 中心商業の価値と課題

　名古屋市は「栄地区グランドビジョン ～さかえ魅力向上方針」(平成26年)において、栄の将来像を次のように示している。
　① 世界都市にふさわしい商業・文化・娯楽が集積した活力あるまち
　② 豊かな公共空間を活用したにぎわいと憩が提供されるまち
　③ 昼も夜も人々を惹きつける魅力的な都市景観のあるまち
　④ 安全かつ便利で快適に過ごせるまち
　このビジョンは、公共空間の再生、民間再開発の促進、界隈性の充実を方針として、ハード面や仕組みづくりなどが今後進められる計画である。
　昨今の消費者の求める価値は多様化し、それぞれが持つ価値志向にマッチしないと出かける動機にはつながらない。さらに、消費者が求める価値は高度化しており、商品・サービス、あるいはまちについて、そのものが持つ表面的あるいは物理的な価値とは別に、その商品・サービス・まちに係わる体験全般を通じて提供可能なロイヤリティを高める価値、つまり、顧客経験価値を求めるようになってきた。
　したがって、価値提供は、単発的な接点だけでなく、継続的に消費者と係りを持つことが重要となっている。
　言い換えると、顧客経験価値の提供は、まち全体のおもてなし向上、あるいは、交流促進によって消費者との関係性を維持していくべきである。各企

業・団体は、顧客との関係性を維持するために、人的対応やVMDなどのリアルな面を強化させるとともに、ICT技術を駆使して顧客との接点を無限大に広げるオムニチャネルにも取り組み始めている。

こういった、個々の取り組みにより、今後、栄への来街動機はある程度促されるであろう。ただし、個々の取り組みに止まるので、まち全体でみると、単発的、ピンポイント的なものに過ぎない。

「商業の集積」では差別化ができない状況で、栄の価値は、「ローカル色が強い」「ファッションの情報発信力がある」「緑豊かで癒しがある」「文化的な体験ができる」といったものが挙げられる。ただし、これらの価値をまち全体では活かしきっていない。まとまった情報化もされていない。したがって、消費者マインドの中での栄の価値は漠然としており、強みが一体化した固有性あるものとなっていない。

情報面では、スマートフォンの浸透により、いつでも・どこでもインターネットにつながるネット社会となっている。チャネル・メディアがクロスし

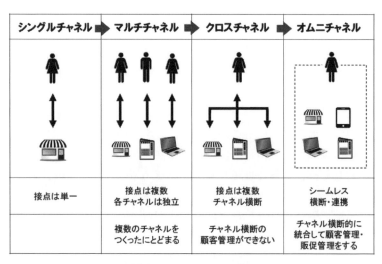

図12　消費者とのチャネルのあり方のパターン

てリアルとバーチャルの壁がなくなり情報量が膨大なので、すべての接点において、価値を明確化して、統一した表現・アイコンでわかりやすく展開させないと伝えたい価値は消費者に届かない。

現状は、栄に関するショッピング・ファッション・イベント・ミュージアムなどの情報が一括になっているインターネット上のサイトはなく、栄の今をネット上で簡単に探し出すことはできない。

したがって、まち全体で価値を情報化にして、商業集積に公園・イベント・文化施設をつなぎ合わせて、継続的に消費者と関係性を維持させていき、来街の動機をつくっていくべきである。まさに、まち全体のブランディング（価値化）の必要性に迫られている。

価値化とその情報化は、栄と係る事業所・市民・行政・団体が一体となって取り組むべきあり、そのためのプラットフォームが必要である。

情報量が膨大になり、その情報量に埋没させないために、価値化と情報化に当たっては、わかりやすさと共感性が求められる。

例えば、ローカル色の強化の具現化については、現在、取り組まれている「なごやめし博覧会」のまちをあげての取り組みはもちろんのこと、

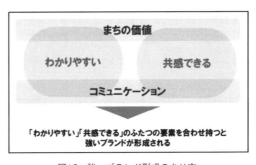

図13　強いブランド形成のあり方

中部地区の代表的な商業地として、現在も各所で小規模に行なわれている中部地区の食材販売を一堂に集めたマーケットプレイスをつくることも有効であろう。

ファッション発信力の強化については、大津通沿線のディスプレイを一定のレールで規則化させるとともにネット上でも一体となって情報を発信していき、名物化していく。

公園や文化施設やイベントは、駅やバス停、主要な駐車場で、今、何が行

われているか一目でわかり、会場までの歩行動線もカラーリングしていく。さらに、駅などで発信するリアルな情報と同じ表現でネット上でも情報発信する。

こういったわかりやすい取り組みが消費者に共感をもたれ、来街の動機づけにつながる。

名古屋駅地区は、今後、超高層ビルの完成やリニア新幹線の開通によりオフィスがますます集中していき、商業地としても発展するポテンシャルをもっている。一方で、名古屋経済の独立性を保つために栄地区の衰退は避けなければならない。

「日常を忘れて、若い頃に帰れるところ」(50代女性)、「ワクワクできる場所」(40代女性)、「楽しくてわくわくする場所」(30代女性)といった期待を将来に向けて継続できるように、まちが一丸となったブランディンへの取り組みが望まれる。

(児玉 浩嗣)

市民参加型の祭りと大衆文化

　祭りは街に賑わいをもたらすとともに、しばしばまちづくりにきっかけを与えてくれる。名古屋でも市民参加型の新しい祭りがまちに華やかさと楽しみをもたらしている。

　名古屋の街なかを舞台に毎年8月下旬に行われている市民参加型の踊りの祭典が「にっぽんど真ん中祭り」（通称どまつり）である。これは、北海道で始まった、いわゆるYOSAKOIソーラン系の祭りである。名古屋の学生たちが札幌で開催されたYOSAKOIソーラン祭りに参加し、「この感動を名古屋からも発信したい」との思いから、学生による実行委員会を組織して1999年に開催したのが始まりである。

どまつりの久屋大通公園メインステージ

　2014年で16回目を迎え、ここ数年、約200チーム23,000人が参加し、3日間の来場者数は約200万人にも上る、真夏の名古屋を代表する一大イベントにまで成長している。参加チームそれぞれが、ご当地の伝統・文化を取り入れた音

華やかな衣装でリズミカルに踊る

楽に合わせ、華やかな衣装を身につけてリズミカルな踊りを披露する。

　このどまつりの原型であるYOSAKOIソーラン祭りは、愛知県春日井市で生まれ育った若者が、「北半球でもリオのカーニバルに匹敵するような賑やかな祭りを開催し、北海道の地域振興を図りたい」との思いから、仲間の学生を集めて始めたものである。母親の生まれ故郷である北海道の大学に在籍していた時に、母親の病気見舞いのために兄の在籍する高知の大学病院を訪れ、その際に見たよさこい祭りに感動を覚え、これと北海道のソーラン節を融合させて生まれたのがYOSAKOIソーラン祭りである。偶然とは言えない何かを感じる。

　もう一つ、2003年から毎年夏に名古屋で開催されているイベントが「世界コスプ

レサミット」(WCS) である。世界コスプレ・チャンピオンシップへ出場するため、世界中のコスプレイヤーが聖地日本（名古屋）に集まってくる。各国の代表は、日本のアニメ、マンガ、ゲーム等のコスプレ姿でパフォーマンスを披露する。名古屋市内の目抜き通りでのレッドカーペット・パレード等さまざまな行事が行われる。12回目となる2014年の世界コスプレ・チャンピオンシップには、日本を含む世界22の国や地域での予選を勝ち抜いた代表が参加した。大会の運営に関しては、2013年度から大学生を中心としたボランティア団体である「WCSおもてなし学生実行委員会」を組織し、海外からのコスプレイヤーの招致や期間中に来日する各国・地域のコスプレイヤーのおもてなしを行っている。

　近年世界的に人気が高まっているコスプレは、日本発のポップカルチャーとしてさまざまな国の若者たちをはじめ、多くの人々の日本への関心と理解を深め、国際交流に参画するきっかけを与えてくれる。そうした中で、この世界コスプレサミットは日本のアニメ、マンガ、ゲーム等を介して日本発の若者文化による国際交流の創造に寄与することを目的に開催されている。

　当初は、テレビ愛知制作の「MANGAは世界の共通語」という番組の中で、イタリア、ドイツ、フランスから5名のゲストコスプレイヤーを誘致したことが始まりである。現在では、外務省の他、愛知県、名古屋市、中日新聞社等が共催している。

　日本はコスプレに代表されるポップカルチャーの世界最大の発信地であり、コスプレの聖地である。世界の企業は、海外進出のきっかけづくりや、海外での自社ブランドのPRなどにこのポップカルチャーが大きな役割を果たすものとして期待を寄せている。名古屋がこの世界的な動きを受け止め、名実ともにコスプレイヤーの聖地となるためには、古くて新しい大衆文化を見直していくことも必要であろう。

　名古屋の大衆文化の中心といえば大須である。大須商店街は、現在、名古屋で最も賑わいの見られる場所の一つである。パソコンのまちから若者ファッションのまちへと、大須商店街は時代とともに変化を遂げてきた。最近では、OSUというご当地アイドルグループが結成され、大須商店街を盛り上げている。新しさと古さが共存し、混沌としたごった煮のまちが、このまちの魅力である。さらに、ブラジル、台湾、韓国などの外国料理の飲食店も増え、外国人が訪れる数も増加している。世界コスプレサミットもこの大衆文化の聖地から出発したのである。

（大塚俊幸）

昇龍道プロジェクト
―能登半島を龍の頭に見立てた中部北陸の観光エリア―

1．昇龍道プロジェクトとは

　昇龍道プロジェクト推進協議会が、中部北陸9県の自治体、団体、事業者等を構成員として、平成24年3月に立ち上がった。事務局は、国土交通省中部運輸局企画観光部、同北陸信越運輸局企画観光部及び中部広域観光推進協議会が共同して務めている。ここで「昇龍道」とは、中部北陸9県(愛知、静岡、岐阜、三重、福井、石川、富山、長野、滋賀の各県)のエリアを総称する名称である。同協議会は、主に中華圏から中部北陸9県へのインバウンド(外国人旅行客の誘致)を推進するための課題、すなわち、魅力的な観光資源が凝縮している中部北陸圏の海外へのプロモーション、中部北陸圏によるおもてなしの心と受入環境のレベルアップについて、関係者が、効果的に、かつ、一体感を持って自主的に取り組むための組織である。

　また、2020年オリンピックの東京開催決定は、「外国人宿泊者数を平成26年末までに400万人泊へと倍増させる」という目標を確実に達成し、さらに高みを目指す昇龍道プロジェクトにとって強力な追い風となる。

昇龍道のロゴマーク
(国土交通省中部運輸局WEBより)

2．官民と地域の連携による組織づくり

　協議会の構成員は、19の国の機関(国土交通省、経済産業省、農林水産省、総務省、財務省、環境省の各地方ブロック局等)、93の自治体、58の経済団体(商工会議所などと金融機関)、100の観光団体、171のホテル・旅館関連(団体含む)、53の旅行業者、11の航空会社(国内外)、2の空港関連(会社と団体)、39の鉄軌道・索道関連(会社と団体)、49のバス関連(会社と団体)、54のタクシー関連(会社と団体)、

11のレンタカー関連(会社と団体)、27の船舶関連(会社と団体)、2の高速道路関連、9の百貨店・流通関連、4のクレジットカード会社、16の報道機関、22の広告会社、観光施設・その他として566の企業・団体などの総勢1306団体(平成26年10月末時点)が会員として名前を連ねている。観光、交通、流通関係者のみならず、9県の地域経済の核となる団体が多数含まれている。

3. アクションプラン

平成25年9月に5つの重点項目からなるアクションプランが策定された。

【重点1】受入環境水準の向上等
(1)「昇龍道春夏秋冬百選」に選定された観光資源へのインセンティブの付与等、(2)「昇龍道ウェルカムカード」のバージョンアップ、(3) Wi-Fi環境整備の推進、(4) 多言語化の推進、(5) 交通利便性の強化、(6) ムスリム旅行者への対応、(7) 受入拠点整備、(8) 北陸新幹線金沢延伸を活用した昇龍道の新たな展開、(9) 昇龍道の空港へのエアラインの誘致と連携、(10) 昇龍道への外航クルーズ船の誘致、(11) 名古屋の知名度向上(グルメ、ショッピングなど)

【重点2】一貫したプロモーション
(1) 有力な海外メディアへのアプローチ、(2) 効果的な現地旅行博への出展や観光セミナーの開催、(3) DVD等を使い昇龍道の魅力をPR、(4) 主要イベントとの連携、(5) 海外発行の訪日旅行ガイドブックへの「昇龍道」の掲載依頼

【重点3】市場への戦略的なアプローチ
(1) 日本と対象国の実情に詳しいサポーターの活用等、

【重点4】昇龍道プロジェクトの活動内容の発信
(1) 昇龍道プロジェクトの活動の情報提供、(2) 国内各地の観光博・セミナーへの参加や継続開催のシンポジウムへの協力、(3) 大学との連携

【重点5】関係省庁との連携

(磯部友彦)

参考文献
1)国土交通省中部運輸局『昇龍道プロジェクト』WEB

おわりに

　どこの国にも中部やミッドランドと呼ばれる地域がある。多くの場合、国土の中央付近に位置するが、その国の政治や経済の中心であるとは限らない。むしろそうでない場合が一般的で、自然条件的には山がちな地域であったり、ただただ広い平原が広がっていたりする。島嶼国・日本の場合はまさに山岳地帯を中心に、それを縁取るように台地や平地が広がっている地域である。国土の地理的中央である以上、東や西、あるいは北や南にある他地域との関係が問題になるのも、どの国も同じである。列島国・日本の中部の場合は、東西方向との地域間関係が重要で、南北は中部の中の地域内関係とされる。

　さて、その中部において、多くの都市がそれぞれ固有の軌跡を描きながら、今日まで発展してきた。戦後も70年に近い歳月が過ぎようとしているが、この間に限っていえば、農村から流出した人口を都市が受け止め、増えた人口を工業を中心とする飛躍的な産業発展によって支えてきたといえよう。工業化は戦後、突然に始まったのではなく、すでにこの地方では「糸」と「火」と「木」の3つの伝統的な産業のルーツをもとに戦前にその基礎が固められ、戦後はさらにそれらを進化・発展させながら、今日いうところの「ものづくり地域」が形成されていった。

　ものづくりの中核をなしたのは、糸をルーツとし織機、自動織機を経て生まれた自動車産業である。多数の素材や部品を必要とする自動車産業の裾野は広く、それらを供給すべく裾野に取り込まれていった都市や地域は次第にその性格を変えた。自動車産業に限らず、工業化は都市の性格や構造を変えていく。農村を背景に商業・行政の中心地にすぎなかった小都市も、工業化の波を受けて工場や人口が加わり、そのかたちを変えた。戦前から戦中にかけては繊維産業、軍需産業などがこうした役割を果たしたが、戦後の高度経済成長が始まると都市づくりの主役が交代した。

　工業近代化の主な震源地は名古屋であり、この大都市は3つのルーツのいずれとも関わりながら、ルーツを母体に派生した新たな工業群を周辺の都市へ引き渡していった。波紋の中心に位置し、工業化の波を周辺へ行き渡らせる働きをした。

中部の都市を探る —その軌跡と明日へのまなざし—

本書の各所で中部ではなく名古屋大都市圏という名称を使用しているのは、この都市が果たしたこうした役割を考えてのことである。しかし皮肉というべきか、「ものづくり地域」の中心であるはずの名古屋はいち早く脱工業化の洗礼を受け、流通・商業・サービス業都市へと変貌してしまった。もっともこれは先進諸国の大都市が通過していく共通の発展プロセスの一コマであり、とくに驚くに値しない。大都市がもっていた工業生産力の初期の優位性が、国内経済や世界経済の発展とともに相対的に低下するのは避けられないからである。むしろ驚くべきは、現在もなお生産性の向上に努め製品を高付加価値化し、依然として名古屋市内で生産を続けている企業が存在していることである。これは、大都市で工業生産が存続できる可能性を示したものか、あるいはやがて消えていく最後の姿を示しているのか、見極める必要がある。

　本書において、名古屋について述べた論考の中に工業関係のものがほとんど見当たらないのは、この大都市が工業化の時代をとうの昔に終えてしまったからである。就業者の大半は流通・商業・サービス業に従事しており、都市収入の多くは広い意味でのサービスに依存する。いかに多くの昼間人口を名古屋に集めて消費を促すか、あるいは名古屋の卸売、営業、管理機能を介して周辺都市に影響を与えるかが、大都市としての地位を維持するのに不可欠である。リニア中央新幹線はこうした機能をさらに拡大させる可能性があり、グローバル都市構想はその延長線上で考えられよう。未来とは逆方向の過去に目を向ければ、近代工業の揺籃期に生まれた産業や都市の遺産が名古屋には数多く残されている。「産業観光」という概念が生まれる舞台ともなったこの大都市の産業の記憶が歴史から忘れ去られることはないであろう。

　サービス経済化は名古屋に限らず、その周辺都市でも進んでいる。これは、日本全国が同じような傾向にある中、致し方ないともいえる。同時に日本では少子高齢化と経済のグローバル化が進んでおり、社会、経済の立て直しや再編が避けられない状況にある。多くの労働力によって国内で生産する工業発展モデルがついに終焉し、つぎのモデル構築のために社会や経済の枠組みをリセットしなければならなくなった。市町村の合併による行政組織の効率化はそのような文脈の中でとらえる必要がある。外国人労働力の流入と都市内での共生にともなう問題も、

同じ文脈の中にある。人口の減少は国内市場の事実上の縮小を意味するため、工業製品に代わるサービス的財を新たに生み出さなければ、明日の都市を支えていくことはできない。これまで地場産業や他地域からの工業流入で持ちこたえてきた周辺都市も、産業構造や人口構造の大きなトレンド変化を前にして対応を考えなければならなくなった。

　国家的中心地からは地理的にも政治的にもある程度の距離をおき、もっぱら企業家精神を発揮してイノベーションの創出に励み、国内や世界の人々に喜ばれる工業製品を勤勉な労働力を総動員してつくり続けてきたのが、中部・名古屋大圏の都市ではなかったか。当初は地元で産する資源に依存したが、やがてたゆまぬ技術革新の積み重ねが産業発展をリードするようになり、地元の総力を結集してつくりあげた港湾から、世界中に向けて工業製品を送り出していった。現在、名古屋港が輸出入貨物取扱量、黒字額ともに全国一の地位にあるのは、けっして偶然ではない。

　ものづくりを志す有為な人材が各地から名古屋に集まり、技術革新創出の精神を受け継いでいったことが、政治中心とは別次元の国家的中心地をこの地に生んだ背景にある。いくぶん大げさな表現ながらも、「産業技術首都」という言葉さえ用いられたこともある。ものづくり分野で培われた合理的精神は生活や暮らしの中にも浸透し、生活様式や行動様式として定着していった。ともすれば国家的中心地で育まれやすい知識・教養をひけらかすスノビズムからは縁遠く、中味や本質にこだわり勝負する精神が形成されていった。

　ある意味、即物的ともいえる実利性・実質性重視の姿勢は、時には誤解を招くこともあった。しかし、揺るぎない品質は世界中で認められるところとなり、たとえば食を中心とする「名古屋商法」が全国的に支持されるようになったのは、周知の通りである。食に限らず、近年、サブカルチャーや各種イベントで名古屋から全国や世界に向けて情報を発信する動きが見られるようになったのは、心強い。技術革新に限界はないし、革新すべきは生産技術だけではない。産業や経済の範囲を越え、社会、生活、文化などあらゆるものを対象に革新する意思を持ち続ける、これこそが魅力ある中部の都市づくりを目指す明日へのまなざしにほかならない。ものづくりで培ったノウハウを生かし、これをもとに情報、文化、環境、生活な

中部の都市を探る ―その軌跡と明日へのまなざし―

ど幅広い要素を含む新産業を創出することでグローバル社会を支える。次世代に伝えるべきは、こうした中部の都市像ではないだろうか。

　最後になったが、本書は中部都市学会創立60周年を記念する出版事業として編まれた。創立時に学会に加わった先学諸氏が、初期の時代、中部の都市について多くの調査報告書を刊行されたことは、よく知られている。これらの報告書は、中部の都市のその後の発展にとって貴重な導きの書となったばかりでなく、学術的にも優れた成果としてあとに続く者にとって都市研究の手本ともなった。あれから60年近い歳月が流れた。この間、中部都市学会が果たした役割は、単に中部の都市について考え、その実態を明らかにすることだけだったわけではない。それもあるが、むしろ専門分野の異なる都市研究者が一堂に会し、侃々諤々と意見をたたかわしながら学問的に切磋琢磨できる機会を与え続けたことである。異なる立場から都市を見たり考えたりすることで、学問をするわれわれ自身が鍛えられ成長することができた。この良き伝統が、本書の刊行を機にさらに後の世代へと引き継がれていくことを、切に願う次第である。

2015年1月
　　中部都市学会創立60周年記念出版編集委員会

キーワード索引

あ
愛知県ふるさと再生雇用特別基金　245
あいち国際戦略プラン　225
アジアNo1航空宇宙産業特区　129
熱田湊　87, 105

い
一市多制度　58, 59, 64, 66
移動等円滑化（バリアフリー）基本構想　178
イノベーション　67, 92, 119, 177, 325
インターネット接続サービス　45, 46

え
液晶関連企業　140
液晶産業　136
MRJ　124, 126-129, 131
LRT　21, 23

お
オープンカフェ　278, 284, 285, 290, 297
オリベストリート　219, 220

か
ガーデンふ頭　111, 112
外国人住民　223, 227, 229, 235, 236
外国人労働者　164, 223, 225
界隈　32, 34, 274, 278, 286, 297, 298, 301, 302, 315
学区連絡協議会　168
合併推進要綱　55
合併特例法　54, 55, 57, 66
ガバナンス　56, 58, 62, 63, 66, 231, 235
ガバメント　56, 58, 59
カブトビール　281, 282
窯垣の小径　216
亀山モデル　133, 136
貨物輸送　115, 116
環境整備協力費　168-170

き
観光振興　83, 220, 245, 246, 248, 254
観光まちづくり　246, 247, 252

企業誘致　133, 136, 144, 145
企業立地　102, 132, 138, 142
機能主義建築　36, 38
業種構成　147, 149, 150, 155
協働事業提案制度　165, 167
共分散構造分析　172
業務核都市　152
居住空間　194, 203-205, 238
清須越し　287, 289, 290
近代都市計画制度　30

く
区版避難行動計画　76
クラスター型政令市　58
クラスター型都市制度　59
クリスタルバレー構想　136
クリニックモール　196, 197, 201, 204
グレーター・ナゴヤ・イニシアティブ　100
グローバル化　3, 88, 101, 121, 127, 131, 145, 160, 225, 236, 243, 324
グローバル経済　138, 225

け
経済的中枢管理機能　146, 147, 149, 150, 151, 155
ゲートウェイ　12, 15, 87, 103, 105, 106, 110, 113, 116, 117, 249, 253-255, 257, 299
ゲーミフィケーション　259, 260-262, 265, 268-272

こ
公益性　160, 167, 176
郊外駅前居住　193, 203
公共サービス　50, 64-66, 222
工業生産　4, 9, 93, 142, 324
工業都市　132, 133, 144, 145, 158
公衆無線LAN　49, 50

航空宇宙産業　88, 99, 118, 119, 123, 124, 126-129, 131
交通ネットワーク　94, 248
交通ハブ　94
交通バリアフリー　178-181, 188, 191
交通バリアフリー法　178-181, 188, 191
高度ネットワーク型世界都市　99, 100, 102
交流拠点都市　226, 246, 247
国際化　93, 165, 223, 225, 226, 236
国際戦略総合特区　128
国家戦略港湾　94
固定資産税収入　144
碁盤割　287, 288, 289, 294
小牧飛行場　106, 113
御用窯　213, 214, 217

さ
サービス利用行動　200
災害想像ゲーム　263
再開発事業　164, 193, 194, 196, 197, 204-206
産業観光　19, 208, 213, 216, 248, 249, 254, 257, 294, 324
産業クラスター　118-121, 123, 126-131, 256
産業集積　87, 99, 100, 119, 120, 129, 130, 158
産業文化遺産　249
産業文化都市　245, 258
山林都市　31, 32

し
JR名古屋駅ビル　107
市街地建築物法　30
支所　146- 156, 186
支所配置率　155
静岡県第4次地震被害想定　73
次世代自動車　121, 122, 130
自動車産業　88, 92, 118-124, 126, 127, 129-131, 136, 323
地場産業都市　134
志摩サイバーベースセンター　47
市民委員会　165, 166

シャープ亀山工場　132, 138, 139, 142, 144
社会資本整備　178, 179, 181, 193
社会的課題解決　260, 261
自由通路　184
重点整備地区　180, 183, 188, 189
重点整備地区に準ずる地区　189
住民意識　172, 173, 175, 176
住民参加　165-168, 17-177, 327
住民参加型予算　165-168, 175, 176
住民自治組織　56, 58, 65
集約連携型都市構造　193
主都　11, 12, 13, 14, 19, 20
首都機能バックアップ都市　17- 20
首都機能バックアップ論　14
需要掘起こし型地域協働　298, 301
商業集積　317
少子高齢化　4, 164, 165, 193, 238, 303, 324
上場企業　146, 156
商店街　22, 169, 198, 199, 202, 203, 205, 206, 227, 261, 274, 290, 292-294, 297, 300-302, 320
消費者マインド　304, 305, 316
情報化社会　43, 46
情報基盤整備　44, 46, 52
情報先進県　45, 47
情報通信基盤　44, 45, 47, 49, 52
ショッピングモール　41, 304, 305, 306, 307, 309, 311, 313
シリアスゲーム　260, 262, 272
人口減少時代　193, 195, 304

す
ストロー効果　14, 107
スマートシティ　48, 50, 53

せ
生活意識　313
生活空間　208
生活支援機能　196-198, 202-204, 290
生活福祉空間づくり大綱　179
政策評価情報　166

成熟社会　22, 25, 27, 160
政令市　56, 58-60
世界都市　89, 91-94, 97-100, 102, 253, 315
世界都市仮説　92
世界都市論　92
せともの（瀬戸焼）　213, 214, 216, 217, 219
戦災復興　37, 38, 42, 84, 85, 275, 289, 290, 293, 294
戦災復興計画　37
戦災復興事業　84, 289, 290, 293

た
大交流リニア都市圏　101
代替現実ゲーム　261
大中京再建の構想　37, 289
大中部圏　13, 19
第4次全国総合開発計画　12, 93
武豊線　87, 103, 104
多文化共生　222, 223, 225- 233, 235, 236

ち
地域安全推進委員会　228, 229, 233
地域活性化型地域事業　298, 299
地域活性化効果　173, 174
地域協議会　57, 59, 62, 63, 67
地域資源　45, 160, 171, 248, 256, 265, 266, 268-270
地域自治組織　56, 57, 58, 67, 176
地域自治区　57-60, 63, 166
地域情報化基本計画　45
地域色　212
地域振興　177, 223, 230, 231, 259-262, 269-271, 319
地域振興策　259-261, 269- 271
地域探検ゲーム　259-261, 265, 268- 270
地域特化係数　120, 121, 124, 125
地域内分権　56, 57, 58, 62, 63
地域内分権制度　54, 56, 59, 66
地域ブランド　219, 220, 221, 250
地域防災計画　68, 75, 81
地域まちづくり　287, 295-301, 327

地域予算編成制度　166, 168
地下鉄整備　290
地区総合整備事業　168
地方分権一括法　55, 165
中心商業　195, 304, 305, 315
中部エアロスペース・テクノロジー構想　123
中部国際空港（セントレア）　15, 16, 22, 41, 88, 95, 96, 101, 103, 110, 114-116, 124, 126, 213, 225, 226, 257

つ
津波対策　68, 69, 72, 76, 78
津波避難施設　73, 76, 78, 80
津波防災　71, 72, 74, 75, 76, 81
津波防災地域づくり推進協議会　74
津波防災地域づくり法　72, 74
津波防潮堤　76

て
帝冠様式　35
デジタルコミュニティ　45, 46
鉄筋コンクリート造　29, 33
デフレ克服施策　25
電線の地中化　34
伝統産業　105, 217

と
東海道新幹線　10, 21, 74, 89, 91, 94, 95, 107, 112
東海道メガロポリス　89-93, 95
東京一極集中　3, 11, 12, 107
陶磁器生産　208, 209
陶磁器生産地　207
土管の町　208, 210
常滑焼　208, 211, 219
都市開発需要圧　298
都市観光　244, 247, 248, 249, 250, 251, 252, 253, 254
都市空間　42 ,117, 207, 208, 213, 239
都市景観　28, 29, 30, 31, 34-36, 38-42, 83, 212, 297, 315

都市圏ターミナル　20, 21, 22
都市序列　150
都市のテリトリー　151, 153, 154, 156
都市の変容　138, 144, 145
都市構造の変容　203, 205
都市美運動　36, 42
都市美協会　36
都市防災　68
都市防災整備　68
都心回帰　193
都心空間変容　287
都心づくり　11, 13, 25
土地区画整理　9, 31, 32, 37, 84, 85, 152, 163, 164, 188, 194, 288, 289
トヨタ生産方式　121
ドリームリフター　126

な
ナゴノダナバンク　297, 301, 302
名古屋駅　9, 14-18, 20-23, 31, 35-38, 40, 87, 88, 95, 101, 103-110, 116, 117, 186, 187, 256, 257, 274, 278-291, 293, 295, 297-300, 303, 304, 311, 313, 318
名古屋駅地区　14, 15, 16, 18, 20, 21, 291, 297-299, 304, 311, 313, 318
名護屋駅　103, 104
名古屋おもてなし武将隊　245, 251
名古屋空港　103, 113, 114, 115, 128
名古屋港　31, 70, 87, 94, 103, 105, 106, 110-113, 116, 168, 207, 214, 249, 253, 262, 279, 291, 325
名古屋港のふ頭地区　112
名古屋市観光戦略ビジョン　246, 247, 248, 249, 250, 254
名古屋台地　276, 277
名古屋都市圏　89, 90, 98, 99
NAGOYAブランド　253, 257
ナゴヤブランド　256
納屋橋　16, 20, 29, 33, 273, 275, 278, 279, 280-286, 290, 327
南海トラフ巨大地震　69, 70, 71, 73, 256

に
2眼レフ構造　91, 92
21世紀三重情報化社会推進プラン　45
日常生活行動　193, 198, 201, 202
日曜遊歩道　290

の
ノベルティ　214

は
ハートビル法　180, 181, 188
博物館明治村　240, 261, 282
場所の力　252, 257, 258
八代将軍吉宗　24
バリアフリー　23, 164, 178, 179, 180-192
バリアフリー整備地区　189, 190
バリアフリー法　178-183, 187, 188, 191

ひ
東日本大震災　11, 14, 17, 51, 53, 68-72, 76-79
ビジュアルマーチャンダイジング　309
非正規労働者　139, 142, 144

ふ
ファストファッション　308
フィーダー空港　96
フィリピン人コミュニティ　229, 230, 231, 232, 235
フィリピン・パブ　228, 229
複眼的指向　11, 14
複合拠点的中心商業地区　195
複合再開発　196
福祉のまちづくり　191, 192, 327
複心型放射循環式　31
ブランディング　317, 328
ブロードバンド回線　44, 45, 46, 48
ブロードバンド基盤整備　45

へ
平成の市町村合併（平成の大合併）　10, 54, 56, 58, 63, 66, 67, 240

ほ

防火地区　33, 34, 35
防災　4, 9, 10, 52, 68, 69, 70-72, 74-78, 80, 81, 171, 190, 230, 255, 256, 262, 263, 328
防災プログラム　262, 263
ボートピア名古屋　168, 169
北陸新幹線　101, 156, 254, 322
本社　92, 93, 99, 101, 107, 109, 135, 146-148, 151, 154, 155-157, 281
本社所在地　154, 156

ま

MICE 戦略　100
まちあるき　243, 244, 273-276, 278, 286
まちづくり事業　63, 66, 165, 171, 175, 177, 231
まちづくりの会　83, 227-233, 235, 327
マンション居住世帯　193, 195, 196, 198, 199, 200, 201, 202, 203, 204, 205

み

三重行政情報化推進計画　46
MIE マルチネットワーク基本計画　46
見える化　246, 257, 258
港まちづくり協議会　165, 169, 171-175, 177, 262
美濃路　282
美濃焼　217-220
美濃焼産地　217, 218, 220

め

メガシティ　90, 94, 97

も

モダニズム建築　30, 34, 38

や

焼き物産地　207, 208, 211, 213, 214, 216-219, 221
やきもの散歩道　208-212, 216
やっとかめ文化祭　246

ゆ

ユニバーサルデザイン　179, 180, 192
都市のユニバーサルデザイン　179

ら

ライフスタイル　193, 203, 204, 256

り

リーマンショック　115, 119, 134, 137, 138, 139, 142, 143, 145, 146, 156, 228
リニア中央新幹線（リニア新幹線）　9, 10, 11, 14, 15, 18, 22, 88, 92, 101, 110, 253, 255, 295, 298, 303, 318, 324

る

ルネサンス風の建築　28

れ

歴史観光　248, 303
歴史的景観　208

ろ

ローカル・ガバナンス　231, 235
ロールプレイングゲーム　261, 262, 263, 265, 269
ロカリティ　222, 223, 225, 236, 243
路地　210, 266, 267, 274, 276, 278, 281, 286, 293

■執筆者紹介（50音順）

東 善朗（あづま　よしろう）［Ⅳ-2］
一般社団法人 Do It Yourself 代表理事、岐阜大学工学研究科博士後期課程。1976年生まれ。専門は地域政策、住民参加。

阿部和俊（あべ　かずとし）［Ⅱ-5］
愛知教育大学名誉教授。1949年生まれ。専門は都市地理学。

阿部亮吾（あべ　りょうご）［Ⅲ-5］
愛知教育大学教育学部講師。1976年生まれ。専門は都市地理学、移民研究。

井澤知旦（いざわ　ともかず）［Ⅳ-4］
名古屋学院大学経済学部教授。1952年生まれ。専門は都市計画、まちづくり。

石田修二（いしだ　しゅうじ）［Ⅰ-3］
四日市大学総合政策学部非常勤講師。1972年生まれ。専門は情報通信政策、地方自治。

磯部友彦（いそべ　ともひこ）［Ⅲ-2］
中部大学工学部教授。1955年生まれ。専門は地域交通政策、福祉のまちづくり。

井村美里（いむら　みさと）［Ⅳ-3］
名古屋市総務局総合調整部主査、レトロ納屋橋まちづくりの会サポーター。専門は建築、地域まちづくり。

大塚俊幸（おおつか　としゆき）［Ⅲ-3］
中部大学人文学部教授。1961年生まれ。専門は都市地理学、都市政策。

岡田英幸（おかだ　ひでゆき）［Ⅱ-3］
名古屋市立大学大学院経済学研究科研究員。1961年生まれ。専門は地域経済学、公共経済学。

鹿嶋 洋（かしま　ひろし）［Ⅱ-4］
熊本大学文学部教授。1968年生まれ。専門は経済地理学、工業地理学。

久保隆行（くぼ　たかゆき）［Ⅱ－1］
公益財団法人福岡アジア都市研究所上席主任研究員、明治大学公共政策大学院兼任講師。1966年生まれ。専門は都市政策、都市経営。

児玉浩嗣（こだま　ひろつぐ）［Ⅳ－5］
株式会社ＶＩＳ（ビジュアル・インフォメーション・システム）代表取締役。1961年生まれ。専門はマーケティング、ブランディング。

佐野浩彬（さの　ひろあき）［Ⅰ－5］
中部大学大学院国際人間学研究科博士前期課程。1989年生まれ。専門は都市地理学、地域防災。

瀬口哲夫（せぐち　てつお）［Ⅰ－2］
名古屋都市センター研究顧問、名古屋市立大学名誉教授。1945年生まれ。専門は近代建築史、まちづくり。

竹内伝史（たけうち　でんし）［Ⅰ－1］
岐阜大学名誉教授、一般社団法人地域問題研究所理事。1944年生まれ。専門は都市計画、交通政策、社会基盤整備論。

西原　純（にしはら　じゅん）［Ⅰ－4］
静岡大学情報学研究科教授。1952年生まれ。専門は都市地理学、都市・地域政策。

林　上（はやし　のぼる）［Ⅱ－2、Ⅲ－4］
中部大学国際人間学研究科長、名古屋大学名誉教授。1947年生まれ。専門は都市経済地理学、カナダ・オーストラリア研究。

三井　栄（みつい　さかえ）［Ⅲ－1］
岐阜大学地域科学部教授。専門は計量経済学、景気分析。

森田優己（もりた　まさみ）［Ⅳ－1］
桜花学園大学学芸学部教授。1954年生まれ。専門は交通論、地域経済論。

山﨑　朗（やまさき　あきら）［Ⅱ－1］
中央大学経済学部教授。1957年生まれ。専門は経済地理学、産業経済論。

中部の都市を探る ―その軌跡と明日へのまなざし―

2015年1月22日　第1刷発行
　　　（定価はカバーに表示してあります）

　　　　　　編者　　中部都市学会

　　　　　　発行者　　山口　章

発行所　名古屋市中区上前津 2-9-14　久野ビル
　　　　振替 00880-5-5616 電話 052-331-0008　風媒社
　　　　http://www.fubaisha.com/

乱丁本・落丁本はお取り替えいたします。　＊印刷・製本／モリモト印刷
ISBN978-4-8331-4120-8